KB021227

고1 책상 위에 서양고전

서양고전 탐험은 글로벌 인재의 필수 코스

움직이는 서재

과거와 현재와
미래를 연결시키는
지식 창고

책과 함께 있다면 그곳이 어디이든 서재입니다.
집에서든, 지하철에서든, 카페에서든 좋은 책 한 권이 있다면 독자는 자신만의 서재를
꾸려서 지식의 탐험을 떠날 수 있습니다. 좋은 책이란, 시대와 세대를 초월해 지식과 감
동을 대물림하고, 다양한 연령들의 소통을 가능케 하는 힘이 있습니다. 움직이는 서재
는 공간의 한계, 시간의 장벽을 넘어선 독서 탐험의 동반자가 되겠습니다.

고1 책상 위에 서양고전

서양고전 탐험은
글로벌 인재의 필수 코스

김이수 지음

움직이는
서재

서양고전은
지구 공동체를 움직이는
모든 약속과 제도의 뿌리

**지금 세계를 지배하는
모든 제도는 서양고전에서 출발해**

이 책 《고1 책상 위에 서양고전》은 제가 펴낸 《고1 책상 위에 동양고전》과 이란성 쌍둥이 형제입니다. 같지만 다르고 다르지만 같다고 해야겠지요.

서양고전은 동양고전과 달리 오늘날의 지구촌을 지배하는 글로벌 사상의 원조입니다. 요즘 우리가 많이 사용하고 있는 '글로벌 스탠더드'(세계 시장에서 기준으로 통용되는 규범)라는 말의 원천이 여기 서양사상에 있습니다. 서양은 이러한 사상을 토대로 기술문명을 일구었고, 세계를 제패하여 오늘날까지 세계 역사를 리드해

왔습니다. 우리가 사는 세상을 지배하는 모든 규칙과 제도의 기본 틀을 만든 것이지요. 이를테면 우리 사회를 지탱하는 법, 학교, 정치, 경제 등이 서양사상의 기본 토양에서 비롯된 것이라고 보면 됩니다.

서양이 만든 경제제도인 자본주의와 정치제도인 민주주의는 더 이상 다른 경쟁상대 없이 지구 공동체를 움직이는 서로의 약속이 되었습니다. 그 속에서 '글로벌 스탠더드'라고 부르는 개념이 나왔습니다. 글로벌 시대는 이미 시작된 지 오래되었고, 글로벌 시대를 살아가는 세계인의 약속과 규범을 제대로 이해하려면 그 출발점인 '서양고전'의 맥을 정확히 잡기 위한 공부가 필요합니다. 서양고전에 대한 이해를 돕기 위해 이 책을 집필한 나는 방대한 서양사상 중에서 그 원류에 해당하는 9명의 사상가를 선별하고, 그들이 남긴 고전을 중심으로 책을 구성하였습니다. 구체적으로 열거하자면, 소크라테스를 시작으로 플라톤, 아리스토텔레스, 데카르트, 애덤 스미스, 칸트, 마르크스, 니체, 프로이트 등입니다. 그들 각각의 생각과 사상은 오랜 시간이 지난 오늘날에도 비교할 만한 대상이 없으며, 현재적인 시각에 비추어볼 때 결코 낡은 것이 아닙니다. 그래서 고전의 핵심 키워드는 '불멸'인 모양입니다. 또한 이 9명의 고전 사상가들은 인류를 지식과 지혜의 항로로 안전하게 항해시킨 역사상 최고의 지적 탐험가들입니다.

고전 탐험은 나를 자존감 높은 인간으로 바꿔주지

자, 이제 잠시 장면을 전환하여 여러분이 생활하는 학교로 가봅니다. 한 학생이 책상에 엎드려 있습니다. 죽고 싶다는 생각을 합니다. 자신이 같은 반 아이들에게 왕따를 당하고 있다는 사실을 알게 되었지요. 그런데 또 다른 학생. 이 학생은 이런 문제에 냉소적이고 무심합니다. 당할 만하니까 당한다고 생각합니다. 똑똑하게 굴면 당하지 않을 텐데 멍청하기 때문에 당한다고 생각합니다. 그리고 또 다른 학생. 이 학생은 아이들에게 빵셔틀을 시키거나 물건, 돈 등을 빼앗는 일이 너무나 자연스럽게 습관화되었습니다. 자신의 행동이 잘못된 것이라는 생각을 하지 않습니다.

지금 열거한 세 가지 유형의 학생 모두 우리 교실 안에 있습니다. 그런데 전혀 다른 그 세 가지 유형의 학생에게는 하나의 공통점이 있습니다. 자존감이 없다는 것입니다.

자존감이란 무엇일까요? 위키백과의 정의에 따르면, 자신이 사랑받을 만한 가치가 있는 소중한 존재이고 어떤 성과를 이루어낼 만한 유능한 사람이라고 믿는 마음입니다.

그러면 자존감의 높고 낮음이 구체적으로는 어떻게 나타날까요? 자존감이 낮은 사람은 누가 빤히 쳐다보기라도 하면 기분이 나빠집니다. '저것이 내가 우습게 보이나?' 하는 생각부터 들지

요. 학교폭력도 이렇게 시작되는 경우가 많습니다.

무심코 한 친구가 바라보고 지나갑니다. 그러자 얼굴을 있는 대로 구기고 인상을 팍 쓰며 그 학생을 불러세웁니다.

"야, 이리 와봐, 너 뭘 꼬라봐!"

폭력을 쓰는 아이들의 대부분은 자존감이 매우 낮습니다. 자신의 낮은 자존감에 대한 방어수단으로 폭력을 쓰는 것입니다. 또 별거 아닌 일에도 멘붕 상태가 자주 오는 사람도 자존감이 낮은 경우입니다. 청소년기에는 자의식은 높은 반면 자존감은 매우 낮습니다. 자존감이 낮으면 현실의 '나'와 이상 속의 '나' 사이의 차이가 크기 때문에 자신의 생각이나 판단보다 주위 집단에 잘 휩쓸리기도 하지요.

고전 탐험은 우리에게 '홀로 설 수 있는 힘'을 주거든

최근 한 방송국에서 우리나라 10대 청소년에 대한 다큐멘터리를 만들면서 청소년들의 실제 생각에 대해 몇 가지 조사를 했습니다. 질문 중에는 이런 항목이 있었습니다.

'청소년 문제를 해결하기 위해 가장 먼저 없어져야 할 것은?'

무슨 답이 가장 많이 나왔을까요? 폭력? 왕따? 시험? 사교육?

입시? 그런데 그런 것들보다 월등하게 많이 나온 답이 있었는데 그것은 '학교가 없어져야 한다'는 답이었습니다.

웬만한 일에는 잘 놀라지 않는 공상과학형 인간인 나도 그 대답이 많이 놀라웠어요. 나는 대체 청소년들이 왜 그런 대답을 했을까 곰곰이 생각해 보았습니다. 그것은 학교가 학생들에게 자존감을 심어주지 못하고 있기 때문이었어요. 사실 내가 학교를 다니던 시절만 해도 왕따라는 게 없었습니다. 왕따라는 게 원래부터 있었던 게 아니라 일본의 이지메가 우리나라로 건너와 형성되었다는 것은 잘 알 겁니다. 일본은 섬나라이기 때문에 국내에서 전쟁이라도 일어나면 모두 다 같이 파멸한다는 절박감이 있었습니다. 그래서 그들에게는 특별히 튀는 사람 없이 자기 몫을 해야 사회가 조화롭게 잘 유지된다는 집단 심리가 있었지요. 그러다 보니 공동체 안에서 자기 몫을 제대로 잘하는 강한 사람은 대접을 받고 약한 사람은 강한 사람들로부터 '너희들 때문에 공동체의 조화가 깨지고 있다'는 이유로 괴롭힘을 당하는 것을 당연하게 받아들이는 전통이 있었어요. 공동체 안에서 약한 자는 필요 없다는 무서운 생각이지요. 그래서 나는 비교를 위해 미국문화를 들여다보았습니다. 미국도 뭐 그리 평화로운 나라는 아닙니다만 인종차별은 있을지언정 일본과 같은 왕따 전통은 없었습니다. 왕따와 같은 의미를 가진 영어로는 불링(bullying)이라는 표현이 있는데 미국 학교에 자식을 유학 보낸 우리나라 학부모들 이야기를 들어보니 일반적으로 그쪽 학교는 '불링'을 걱정할 정도의 분위기가 아니라고 합니다.

그렇다면 일본 사회가 이지메 전통이 나쁜 것인 줄 알면서도 지금까지 해결하지 못하는 이유가 무엇일까 생각해 보았습니다. 그것은 일본인들이 경제대국은 되었지만 개개인의 자존감은 그리 높지 않기 때문이라는 결론을 얻었습니다. 그런데 슬프게도 우리나라 역시 크게 다르지 않습니다. 학생들의 왕따 문제를 해결하지 못하고 있는 것은 그만큼 우리나라 사람들 개개인의 자존감이 높지 못하다는 증거입니다. 나는 이렇듯 자존감이 결핍된 청소년들, 그리고 학부모 등 어른들에게 고전 탐험을 권하고 싶습니다. 특히 서양고전은 '너 자신을 알라'고 했던 소크라테스부터 '자기 긍정의 철학자'로 불리는 니체까지 일관된 목소리로 개인의 자존감 발견을 최우선 과제로 발전시켜 왔기 때문입니다.

내가 수능 준비에 바쁜 청소년 여러분에게 굳이 고전 탐험을 권하는 이유는 이를 통해 어떤 경우에도 '홀로 서는 힘'을 가질 수 있기 때문입니다. 어떤 좌절이 와도 다시 설 수 있는 힘을 갖는 '자기 긍정'의 훈련. 이것이 평생 필요한 진짜 공부라고 이제 어른들은 솔직하게 이야기할 때가 되었다는 게 나의 생각입니다.

차례

4장

데카르트를 탐험하며 자신의 존재를 물어봐
데카르트 편 고전의 이름은 《방법서설》

7장

마르크스를 탐험하며 사회과학에 눈을 떠봐
마르크스 편 고전의 이름은 《자본론》

8장

니체를 탐험하며 자기 긍정을 배워봐
니체 편 고전의 이름은《차라투스트라는 이렇게 말했다》

9장

프로이트를 탐험하며 나의 속마음을 만나봐
프로이트 편 고전의 이름은 《꿈의 해석》

1

소크라테스를
탐험하며
혁신가가 되어봐

소크라테스 편 고전의 이름은 《변명》

자신이 모르는 것이 있다는 사실,
그리고 모르는 것이 무엇인지 아는 것은
굉장히 중요한 일이다.
대부분의 사람들은 모르면서도 모르고 있다는 사실조차
모르고 살아간다. 또한 잘못 알고 있으면서 제대로 알고
있다고 착각하는 것 역시 무지에서 나온다.
그러므로 소크라테스에게 '무지에 대한 자각'은
매우 중요한 발견이었다.
지식을 쌓을 필요가 있다고 느껴야 공부를 하고,
자신의 어리석음을 깨달아야 고치기 위해 노력하듯,
스스로 부족함을 느껴야 채울 수 있기 때문이다.

인생은 빗속을
걷는 것과 같아

　많은 사람들이 소크라테스에 대해 알고 있는 정보는 "너 자신을 알라!"라는 말을 사람들에게 설파하고, "악법도 법이다"라면서 감옥에서 독배를 마시고 죽었다는 사실이다. 물론 이 두 가지 사실은 소크라테스라는 인물과 그의 사상을 대표한다. 이로 인해 소크라테스에 대한 이미지는 근엄한 철학자에 가깝지만, 실제 그의 모습은 학자라기보다 스트리트 파이터에 가까웠다.

　그는 열흘 굶은 거지마냥 거리를 쏘다니면서 아테네 시민들에게 '인간이란 무엇인가?', '나란 누구인가?'라는 질문을 던졌다. 아테네 시민들은 소크라테스가 이런 해괴한 질문을 하면 곧바로 그 자리를 뜨거나, 성가시게 여겼다. 도대체 "인간이란 무엇인가?"라는 뜬금없는 질문에 찬찬히 대답을 해줄 사람이 얼마나 있겠는가! 소크라테스가 질문하는 내용에 대해 한 번이라도 깊이 생각해 본 사람 역시 많지 않을 것이다. 그런데도 소크라테스는 사람들을 향해 집요하게 이 질문을 던졌다.

당시 아테네에서 지식인 대접을 받았던 사람들은 일명 '지혜로운 자'로 통하던 소피스트들이었다. 요즘 잘나가는 스타 강사를 연상하면 이해가 빠를 것이다. 그들은 진리를 추구하거나 학문을 탐구하지 않았다. 오직 대중을 대상으로 돈을 받고 자신들이 알고 있는 지식을 팔았을 뿐이다. 소크라테스가 이런 소피스트들을 그냥 지나쳤을 리 없다. 소크라테스는 그들에게 '인간이란 무엇이며, 나는 누구이고, 너는 누구인가?'라는 질문을 끈질기게 던졌다. 물론 아무도 소크라테스의 질문에 제대로 대답하지 못했다. 소피스트들은 엉뚱한 대답을 하거나 소크라테스를 피해 다니기 바빴다.

　　소크라테스의 친구 카이레폰은 내로라하는 소피스트들이 친구의 질문에 쩔쩔매는 상황이 재미있었다. 또 궁금한 마음도 들었다. 그래서 그는 델포이 신전에서 닭 한 마리를 제물로 바친 다음 신탁을 청했다. 신탁이란 이런저런 궁금한 사항에 생기면 답을 내려달라고 신에게 부탁하는 것이다. 물론 신이 직접 나타나 대답해 주는 것이 아니라, 신을 섬기는 신관이 신의 말을 대신 전해준다. 친구를 도와주고 싶기도 하고, 재미있을 것 같기도 해 카이레폰은 "이 세상에 소크라테스보다 더 현명한 사람은 누구입니까?"라고 신에게 물었다. 놀랍게도 신관은 "소크라테스가 이 세상에서 가장 현명한 사람"이라고 대답했다. 이 이야기가 사람들 사이에 퍼지면서 소크라테스는 일약 아테네의 유명 인사로 등극했다.

왜 신탁에서 신관은 소크라테스가 가장 현명한 사람이라고 답했을까? 그리고 정말로 소크라테스가 이 세상에서 가장 현명한 사람일까? 결론부터 말하자면, 그렇다.

소크라테스를 가장 현명한 사람이라고 하는 이유는 바로 자신의 '무지(無知)'를 자각했기 때문이다. 소크라테스는 '자신이 모르는 것이 있다'는 한 가지 사실만은 분명히 깨닫고 있었다. 자신이 모르는 것이 있다는 사실, 그리고 모르는 것이 무엇인지 아는 것은 굉장히 중요한 일이다. 대부분의 사람들은 모르면서도 모르고 있다는 사실조차 모르고 살아간다. 또한 잘못 알고 있으면서 제대로 알고 있다고 착각하는 것 역시 무지에서 나온다. 그러므로 소크라테스에게 '무지에 대한 자각'은 매우 중요한 발견이었다. 지식을 쌓을 필요가 있다고 느껴야 공부를 하고, 자신의 어리석음을 깨달아야 고치기 위해 노력하듯, 스스로 부족함을 느껴야 채울 수 있기 때문이다.

소크라테스는 자신이 어리석은지, 현명한지조차 모르는 무지의 상태를 가장 경계했다. "너 자신을 알라"라고 말한 것도 자신이 무엇을 얼마나 알고 있는지, 어떤 사람인지 스스로 돌이켜보라는 의미에서이다. 사람들은 자신에 대해 알려고 하기보다 세상에 대해 더 알려고 한다. 자기 자신에 대한 무지는 부끄러워하지 않으면서 세상과 관련된 지식과 정보를 모를 경우 크게 부끄러워한다. 하지만 자신에 대해 모르면서 세상에 대해 아는 것은 모래 위에 집을 짓는 격이다. 이렇게 겉치레 지식에 치중하다 보면 주관 없이 세상사에 휩쓸리면서 살아가게 마련이다.

또한 소크라테스는 '무지에 대한 자각'을 중요시하는 만큼 '무지는 죄악'이라고 강조하였다. 사람들이 악한 일을 행하는 것은 무지 때문이라는 것이다. 이는 나쁜 짓인 줄 알면서 일부러 악행을 저지르는 사람은 없다는 의미이기도 하다. 나쁜 짓이 당장에는 이익이 될지 몰라도, 무지에서 벗어난 사람들은 악한 행동이 언젠가는 자기 자신을 파괴할 것임을 알고 있다.

소크라테스는 아테네 사람들이 스스로의 무지를 깨달을 수 있도록 해주기 위해 문답법을 고안해 냈다. 문답법은 소크라테스가 "너는 누구이며 무엇인가?"라는 질문을 했을 때 상대가 대답을 하면, 그 대답에 따른 또 다른 질문을 던져 또 다른 대답을 이끌어내는 것이다. 설교나 연설을 듣는다고 무지를 깨달을 수 있는 것은 아니다. 수많은 질문이 던져졌을 때, 자신만의 언어로 대답하는 과정 속에서 새로운 깨달음을 얻을 수 있다. 하지만 문답을 통해 무지를 깨닫는 과정은 산모가 아이를 낳는 과정처럼 고통스럽고 지루하다. 그래서 소크라테스는 문답법을 산파술이라고도 했다.

소크라테스는 아고라 광장에서 수많은 아테네 시민들과 소피스트들을 상대로 문답법을 통해 그들의 무지를 깨우쳐주려 했다. 그가 사람들과 주고받은 문답은 결코 학구적이거나 고상하지 않았을 것으로 보인다. 아마 시끌시끌한 시장 바닥에서 싸움이 벌어지는 것처럼 고성과 비난과 욕설이 난무했을 것이다. 그러나 소크라테스는 수많은 사람들에게 둘러싸여 그들이 자신의 무지에 대해 자각할 때까지 한 치의 물러섬 없이 정연한 논리로 질문을 퍼부었다. 많은 철학자들이 조용한 책상에서 엄숙하게 학문을 탐구할 때, 소크라테스는 사람들로 북적대는 광장에서 대중을 상대로 진리를 캐내려 했다. 이러한 면모 때문에 그를 스트리트 파이터라 부르는 것이다. 그리고 치열한 싸움을 통해 소크라테스는 마침내 서양사상 최초로 '나는 누구며 무엇이냐?'라는 질문의 답을 얻어냈다.

인생은 빗속을 걷는 것과 같다. 비가 내릴 때는 잠시 비를 피해 어디론가 들어가거나, 그냥 맞을 수밖에 없다. 동양사상의 출발선상에 선 노자는 비를 피해 어디론가 들어갔다. 그러나 서양사상의 출발선상에 선 소크라테스는 내리는 비를 피하지 않고 온몸으로 흠뻑 맞았다. 그는 죽음에 직면해서도 인생의 세찬 비바람에 당당히 맞섰다. 그 당당함이 소크라테스를 스트리트 파이터에서 스트리트 이노베이터로 격상시켰다.

소크라테스는
혁신의 지존이야

오늘날 현대인들은 인간이 육체와 영혼으로 이루어진 존재라는 걸 당연한 사실로 받아들이고 있다. 하지만 이것이 과연 당연한 것일까? 당연하다면 왜 당연한 것일까? 따져보고 증명해 봐야한다. 더욱이 보이지도 않고, 만질 수도 없는데 우리는 어떻게 영혼의 존재를 증명할 수 있을까. 그런데 보이지도 않고, 만질 수도 없는 영혼의 존재를 처음으로 증명한 사람은 바로 소크라테스이다. 우리가 가진 생각의 가장 중요한 밑바탕을 마련한 것이다.

소크라테스가 "너 자신을 알라"고 외친 이유는 바로 '인간은 육체와 영혼으로 이루어져 있다'는 사실을 알리기 위해서였다. 이를 증명하기 위해서 소크라테스는 산파술을 사용했다. 사실 영혼이 존재한다는 것을 증명하는 방식은 알고 보면 아주 쉽고 간단하다. 아래 인용문을 보면 소크라테스가 어떻게 보이지도 않고 만질 수도 없는 영혼의 존재를 증명했는지 알 수 있다.

소크라테스 그렇지만 사용하는 사람과 사용되는 것은 다르지 않은가? 갖바치가 굽은 칼과 곧은 칼, 또는 다른 도구를 이용해 가죽을 자르듯이 말일세. 그러므로 사용하고 자르는 사람과 자를 때 사용되는 것은 다르지? 그렇다면 우리는 갖바치에 대해 뭐라 말하지? 도구만 사용해서 자른다고 말하나, 아니면 손도 사용해서 자른다고 말하나?

알키비아데스 손도 사용하죠.

소크라테스 그러니 그는 손도 사용하는 것인가? 눈도 사용해서 신발을 만드는가? 그런데 사용하는 사람과 사용되는 것들이 다르다는 데 우리는 동의하는 것이지? 그러니 갖바치와 기타 연주자는, 그들이 작업이나 연주할 때 사용하는 손과 눈이 서로 다르지? 신체 전부도 사람이 사용하는 것이지? 그러니 사람은 자신의 신체와 다르지? 그러면 도대체 사람은 무엇인가? 그래도 신체를 사용하는 쪽이라는 점만큼은 자네가 말할 수 있네. 그러니까 영혼 말고 다른 무엇이 그것을 사용하겠나?

알키비아데스 다른 것이 아니라 영혼이 사용하죠.

소크라테스 영혼이 다스리면서겠지? 사람은 적어도 셋 중에 하나가 아니겠는가 하는 것이지. 영혼, 신체 그리고 이 둘이 합쳐진 전체 말일세. 하지만 신체를 다스리는 것이 바로 인간이라는 데는 우리가 동의했지? 그러면 신체가 스스로를 다스리는가?

알키비아데스 전혀요.

소크라테스 그것은 다스려진다고 우리가 말하기 때문일세. 그러니 이것만큼은 우리가 찾고 있는 것이 아니군. 그렇기 때문에 둘이 합쳐진 것이 신체를 지배하며, 이것이 사람인 것인가?

알키비아데스 아무래도 그런 것 같습니다만.

소크라테스 무엇보다도 그것은 아닐 걸세. 어느 한쪽이 다스림에 참여하지 않는다면 둘이 합쳐진 것이 다스릴 방도는 전혀 없을 테니까. 사람은 신체도, 둘이 합쳐진 것도 아니니, 내 생각에는 아무것도 아닌 것이거나, 그것이 무엇이기는 하다면 영혼 말고 다른 게 없다는 결론이 남는군.

알키비아데스 바로 그렇습니다.

소크라테스 그러니 아직까지도 영혼이 사람이라는 것에 관해 이보다 더 분명하게 자네에게 논증할 필요가 있겠는가? 그러니 자신을 알라고 명하는 자는 우리에게 영혼을 알라고 시키는 걸세. 그러니 신체에 속하는 것들 중에 무엇인가를 아는 사람은 자신에 속하는 것들을 아는 사람이지, 자신을 아는 사람은 아닐세.

— 플라톤의 《알키비아데스》 중에서

대학 입시 논술 시험에 나온 지문을 옮겨보았다. 일상적인 생각이나 대화가 아니기 때문에 내용 파악이 쉽지는 않을 것이다. 그러나 이 글은 소크라테스가 보이지도 않고, 만질 수도 없는 영혼의 존재를 어떻게 증명하고 있는가에 대한 실마리를 준다.

인용문 마지막 줄의 '자신을 아는 사람'이란 소크라테스에게는 영혼의 존재를 확실히 알고 있는 사람이다. 영혼의 존재를 확실히 알고 있어야 자신의 육체에 갇히지 않고 진정한 인간으로 살아갈 수 있는 것이다. 소크라테스가 말하는 영혼이란 단순한 영혼이 아닌 이성(理性)이며, 그것이 곧 '진정한 나'이자 인간이다.

그렇다면 '이성'이란 무엇일까? '이성'은 바로 '생각하는 것'이다. 그러므로 생각하는 사람만이 진정한 의미의 사람이다. 이는 데카르트가 말한 '나는 생각한다, 고로 나는 존재한다'와 같은 의미이다. 훗날 데카르트는 소크라테스와는 다른 방식으로 '인간이란 무엇인가?'를 증명했다. 이 두 사람 모두 '인간이란 무엇인가'를 밝혀냈기 때문에 소크라테스를 서양 고대 사상의 시작을 연 인물이라 말하고, 데카르트를 서양 근대 사상의 시작을 연 인물이라 말하는 것이다. 데카르트와 소크라테스를 동급의 '위대한 철학자'로 추앙하는 이유가 여기에 있다.

소크라테스가 증명한 위의 방식을 살펴보면, '사용하는 것'과 '사용되는 것'을 구분하였다. 인간이 사용하는 도구들은 저절로 사용되는 것이 아니라, 그것을 '사용하는 사람'이 있어야 한다. 도구와 마찬가지로 인간의 신체 또한 '사용하는 주체'가 있어야 한다. 소크라테스는 신체를 사용하는 것은 바로 '영혼'이라고 말했다. 보이지도 않고 만질 수도 없지만 육체는 우리의 생각이나 의지에 의해 움직인다. 잘 생각해 보면 우리가 자신의 육체를 움직일 때는 나름대로의 이유와 목적이 있다. 앞에 있는 컵을 잡는 이유는 컵에 담긴 물을 마시기 위해서, 또는 컵을 다른 곳으로 옮기기 위해서다. 이에 반대되는 개념이 '반사'이다. 어떤 의지나 생각

없이 몸의 일부분이 저절로 움직이는 것이 그것이다. 이렇게 '사용하는 것'과 '사용되는 것'을 구분하는 소크라테스의 증명 방식은 매우 합리적이고 논리적이다.

물론 오늘날 진화심리학이나 뇌과학, 그리고 현대철학의 관점은 소크라테스의 생각과는 조금 다르다. '사용하는 것'과 '사용되는 것'의 구분이 현실 속에서 명확하지 않은 경우들이 있기 때문이다. 대표적인 예가 바로 인간의 뇌이다. 오늘날의 과학은 인간의 뇌를 단순한 도구로 보지 않는다. 뇌가 도구라면 뇌를 사용한다는 것은 어떤 의미이며, 어떻게 사용을 한다는 말인가? 신이나 외계인이 우리의 뇌를 조종해서 사용하는 것일까? 이 문제에 대한 답은 물론 소크라테스가 말하는 '영혼'에 있다. 뇌과학이 최근 20년 동안 발전해 온 점을 고려하면, 2,000년 전 소크라테스가 인간에 대해 설명한 방식은 단순 명쾌하면서도 설득력이 있다.

소크라테스가 "너 자신을 알라"고 외치며 "인간은 육체와 영혼으로 이루어진 존재"라는 걸 증명한 이후 이것은 제자인 플라톤과 아리스토텔레스를 거쳐 오늘날 서양사상의 가장 중요한 디딤돌이 되었다. 인간은 '육체와 영혼'으로 나누어졌으며, 육체보다 영혼이 더 중요하다는 생각을 계승, 발전시켜 온 과정이 서양사상이기 때문이다. 그렇다면 인간을 설명하는 '육체와 영혼'에는 각각 어떤 특징이 있을까?

소크라테스는 아테네 민주주의의 희생물이었어

사형 집행 직전 독배를 눈앞에 두고 소크라테스는 '육체와 영혼'이 각각 어떤 특징을 가지고 있는지 설명했다. 안타깝게도 소크라테스는 진심으로 사랑하던 아테네 시민들로부터 사형선고를 받았다. 도대체 왜 소크라테스는 독배를 마실 수밖에 없었을까?

플라톤의 설명에 따르면, 소크라테스는 조각가인 소프로니코스와 산파인 파이나레테 사이에서 태어난 뒤, 평범한 중산층 가정에서 성장했다. 그는 아버지에게 조각을 배웠고, 다른 청년들처럼 기하학과 철학, 천문학을 공부했다. 청년 시절, 중장보병에 편입되어 아테네를 지키기 위한 전투에 세 번 참가하기도 했다. 기원전 406년에는 500명 공회의 일원이 되어 1년간 정치에 참여하였고, 40세 이후에는 교육자의 길로 접어들어 수많은 청년들을 가르쳤다. 이처럼 소크라테스가 살아온 길을 되짚어보면 독배를 받을 만한 뚜렷한 죄목이 드러나지 않는다.

당시 그리스에는 민주주의 제도가 도입되어 아테네 시민이라면 누구나 재산, 학식 등과 상관없이 '시민' 자격만 있으면 정치에 참여할 수 있었다. 그런데 소크라테스는 그리스의 민주주의가 기계적인 평등을 추구한다고 비판했다. 정치가는 다른 사람들의 삶에 큰 영향을 미치기 때문에 선하게 행동하는 현명한 사람에게 정치 참여 자격을 주어야 한다는 것이었다. 이런 주장은 소크라테스로부터 "당신은 무지한 사람이요!"라고 비난받았던 사람들의 심기를 건드렸다. 게다가 젊은 청년들이 소크라테스를 흠모하며 열렬히 따르는 것 역시 마음에 들지 않았다. 그들은 수상쩍은 사상가가 나타나 선량한 청년들을 타락시키는 게 아니냐는 경계의 눈초리로 소크라테스를 지켜보았다. 결국 소크라테스는 멜레토스의 고발로 일흔의 나이에 재판장에 서게 되었다.

멜레토스가 소크라테스를 고발한 죄목은 첫째, 국가가 믿는 신을 믿지 않는 죄. 둘째, 젊은이들을 정신적, 윤리적으로 타락시킨 죄이다. 소크라테스는 재판 과정에서 자신의 무죄를 주장하지 않았다. 대신 "너 자신을 알라!"며 청년들을 선동하여 결국 사회 체제를 위험하게 만들 것이라는 멜레토스의 고발 내용에 대해 이렇게 반문했다.

당신은 방금 착한 사람은 이웃에게 착한 일을 하고, 나쁜 사람은 이웃에게 악한 일을 한다는 것을 인정했습니다. 당신 말대로 나쁜 사람은 주위 사람에게 나쁜 일을 합니다. 만약 내가 나를 따르는 청년들을 나쁜 사람으로 타락시켰다면, 나로 인해 타락한 그들은 나에게 나쁜 일을 했을 것입니다. 그런데 내가 손해 볼 줄을 뻔히 알면서도 일부러 청년들을 타락시켰을 거라고 보는 겁니까? 혹시 내가 청년들을 타락시켰다 하더라도 손해를 볼 작정으로 일부러 그랬을 리는 없지 않습니까? 그렇다면 나는 청년을 타락시키지 않았거나 또는 타락시켰다 하더라도 고의는 아니었다는 것이 됩니다. 따라서 어떤 경우이든 당신은 거짓말을 하고 있는 것입니다.

— 플라톤의 《소크라테스의 변명》 중에서

평소 소크라테스는 '무지는 죄악'이라고 주장해 왔다. 그런 자신이 무지에 의해, 혹은 알면서도 일부러 나쁜 짓을 행하지는 않았다는 게 소크라테스의 반론의 요지이다. 이 말을 들은 멜레토스는 꿀 먹은 벙어리처럼 아무런 대꾸도 하지 못했다. 그러나 501명의 아테네 시민으로 구성된 배심원들 중에서 221명이 무죄를, 280명이 유죄를 판결했다. 그리고 2부 재판에서 360명이 사형에 찬성하여 소크라테스는 사형 선고를 받은 지 30일 후에 독약을 마시고 죽는다.

소크라테스는 평생 동안 아테네 사람들의 이성이 잠들지 않도록 끊임없이 질문을 던져 사람들을 귀찮게 하는 쇠파리 같은 존재가 되려고 마음먹었다. 아테네 사람들이 소크라테스를 '쇠파리'라 부르며 성가시게 여긴 것도 사실이다. 하지만 이성이 잠들지 않아야 무엇이 옳은 일인지, 악한 일인지 분별할 수 있는 '지혜'를 갖추게 된다. 결국 소크라테스는 위태로운 아테네의 민주주의 체제를 유지하기 위한 희생물로 전락하고 말았다.

소크라테스는 죽음을 삶의 완성으로 보았기에 당당할 수 있었지

소크라테스 철학은 그의 범상치 않은 죽음으로 완성되었다. 플라톤이 재판 과정에 대해 자세하게 쓴 글을 보면, 그가 마지막 순간까지도 사람들에게 가르침을 남기려 했다는 사실을 알 수 있다. 플라톤이 쓴 글은 모두 네 편으로, 감옥에 갇히기 전에 법정으로 향하는 소크라테스의 모습을 기록한 《에우티프론》, 재판 과정을 다룬 《소크라테스의 변명》, 감옥에서 친구들을 만나 나눈 대화를 적은 《크리톤》, 마지막으로 죽음을 맞는 소크라테스의 모습과 영혼에 대한 그의 생각을 기록한 《파이돈》이 있다. 모두 대화 형식으로 쓰여져 《대화》 편이라 부른다. 아래의 글은 소크라테스가 죽는 순간을 기록한 《파이돈》의 내용으로, 인간은 보이는 육체와 보이지 않는 영혼의 결합으로 이루어져 있으며, 육체와 영혼에는 각각 어떤 특징이 있는지 설명하고 있다.

소크라테스 오, 나의 벗이여. 육체로부터 영혼이 분리되고 해방되는 것을 죽음이라고 하는 것 아닌가?

심미아스 그렇지요.

소크라테스 오로지 참된 철학자들만이 영혼을 이와 같이 해방시키려고 하는 거야. 육체로부터 영혼을 분리하여 해방되는 것이야말로 철학자들이 특별히 마음을 쓰는 것 아닌가?

심미아스 확실히 그렇습니다.

소크라테스 그리고 내가 처음에 말한 것처럼 되도록 죽음의 상태와 가깝게 살려고 애쓰던 사람이 막상 죽음이 닥쳤을 때 그것을 마다하는 것은 우스운 일이 아닌가?

심미아스 그렇지요.

소크라테스 심미아스여, 진정한 철학자는 늘 죽는 일에 마음을 쓰며, 수많은 사람들 가운데 죽음을 가장 덜 무서워하는 자이네. 이렇게 생각해 보도록 하지. 그들이 늘 육체와 싸우고, 영혼과 더불어 순수하게 되기를 원했다면 말이야. 그들의 소원이 성취되어 하데스(죽음 이후의 세계)에 도착하면 그들이 이 세상에서 바라던 지혜를 얻게 될 희망이 있고, 동시에 그들의 원수였던 육체와 함께 있지 않게 될 걸세. 그런 곳으로 떠날 때가 되었는데 기뻐하지 않고 도리어 두려워하고 싫어하는 것처럼 모순된 일이 또 어디 있겠는가. 많은 사람이 하데스에 가면 지상에서 사랑하던 사람이나 아내나 자식을 만나 그들과 함께 지내게 될 거라는 희망에서 죽기를 원했던 것이 사실이야. 그렇다면 참으로 지혜를 사랑하는 이로서, 그리고 저 하데스에서만이 지혜를 보람 있게 향유할 수 있다고 확신하는 자로서 어떻게 죽음을 싫어하겠는가? 오히려 큰 환희 속에서 저승으로 떠나는 게 마땅한 일이 아니겠는가? 오오, 나의 벗이여, 만일 그가 진정한 철학자라면 그럴 것일세. 저 세상에서, 그리고 그곳에서만 순수하게 지혜를 발견할 수 있다는 굳은 확신을 가지고 있다면 말이야. 사리가 이렇다면, 내가 말한 것처럼 진정한 철학자가 죽음을 두려워한다는 것은 당치 않은 소리일 거야.

심미아스 정말 그렇습니다.

소크라테스 그러니 죽음이 가까워올 때 죽기를 주저하는 사람이라면, 그 사람이 영혼보다 육체를 더 사랑하는 자인 것은 더 말할 필요가 없지 않은가?

심미아스 네, 그렇습니다.

소크라테스 오, 심미아스, 그러면 용기는 특별히 철학자만 가지고 있는 특이한 성질이 아닌가?

심미아스 그렇고말고요.

— 플라톤의 《파이돈》 중에서

위 글에 이어지는 마지막 부분은 소크라테스가 태연히 독배를 마신 후 아스클레피오스에게 닭을 빚졌다며 대신 빚을 갚아달라고 친구에게 부탁하는 장면으로 끝이 난다. 소크라테스에 대해 잘 모르는 사람들은 그가 죽기 직전에 빚을 깨끗이 청산하기 위해 이런 말을 했다고 생각할 것이다. 그런데 아스클레피오스는 사람이 아니다. 그는 의학의 신으로, 그의 신전에서 치료를 받은 사람은 닭을 치료의 대가로 바친다. 따라서 소크라테스는 자신의 죽음을 치료의 과정으로 보고 치료비를 대신 내달라고 친구에게 부탁한 것이다. 그렇다면 소크라테스는 어떤 치료를 받았다고 생각한 것일까?

소크라테스는 죽음을 원수 같은 육체에서 순수한 지혜인 영혼이 해방되는 것으로 보았다. 죽음이란 늙고 병들고, 굼뜬 낡은 육체를 버리는 과정이기 때문에 그는 죽음을 새로운 시작을 위한 치료 과정으로 본 것이다. 따라서 죽음을 두려워할 이유가 없으며, 자신의 사상을 저버리면서까지 피할 대상이 아니었다. 실제로 소크라테스는 사형 직전에 탈출할 기회가 있었다. 비록 사형선고가 내려졌지만 그의 죽음을 바라지 않았던 많은 아테네 시민들은 소크라테스가 자신의 철학을 포기한다면, 그 대가로 사형선고를 취소시켜 주겠다는 제안도 했다. 하지만 그는 죽음에서 벗어날 수 있는 많은 기회와 제안을 거절했다. 영혼은 영원하고 아름답고 선한 것이고, 육체는 늙고 추한 것이므로 인간은 육체의 한계를 벗어나 영혼의 세계로 나아가야 한다는 소크라테스의 생각은 확고했다. 영혼에 대한 확고한 생각은 이후 플라톤과 아리스토텔레스를 거쳐 중세 기독교의 핵심 교리가 된다. 훗날 니체는 소크라테스가 살아 있는 육체를 거부하고 죽음 뒤의 영혼을 추종하는 어두운 그림자를 남겨놓았다는 이유로 그를 혹독하게 비판한다. 그래서 소크라테스가 서양사상의 출발점이라면, 니체는 서양사상의 종착점이라고 평가하는 것이다.

소크라테스는 문자혐오증이 있었기에 책을 한 권도 쓰지 않았어

'너 자신을 알라'고 강조한 소크라테스와 견줄 만한 동양의 철학자로 많은 사람들이 공자를 꼽는다. 공자는 기원전 552년에 태어났으므로 대략 소크라테스보다 80년 먼저 태어난 셈이다. 이 정도면 거의 동시대 사람이라고 볼 수 있다.

'인간' 전체로 확장된 '나는 누구인가?'라는 질문에 공자는 '인(仁)'이라고 답했다. 인(仁)을 행하는 것이 곧 인간이라는 것이다. 그렇다면 소크라테스는 같은 질문에 어떻게 답했을까? 안타깝게도 그는 자신의 생각을 글로 남겨놓지 않았다. 글을 몰라서도, 글쓰기가 귀찮아서도 아니다. 글에 대한 소크라테스의 엄청난 혐오증 때문이다. 만약 플라톤이 스승에 대한 기록을 남기지 않았다면 우리는 소크라테스의 사상을 엿볼 기회조차 없었을 것이다. 플라톤의 저작인 《대화》편에서 소크라테스가 문자의 본질에 대해 파이드로스에게 하는 말을 보면 문자에 대한 혐오가 어느 정도인지 알 수 있다.

'파이드로스야, 문자에는 나쁜 점이 있다. 그런 나쁜 면은 그림과 비슷하지. 그림이 그려낸 형상들은 마치 살아 있는 것처럼 보이지. 하지만 네가 그것들에게 무언가를 묻는다면 아마 점잖게 침묵할 거야. 문자도 그와 똑같아. 넌 문자들이 뭔가 아는 것처럼 네게 말을 건다고 생각하겠지. 그러나 네가 무언가를 정말 배울 요량으로 그것이 말한 것에 대한 질문을 던진다면 그것들은 틀림없이 늘 고정적이고 획일적인 내용만을 알려줄 뿐이야. 그리고 말은 한번 쓰이고 나면 장소를 불문하고 그 말을 이해할 수 있는 자에게나, 그 말이 전혀 어울리지 않은 자에게나 이리저리 마구 돌아다니게 되고, 결국 그 말이 애당초 어떤 상대에게 전달되어야 하는지, 아닌지조차 알 수 없는 상태가 되지. 그 말은 방임되고 부당하게 욕을 먹기 때문에 언제나 자신을 낳은 아버지의 도움을 받아야 해. 왜냐하면 글자로 쓰인 말은 스스로를 방어하거나 도울 능력이 없으니까.

이 말은 일단 글을 쓰고 나면 개나 소나 읽게 되어 애초의 뜻을 올바르게 전할 수가 없다는 뜻이다. 소크라테스는 왜 문자를 혐오했을까? 사실 문자 혐오증은 현대인들에게서 더 많이 나타나지만 소크라테스의 경우와는 사정이 다르다.

소크라테스 시대의 책가방은 지금처럼 크지 않았다. 또한 문자를 알고 활용할 수 있는 사람 역시 소수의 지식인뿐이었다. 그런데 당대 최고의 지식인이었던 소크라테스가 문자를 혐오한 이유는 문자는 문자일 뿐 그것을 사용하는 '나', 즉 인간의 본래 모습과는 거리가 멀기 때문이다. 즉 소크라테스가 문자를 혐오한 이유는 문자 이전에 인간이 있다는 걸 강조하기 위해서이다. 사실 문자 혐오증이 소크라테스에게는 의식적인 것이다. 반면에 현대인들은 무의식적 본능에 따라 문자를 혐오한다.

문자 이전에 인간이 있다는 말은 인간이 문자를 발명했으므로 당연한 말이다. 그런데 문자에는 엄청난 힘이 담겨 있다. 문자에 의해 과거 인류의 경험이 지식과 정보의 형태로 남아 있기 때문이다. 개인의 생각은 그의 죽음과 함께 사라진다. 하지만 문자는 죽지 않고 시간의 흐름에 따라 쌓이고 쌓여 후대에 영향을 준다.

인간이 문자를 사용하기 시작한 지는 길게 잡아 5,000년 전부터이다. 하지만 인간의 유전자는 500만 년 전에 원숭이에서 진화된 후부터 축적된 본능적 습관을 여전히 기억하고 있다. 인간의 이 유전자에게 문자는 낯선 존재일 수밖에 없다. 즉 문자를 대하는 일이 피곤한 이유는 낯설기 때문이다. 하지만 현대인들은 사람들과 문자로 소통하는 것을 소홀히 하지 않는다. 유전자는 문자가 아니라 '소통'이 인간의 생존에 필요하다는 것을 본능적으로 기억하고 있기 때문이다. 물론 소크라테스가 문자에 대한 유전적 혐오증을 알았을 리는 없다. 다만 그는 더 가치 있는 것이 무엇인지를 말하고자 하였을 뿐이다.

지금까지 인류의 모든 지식과 정보들을 다 모아 인간이 던질 수 있는 질문에는 무엇이 있을까? 수많은 질문들은 다음 세 가지로 압축할 수 있다.

'인간이란 무엇인가?'

'세계란 무엇인가?'

'인간과 세계의 관계는 무엇인가?'

인간이 살면서 느끼는 모든 궁금증과 호기심은 이 세 가지 질문으로 수렴될 수 있다. 위대한 사상가들의 지혜와 수많은 과학자들의 연구 역시 이 세 가지 질문에 답하기 위한 것이다. 인류가 존재하는 한, '인간, 세계, 관계'에 대한 질문에서 벗어날 수 없을 것이다. 우리가 초월자라고 알고 있는 신(神) 또한 마찬가지이다. 신은 인간, 세계, 관계라는 세 가지 질문에 답하기 위해 인간이 요청한 것이다.

당연히 인간, 세계, 관계라는 세 가지 질문은 질문에서 끝나지 않는다. '가장 중요한 것이 무엇인지'를 선택하게 만든다. 인간, 세계, 관계 중 가장 중요한 것은 무엇일까? 위대한 사상가들의 지혜는 세 가지 중 어느 하나를 선택한 것이다. 소크라테스는 가장 중요한 것으로 '인간'을 선택했다.

위의 인용문에 담긴 문자에 대한 소크라테스의 혐오는 그가 인간, 세계, 관계 중에서 인간을 선택했음을 의미한다. 문자는 인간에 의해 만들어졌고 인간이 사용하지만, 인간, 세계, 관계 중에서 '관계'의 영역에 속한다.

인간, 세계, 관계 중에서 '인간'을 선택한 소크라테스와 달리 현대철학은 '관계'를 선택했다. 현대철학은 언어(문자)가 인간의 주체성을 만든다고 본다. 동물과 다른 인간의 특징은 관계 속에서 만들어진다는 것이다. 그래서 '관계'를 떠난 순수한 의미의 인간 주체라는 것은 있을 수 없다고 말한다. 하지만 오늘날 이에 벗어난 것처럼 보이는 인간 유형이 있는데, 그가 바로 혁신의 아이콘이라 불리던 스티브 잡스다.

스티브 잡스와 소크라테스와의 관계에서 우리가 주목해야 할 점은 '자기 확인'과 함께 '자기 완성'을 위해 절실한 삶을 살았던 인간의 전형이라는 것이다. 의견 충돌을 피하지 않는 자세로 인해 자신이 만든 회사에서 쫓겨나기도 했던 스티브 잡스. 그리고 자신의 생각을 지키기 위해 사랑하던 아테네 시민들이 내린 독배를 마셔야 했던 소크라테스.

이러한 삶의 자세가 스티브 잡스와 소크라테스를 스트리트 파이터에서 스트리트 이노베이터로 발전시켰다. "계속 갈망하고, 바보처럼 살라(Stay hungry, Stay foolish)"는 잡스의 외침에서 '무지의 자각'을 외치며 '인간이란 무엇인가?'에 대한 해답을 얻고자 아테네 거리를 돌아다니던 소크라테스의 모습이 떠오른다. "중요한 것은 용기 있게 마음과 직관을 따르는 것"이라는 잡스의 삶의 태도에서 영혼이 중요함을 알기에 죽음마저도 두려워 않던 소크라테스가 오버랩 된다. 마지막으로 "남의 인생을 살거나 다른 사람이 생각한 결과에 맞춰 사는 함정에 빠지지 말라"는 잡스의 당부처럼 소크라테스는 다음과 같이 당부한다.

나의 가장 친한 벗이여, 너는 왜 지갑을 가능한 한 많이 채우고, 또 명성과 존경만을 받으려 노력하는 너의 모습을 부끄러워하지 않느냐? 너는 왜 너 자신인 영혼을 개선하는 데는 조금도 관심이 없고, 또 노력도 하지 않느냐?

— 플라톤의 《소크라테스의 변명》 중에서

2

플라톤을
탐험하며
멘탈 붕괴를
극복해

플라톤 편 고전의 이름은 《국가》

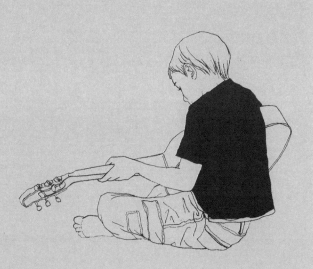

플라톤이 창조한 새로운 세계는 바로 '이데아 세계'이다.
인간의 영혼은 소크라테스에 의해 해방되었지만,
플라톤에 의해 이데아 세계로 확장되었다.
소크라테스의 죽음을 통해 변하는 육체가 아니라
변하지 않는 영혼을 중심으로 살아야 한다는 것을
깨달은 플라톤은 변하지 않는 진정한 멘탈 세계를
설명하기 시작했다.
그것이 바로 유명한 '동굴의 비유'이다.

멘탈 붕괴를 최초로 경험한 사람이 플라톤이야

요즘 멘탈 붕괴, 일명 '멘붕'이란 말이 일상용어가 되었다. 멘탈 붕괴란 예상치 못한 상황이나 결과에 넋이 나가 무기력해진 상태를 말한다. 이런 말이 유행할 정도로 현대인들은 하루하루를 힘겹게 헤쳐나가며 살아가고 있다. 그런데 멘붕 상태를 처음으로 경험한 사람은 현대인이 아니었을 것으로 보인다. 2,500여 년 전의 고대 그리스 철학자, 플라톤이야말로 최초의 멘붕 경험자일 것이다.

플라톤은 스승인 소크라테스와 자신의 생각들을 책으로 남긴 서양 최초의 철학자이다. 그는 인간의 정신세계를 처음으로 탐구하고 이를 글로 남긴 위대한 철학자이다. 사실 인간의 정신세계는 단순하게 설명될 수 있는 것이 아니다. 여러 관점에 따른 다양한 논점을 다루고 있기 때문이다. 그래서 플라톤에 대해서도 한마디로 설명하기 어렵다. 그는 마치 여러 명의 철학자를 합체한 것처럼 보인다. 변함없는 진리를 절대적으로 옹호하면서도 우생학적 입장에서 절대권을 옹호하는 독단적 엘리트주의자였다. 또한 현실적인 문제보다는 이상세계를 창조하기를 꿈꾼 몽상가이기도 했다.

훗날 플라톤 추종자인 올림피오도로스에 따르면, 플라톤이 백조로 변하여 사냥꾼의 화살을 피하기 위해 나뭇가지 사이를 날아다니는 꿈을 꾼 적이 있었다고 한다. 그런데 오늘날에 이르기까지 어느 누구도 화살로 그 백조를 맞추지 못했다. 그저 바라보기만 했을 뿐이다. 시대를 막론하고 인간의 정신세계를 처음으로 펼쳐 보인 플라톤의 세계를 완전히 이해하는 게 쉽지 않았던 것이다.

플라톤을 이해하기 위해서는 먼저 소크라테스에 대해 알아야 한다. 플라톤이 남긴 책의 대부분은 소크라테스에 대한 것이기 때문이다. 소크라테스는 자신의 생각을 기록으로 남겨놓지 않았다. 만약 플라톤이 스승의 사상을 글로 남겨놓지 않았다면 우리는 소크라테스의 사상에 대해 알지 못했을 것이다. 우리가 소크라테스의 사상을 접할 수 있는 유일한 통로는 플라톤이 남긴 책이기 때문이다. 문제는 어디까지가 소크라테스의 생각이고 어디까지가 플라톤의 생각인지 불분명하다는 데 있다. 때문에 오늘날 대부분의 사람들은 소크라테스와 플라톤을 하나로 묶어 설명한다. 하지만 이는 무책임한 태도이며, 소크라테스가 죽음을 택한 의미를 퇴색시키기까지 한다. 플라톤의 제자 아리스토텔레스는 소크라테스와 똑같은 상황에 처했을 때, 그가 죽음을 택한 상징적 의미를 퇴색시키지 않기 위해 감옥에서 도망쳐버렸다. 죽음을 통한 철학적 가르침은 한 번으로 족하기 때문이다. 죽음을 통해 철학이 아닌 종교적 가르침을 펼친 이가 500년 뒤에 나타났는데, 그는 바로 예수이다.

죽음을 통해 완성한 소크라테스의 철학적 가르침은 플라톤에게 충격 그 자체였다. 이 사건으로 멘탈이 붕괴된 젊은 플라톤의 심경은 이후 펼쳐질 그의 철학을 이해하는 출발점이 된다. 한창 꿈 많던 20살에 만나 10년 가까이 옆에서 보필한 스승이 억울하게 죽임을 당하는 모습을 지켜보며 플라톤은 분노와 자신의 무력함에 멘붕을 겪었을 것이다. 눈앞에서 벌어지고 있는 일을 외면하고 싶었던 플라톤은 결국 스승의 임종을 지키지 않고 마지막 순간에 도망을 쳤다. 아마 스승의 임종 순간을 목격하고 나서의 충격으로 자신이 어떻게 될지도 모른다는 자기 보호 본능이 발동해 도망을 쳤을 것이다.

플라톤의 충격은 훗날 십자가에 못 박힌 예수의 죽음을 목격한 제자 베드로의 마음과 같았을 것이다. 자신을 핍박한 자들을 사랑으로 용서했음에도 동족인 유대인들에 의해 십자가에 못 박힌 예수와 인간의 숭고한 영혼을 외쳤지만 아테네 시민들에 의해 독배를 마시고 죽임을 당한 소크라테스. 그리고 예수와 소크라테스의 납득할 수 없는 죽음을 지켜봐야 했던 베드로와 플라톤. 하지만 그들은 절망의 구렁텅이에서 허우적대고 있지만은 않았다. 절망의 눈물을 딛고 일어난 플라톤과 베드로는 희망의 동아줄을 부여잡고 스승의 뜻을 받들었다. 그들은 사람들에게 새 희망을 전파하였다. 베드로가 선택한 희망은 2,000년 넘게 서양사회를 지배한 교회였고, 플라톤이 선택한 희망은 2,000년 넘게 서양사상을 지배한 이데아의 세계였다.

만약 베드로와 플라톤이 이러한 충격적인 사건을 겪지 않았다면 인류 역사는 어떻게 바뀌었을까? 역사에는 가정이 있을 수 없지만 상상은 해볼 수 있다. 베드로는 플라톤보다 500년 후에 활동했기에 사상적으로도 한참 후배이다. 그러므로 편의상 플라톤에게만 집중해 보자. 스승을 잃은 충격에서 벗어나기 위해 플라톤은 자기만의 세계를 만들어 위안의 거처를 마련하려 했다. 그리고 변명으로 자신의 마음을 위로하고 달래며 새 희망을 만들어 나갔다.

플라톤은 스승의 죽음으로 인한 정신적 상처를 사고의 확장을 통해 스스로 치유하고 극복해 냈다. 어쩌면 플라톤은 서양 철학사에서 철학으로 마음의 상처를 치유한 최초이자 유일한 철학자일 것이다.

멘붕을 극복하는
플라톤만의 방법이 있었어

플라톤이 남긴 글의 대부분은 스승인 소크라테스가 다른 사람들과 나눈 대화를 옮긴 형식이라《대화》편이라고 부른다. 그래서 30편 정도의 글 중에서 하나만 제외하고 모두 소크라테스가 등장한다. 그중《파이돈》은 소크라테스가 죽는 순간을 기록한 내용을 담고 있다. 스승과의 마지막 순간에 도망을 쳤지만, 이후 정신을 가다듬고 사건을 재구성한 것이다.

《파이돈》에는 오늘날 우리가 상식으로 받아들이고 있는 인류 지성사의 대혁신이 담겨 있다. 이 책에 따르면, 소크라테스는 인간에게는 보이는 육체와 보이지 않는 영혼이 결합되어 있으며, 육체로부터 영혼이 분리되는 것을 죽음이라고 선언했다. 또한 오로지 참된 철학자들만이 영혼을 육체로부터 해방시키려 애쓴다고 주장했다. 죽음이란 바람직한 세계로 나아가기 위한 새로운 출발점이므로 살아 있는 동안에도 육체가 아닌 영혼에 가치를 두어야 한다는 것이다. 이처럼 소크라테스 철학은 그의 범상치 않은 죽음으로 완성되었다. 그리고 이 비극적 완성이 플라톤에게는 철학의 출발점이 되었다.

현실이 어려울수록 꿈은 더욱 빛난다. 충격과 고난은 좌절과 포기를 야기하지만, 이를 극복하고 치유하려는 의지는 새로운 세계를 갈망하게 만든다. 플라톤에게 멘탈 붕괴를 극복하는 방법은 붕괴된 멘탈을 대신할 새로운 멘탈 세계를 만드는 것이었다. 자기 치유는 안정을 얻기 위해 생각을 확장시키는 과정을 겪는다. 예를 들어, 자신을 힘들게 만든 사건의 과정을 복기하고, 스스로를 겸허히 돌아보며, 무엇이 잘못되었는지, 잘못된 것을 어떻게 바로잡을지 생각해 볼 필요가 있다. 새로이 정착하려면 새로운 영토가 필요하다. 새로운 영토는 바로 우리의 생각 속에서 만들어진다. 플라톤이 창조한 새로운 세계는 바로 '이데아 세계'이다. 인간의 영혼은 소크라테스에 의해 해방되었지만, 플라톤에 의해 이데아 세계로 확장되었다.

　그런데 플라톤에게 이데아 세계는 의식 저 너머의 세계가 아니라 실제 세계이다. 사람들은 플라톤이 만든 이데아 세계가 엄청난 충격에 의한 망상의 결과물이며, 단지 환상의 세계일 뿐이라고 말하기도 한다. 엄청난 충격을 받으면 현실의 충격을 완화시키기 위해 가상의 세계로 도피하는 사람들도 종종 있기 때문이다. 하지만 소크라테스의 죽음을 통해 변하는 육체가 아니라 변하지 않는 영혼을 중심으로 살아야 한다는 것을 깨달은 플라톤은 변하지 않는 진정한 멘탈 세계를 설명하기 시작했다. 그것이 바로 유명한 '동굴의 비유'이다. 사실 플라톤이 말하는 동굴은 멘붕 상태와 다르지 않다.

지하의 한 동굴 입구에 횃불이 타오르고 있다고 하세. 그 동굴 깊숙한 곳에는 어릴 때부터 쇠사슬에 손발과 목이 묶인 채로 살아온 죄수들이 있다고 하세. 그들은 머리를 돌릴 수가 없어서 동굴 벽만 쳐다볼 수밖에 없네. 죄수들은 횃불을 통해 동굴 벽에 비친 그림자만 볼 수 있을 뿐이네. 만약 이들이 서로 대화를 한다면, 자신들이 벽면에서 보는 것들이 전부라고 말하겠지?

– 플라톤의 《국가》 중에서

동굴에서 태어나 바깥세상을 한 번도 구경해 보지 못한 채 그곳에서만 살아온 죄수들은 동굴 벽에 비친 그림자가 세상의 전부라고 생각할 것이다. 그들은 동굴 밖으로 나간 적도 없고, 바깥세상을 본 적이 없기 때문이다. 플라톤은 사람들이 동굴에 묶여 있는 죄수와 같다고 생각했다. 우리가 현실이라고 믿는 세계는 사실 그림자 세계이자 멘붕 상태의 세계일 뿐, 진짜 세계는 아니라는 것이다.

만약 이 죄수들 중 한 사람이 탈출하여 동굴 바깥으로 나올 경우 어떤 일이 벌어질까? 그는 동굴 밖 세상을 눈으로 보면서도 진짜인지 가짜인지, 꿈인지 생시인지 구분이 가지 않을 것이다. 그가 동굴로 되돌아가 죄수들에게 자신이 본 것들을 말해줄 경우 사람들이 믿어줄까? 아마 믿지 못할 것이고, 거짓말이라며 비웃을 게 분명하다. 생전 보지도 듣지도 못한 말이고, 생각조차 해본

적이 없으므로 믿기 어려울 것이다. 더욱이 그의 말을 증명할 만한 증거조차 없다면 못 믿는 게 당연하다. 그렇다면 이 무지한 사람들이 계속 동굴에서 살도록 놓아두어야 할까? 어떻게 해서든지 동굴 밖으로 데리고 나와 진짜 세상을 보여줘야 한다. 하지만 대부분의 사람들은 누군가 안내를 해주거나 억지로 끌고 나오지 않는 한 혼자 힘으로 동굴에서 나오지 못할 것이다. 플라톤은 스승의 죽음에 대한 충격 때문에 스스로 동굴 밖으로 걸어나온 특이한 케이스이다.

플라톤의 동굴의 비유는 《장자》〈추수〉 편에 나오는 '정중지와 부지대해(井中之蛙 不知大海: 우물 속 개구리는 바다를 알지 못한다)'를 연상시킨다. 그런데 동양과 서양의 사상적 대비가 '동굴'과 '우물'에서 극명하게 드러난다. 재미있는 것은 플라톤은 서양사상의 출발점인 소크라테스의 제자이고, 장자는 동양사상의 출발점인 노자의 제자라는 점이다.

일단 동굴과 우물은 극복해야 할 제한된 공간이라는 공통점이 있다. 하지만 방법에서는 결정적인 차이가 있다. 플라톤의 동굴은 현실을 비유한 것이기 때문에 동굴에서 나오기 위해서는 현실과 단절해야 한다. 그러나 장자가 말하는 우물의 물은 바다까지 연결되어 있다. 서양의 개체 중심적 사고는 단절을 우선시하지만, 동양의 관계 중심적 사고는 연결을 우선시하기 때문에 비유도 다른 형태로 나타난 것이다. 그래서 서양인들이 현실과 다른 저 너머의 세계(천국)를 꿈꾸지만, 동양인들은 현실 속에 있는 무릉도원을 꿈꾼다.

▎플라톤은 변하지 않는 게 이데아라고 했어

멘붕은 사건의 변화 속에서 발생한다. 그런데 소크라테스 이전의 철학자인 헤라클레이토스는 세상 모든 것은 변한다고 했다. 그러나 파르메니데스는 세상 모든 것은 변하지 않으며, 변화란 불가능한 환상일 뿐이라고 했다. 세상 모든 것은 변한다는 의견과 절대 그렇지 않다는 의견에 대해 플라톤은 "모든 사물은 변하지만 그 안에 변하지 않는 것이 있다"고 말했다. 이것은 소크라테스가 말한 육체와 영혼의 관계와 같다. 영혼처럼 변하지 않는 것이 바로 플라톤의 이데아이다.

그렇다면 변하지 않는 이데아란 도대체 무엇일까? 김춘수의 〈꽃〉이라는 시 중에 "내가 그의 이름을 불러주었을 때 그는 나에게로 와서 꽃이 되었다"라는 구절이 있다. 길거리에 피어 있는 꽃 한 송이에게 내가 '장미'라는 이름을 붙여주면 그 꽃은 내게 장미꽃이 된다는 뜻이다. 아무런 의미 없던 존재에게 이름을 붙여주어 의미를 지니게 만든 것이다. 세상에 존재하는 수많은 장미를 하나로 아우르는 이름은 '장미'이다. 여기서 '장미'라는 이름이 곧 이데아이고, 세상에 피어 있는 장미는 장미 그 자체의 모사인 셈이다.

또 다른 예로 정삼각형의 이데아를 생각해 보자. 정삼각형이 되려면 세 변의 길이가 모두 똑같아야 한다. 하지만 아무리 미세한 연필과 자를 가지고 그려도 세 변의 길이를 완벽하게 똑같이 그릴 수 없다. 똑같이 보일 경우에도 전자 현미경으로 들여다보면 선의 굵기와 길이가 조금씩 다르다. 컴퓨터로 그려서 프린트를 해도 마찬가지이다. 돋보기로 들여다보면 프린트 잉크 양에 따라 미세한 차이가 생긴다. 이렇듯 정확한 정삼각형을 그릴 수 없기 때문에 우리는 정삼각형을 본 적이 없는 셈이다.

그렇다면 우리는 정삼각형을 다른 삼각형들과 구분할 수 없을까? 물론 구분할 수 있다. 완벽한 정삼각형을 그릴 수도 없고, 본 적도 없지만 현실에 있는 모든 사물은 그것의 이데아(본)가 있기 때문이다. 즉 세상의 모든 사물은 자신의 이데아를 복사한 복사품이라는 것이다. 플라톤은 사물의 원본인 이데아가 무엇인지 안다면 비록 완벽하게 복사할 수 없더라도 그 사물이 어떤 것인지 알 수 있다고 주장한다. 이처럼 '변하는 것 안에 있는 변하지 않는 것'이 바로 이데아이다. 이데아란 눈에 보이지는 않지만 모든 사물들이 갖고 있는 변하지 않는 '본보기'이며, 변하지 않는 참다운 것이다.

그런데 눈에 보이지 않는 이데아를 사람들은 어떻게 알 수 있을까? 바로 인간에게 영혼이 있기 때문이다. 영혼은 인간의 이데아이므로 다른 사물들의 이데아 또한 알 수 있다는 것이다. 이는 소크라테스가 말한 인간의 영혼이 플라톤에 이르러 세상 만물의 이데아로 확장된 것이다. 또한 플라톤은 '모든 사물들'과 이러한 '모든 사물들의 이데아'와의 관계를 '개별자와 보편자'라고 했다. 이 세상은 개별자로 가득 차 있다. 하지만 이데아가 원본이고 현실 세계의 모든 것은 이데아를 복사한 것에 불과하다. 아무리 흉내를 잘 내고 복사를 잘해도 복사본은 절대 원본과 같을 수 없다. 완전한 영혼과 달리 불완전한 육체처럼 말이다. 이렇게 우리가 살고 있는 현실 세계는 불완전한 것들로 가득 차 있으므로 그 자체가 멘붕 상태인 셈이다. 그러므로 육체에서 벗어나고자 죽음을 받아들인 소크라테스의 행위는 더 이상 충격적 사건이 아니라 필연적인 과정이었던 것이다. 이데아론으로 인해 플라톤은 스승의 죽음으로 인한 충격을 이해하고 평안을 얻을 수 있는 탈출구를 얻게 된다. 그 이후 플라톤은 인간의 정신세계를 하나씩 펼쳐 보인다.

플라톤에 의하면 인간의 생각에는 네 가지 단계가 있다고 한다. 억측, 신념, 지성, 사유(지혜)가 그것이다. 억측은 상상과 근거 없는 선입견에서 나온다. 신념은 억측과 달리 판단 근거가 있다.

실제로 여러 번 겪은 일들을 근거로 판단을 하는 것이다. 신념에도 종류가 있다. 판단의 근거가 되는 예를 올바르게 선택했는가, 그 예들의 범위가 얼마가 넓은가, 얼마나 체계적으로 판단했는가에 따라 구분할 수 있다. 예를 들어 플라톤이 살았던 시대에 의사들은 약초로 환자들을 치료했다. 의사는 그동안 쌓은 경험을 바탕으로 어느 병에는 어떤 약초를 처방해야 하는지 판단할 수 있다. 이것이 신념이다. 그런데 신념은 맞을 수도 있고 틀릴 수도 있다. 신념은 억측과 마찬가지로 개인적인 경험을 토대로 판단하는 것이기 때문에 이것만으로는 어떠한 이데아도 인식할 수가 없다. 의사가 약초의 효능을 잘 알고 치료 경험이 많더라도 전혀 새로운 병을 만났을 때는 힘을 쓸 수 없다. 이처럼 신념은 모든 상황에 똑같이 적용시킬 수 없다.

지성과 사유는 억측이나 신념과는 달리 이데아를 인식할 수 있다. 지성과 사유의 차이는 '생각의 범위가 얼마나 넓은가'에 달려 있다. 지성은 한 가지 대상에 대한 이데아를 인식하는 것이다. 예를 들어 수학자가 여러 가지 삼각형 모양을 늘어놓고 '완벽한 삼각형이란 무엇일까' 고민하다가 마침내 삼각형의 이데아를 인식하는 것이다. 그런데 이데아들은 따로 떨어져 있는 것이 아니라 서로 관계를 맺고 있다. 그러므로 각각의 이데아들을 잘 결합해 보면 전체를 인식할 수 있다. 한두 가지나 서너 가지의 이데아를 인식하는 것을 넘어서 이데아들을 하나의 전체로 인식하게 되는 과정이 바로 사유이다. 태양이 전체를 비추듯 이데아들의 이데아인 선(善)의 이데아를 알게 되는 것이다. 이는 참된 지식인이 지혜를 얻는다는 뜻으로, 중세시대에 이르러 믿음의 대상인 유일신(唯一神)으로 의미가 바뀌었다.

플라톤의 원래 꿈은 레슬링 선수였대

기원전 428년에 태어난 플라톤의 원래 이름은 '아리스토클레스'이다. 플라톤은 그의 별명으로, 어깨와 이마가 넓어서 붙여진 별명이라고 한다. 그는 아테네의 부유한 상류층 집안에서 태어났다. 그러나 전쟁의 영향으로 플라톤의 유년기와 청년기는 그리 평탄하지 못했다. 그가 태어나기 3년 전에 아테네와 스파르타가 각자의 동맹시(同盟市)들을 거느리고 싸운 펠로폰네소스 전쟁이 일어났다. 27년이란 긴 세월 동안 지속된 이 전쟁은 아테네의 패배로 끝이 났다. 위대한 정치 지도자 페리클레스의 죽음과 전쟁에서의 패배로 아테네는 쇠퇴와 혼란의 길로 접어들었다. 이렇게 플라톤은 전쟁과 아테네의 몰락이라는 혼란의 시기에 태어나고 자랐다.

시대적 상황 때문인지 플라톤의 어릴 적 꿈은 최고의 레슬링 선수가 되는 것이었다. 그러나 재능이 별로 없었는지 레슬링 선수로서 별 두각을 드러내지 못했다. 이후 시인이 되고자 했으나 20살 무렵 소크라테스를 만나 큰 감명을 받으면서 그동안 써놓은 시들을 모두 불태웠다고 한다. 그리고 공부에 집중하기 위해 금세공 작업장 근처로 이사를 갔다. 보통 사람들은 공부를 하러 산이나 절 같은 조용한 곳으로 들어가게 마련인데, 플라톤은 특이하게도 시끄러운 곳으로 찾아간 것이다. 플라톤이 머문 지역의 금세공 작업장에서는 망치로 금을 두들겨 여러 가지 물건을 만들기 때문에 시끄러운 망치질 소리가 하루 종일 그치지 않았다. 사실 조용하면 집중이 잘 될 것 같지만 그건 착각이다. 너무 조용하면 딴생각에 빠지거나 졸음이 몰려오기 일쑤다. 오히려 적절한 소음이 있는 곳에서 공부를 하면 집중도를 높일 수가 있다고 한다. 이런 원리를 알았기 때문이었는지는 모르겠지만, 플라톤의 의도는 적중했다. 공부를 하다 깜빡 졸더라도 시끄러운 소리 때문에 금방 깰 수밖에 없고, 웬만한 소음에도 끄떡하지 않을 정도로 집중력이 좋아졌다고 한다.

플라톤이 청년이 되었을 때 전쟁은 끝났지만 사회적 혼란은 여전했다. 전쟁 후에 세워진 정부는 무려 1,500명의 시민들을 죽이는 무자비한 만행을 일삼았다. 참다못한 시민들이 들고 일어나 결국 이 정부는 90일 만에 무너지고 새로운 정부가 들어섰다. 플라톤은 시민을 위하는 좋은 정치를 기대했지만 새로 들어선 민주 정부는 소크라테스가 젊은이들을 타락시켰다는 죄목으로 그를 사형시켰다. 플라톤을 멘탈 붕괴 상태로 만든 불행한 사건이 발생한 것이다.

이런저런 죄목을 내세웠지만, 소크라테스가 고발당한 진짜 이유는 정치적인 문제에 있었다. 소크라테스의 제자 중 한 사람인 알키비아데스는 펠로폰네소스 전쟁 때 아테네의 총사령관이었다. 그런데 그는 적국인 스파르타로 넘어가는 반역 행위를 저질렀다. 그러자 스승인 소크라테스까지 반역자일 거라는 의심의 눈초리를 받은 것이다. 게다가 이전 정부의 지도자 중에도 소크라테스의 제자들이 있었다.

소크라테스의 죽음을 계기로 아테네에 실망한 플라톤은 고향을 떠나 여기저기 떠돌아다니기 시작했다. 기원전 299년, 그때 그의 나이는 28살이었다. 백짓장처럼 텅 비어버린 머릿속과 무기력함에 시달리던 플라톤은 현실 도피를 택한 것이다. 현실 정치에 환멸을 느낀 플라톤은 소크라테의 부활을 다짐하며 아테네를 떠날 때 이런 말을 남겼다고 한다.

"왕이 철학자가 되거나 철학자가 왕이 되지 않는 한 이 세상에 제대로 되는 일은 없을 것이다."

아마 플라톤은 이때부터 어렴풋하게나마 철인정치에 대한 생각을 가지게 되었을 것이다.

40살이 되던 해에 플라톤은 이탈리아 남부와 시칠리아를 여행하다 피타고라스학파 학자들과 시칠리아의 통치자인 디오니시오스 1세의 친척인 디온이라는 청년을 만난다. 디온은 플라톤의 열렬한 지지자였다. 플라톤은 디온을 통해 자신의 정치 이념을 실현시킬 수 있는 기회가 왔다고 생각했다. 그래서 디온에게 소개를 받아 디오니시오스 2세의 스승이 되었다. 다음 왕위를 이을 디오니시오스 2세를 잘 교육시켜 자신이 꿈꾸는 이상적인 정치를 펼치게 만들기 위해서였다. 그런데 문제는 디오니시오스 2세가 그다지 똑똑한 학생이 아니었다는 점이다. 그래서 야단을 좀 쳤더니, 화가 난 디오니시오스 2세는 플라톤을 사형시켜 버리겠다고 으름장을 놓았다. 이후 그의 노여움이 풀려 겨우 목숨은 건졌지만, 대신 노예가 될 운명에 처했다. 어쩔 수 없이 플라톤은 다른 이들의 도움을 받아 겨우 그곳을 빠져나왔다.

젊은 시절의 방랑을 끝내고 42살에 아테네로 돌아온 플라톤은 유럽 최초의 대학인 '아카데미아'라는 학교를 세웠다. 전문적으로 학문을 연구하는 기관을 의미하는 '아카데미'라는 말은 여기서 유래되었다. 플라톤은 80세에 죽을 때까지 아카데미아에서 연구와 강연을 지속했고, 죽어서도 이곳에 묻혔다. 아카데미아는 플라톤이 죽은 이후에도 기원후 529년까지 무려 1,000년이란 긴 세월 동안 운영되었다.

이데아 세계를
현실에 적용한 것이
《국가》라는 고전이야

죽음에 대한 소크라테스의 생각은 서양사상의 빅뱅을 일으켰다. 현대 우주론의 기본이 되는 빅뱅(Big Bang)은 원래 '커다란 뻥'이라는 뜻으로, 조롱의 의미가 담겨 있었다. 서양사상의 빅뱅인 소크라테스의 생각에는 두 가지 의미가 있다. 우선 소크라테스 철학의 공(功)은 인간을 도외시한 채 자연에만 몰두했던 자연철학에 대한 당시의 철학적 풍토를 인간의 마음(영혼)을 탐구하는 철학으로 전환시킨 것이다. 그리고 과(過)는 인간의 마음만 강조한 나머지 몸(육체)을 멸시한 것이다. 우리말인 '마음(맘)'과 육체인 '몸'은 모두 한 어원인 '뭄'에서 나온 말로서 소크라테스식의 단절과 공과가 없다. 하지만 플라톤은 소크라테스 사상의 공과를 구분하지 않고 계승하고 확장시켜 나갔다. 빅뱅의 놀라움과 충격 속에 빠져 있었던 그로서는 어쩔 수 없는 선택이었다. 바로 이 점이 빅뱅의 놀라움과 충격을 직접 겪지 않은 아리스토텔레스와 플라톤의 차이점을 만들었다.

소크라테스 빅뱅은 플라톤의 노력으로 서양사상 전체로 확장되었다. 플라톤에 의해 소크라테스가 부활한 것이다. 소크라테스가 증명한 영혼은 플라톤의 이데아 세계로 확장되었고, 개인을 강조한 소크라테스를 이어받아 플라톤은 국가를 강조했다. 개인의 영혼을 발견한 소크라테스에 이어 플라톤은 영혼이 머무르는 이데아 세계를 발견했고, 그것을 현실에 적용시키기 위해 국가를 강조했던 것이다. 펠로폰네소스 전쟁에서 패배한 이후, 아테네의 자랑인 민주주의가 점차 쇠락해 가면서 이를 대체할 새로운 정치 제도를 구상한 것이다.

당시 아테네의 민주주의 제도하에서 성인 남자는 누구나 정치에 참여할 권한이 있었다. 그래서 정치 지도자가 아니더라도 우리나라 국회 같은 민회에 참석할 수 있었다. 여기서 연설을 잘하면 민회를 자기 뜻대로 움직일 수도 있었다. 또한 정치인을 선거뿐만 아니라 추첨으로도 뽑았기 때문에 운이 좋으면 무지한 사람도 나랏일을 할 수 있었다. 플라톤은 이런 제도하에서는 자격 없는 사람들이 나라를 혼란스럽게 만들 수도 있다고 생각했다. 아주 위험천만한 일로 여겼던 것이다.

전쟁에 패한 이후 아테네는 정치, 사회적으로 매우 혼란스러웠고 사람들 사이에서 극도의 이기심이 횡행하였다. 이런 현실을 지켜보면서 플라톤은 철학자가 나라를 다스리는 철인(哲人) 정치에 대해 생각하게 되었다. 《국가》는 철인 정치라는 새로운 정치사상에 대한 내용을 담고 있다.

《국가》에 따르면 인간은 올림픽 경기의 금메달, 은메달, 동메달처럼 금족, 은족, 동족 중 하나로 결정되어 태어난다고 한다. 세 단계로 결정되는 기준은 이데아 세계에 대해 얼마나 많이 기억하고 있느냐에 달려 있다. 인간이 태어나려면 영혼만 있는 이데아 세계에서 현실세계로 와야 하는데, 그 사이에는 망각의 강인 레테가 있다. 레테를 건너는 동안 이데아 세계를 완전히 잊을 정도로 망각의 강물을 많이 마시면 동족이 되는 식이다. 이렇게 인간은 태어날 때부터 각자 타고난 지혜가 다르기 때문에 하는 일도 다르고, 갖춰야 하는 덕목도 다르다는 것이다. 즉 자신의 타고난 능력에 따라 역할이 정해지는 계급사회인 것이다.

금족은 나라를 다스리는 수호자 계급이다. 그러므로 금족은 국가를 통치할 수 있는 지혜가 있어야 한다. 은족은 전사 계급으로 나라를 지키는 군인에 해당하기에 용기가 있어야 한다. 동족은 생산자 계급으로서 힘든 일을 오래 할 수 있는 절제력이 있어야 한다. 동족은 피지배계급이기에 지배계급에 순종하고, 명령에 잘 따르는 것이 미덕이라 할 수 있다. 그런데 플라톤이 생각하는 수호자는 국민들 중에서도 가장 지혜로운 사람이어야 한다. 그러므로 엄격한 교육을 끝까지 마쳐야 나라를 통치할 자격을 얻는다.

그렇다면 금족인 수호자는 어떻게 탄생할까? 우선 지혜롭고 재능 있는 사람들을 뽑아 30살이 될 때까지 엄격한 교육을 한다. 그런 다음 5년 동안 철학, 수학, 점성술, 변증법 등을 공부해야 한다. 이후 세상 돌아가는 것을 배우고 실무를 익히기 위해 15년 동안 관직에 종사한 후, 50살이 되면 국가의 정신적인 지도자 역할을 맡게 된다.

하지만 아무리 교육을 철저하게 받았더라도 막상 통치자가 되면 부정부패를 저지를 수 있다. 부와 명예를 추구하는 게 권력의 속성이기 때문이다. 플라톤은 이에 대한 예방책으로 수호자가 되기 위해서는 재산을 가질 수 없을 뿐만 아니라 결혼을 해서도 안 된다고 못 박았다. 그럴 경우 세상 어느 누가 국가의 통치자가 되고 싶겠는가! 하지만 플라톤은 사람의 본성은 얼마든지 단련할 수 있다고 믿었다. 개인적으로 누릴 수 있는 호사를 포기하고 통치자가 되려는 사람이 반드시 있을 거라고 생각했다.

한편 은족은 앞에서 말한 대로 나라를 지키는 군인이다. 전사는 용기가 있어야 한다. 플라톤이 말하는 용기는 아무하고나 맞장 뜨고 싸우는 만용이 아니다. 두려워해야 할 것과 두려워하지 말아야 할 것을 구분할 줄 아는 지혜와 지식이 바탕이 된 용기를 말한다. 따라서 전사는 생산자 계급보다는 교육을 더 많이 받아야 한다.

동족이 갖춰야 할 미덕인 절제란 원하는 것이 있어도 참을 줄 아는 것으로, 생산자뿐 아니라 다른 계급들에게도 해당되는 덕목이다. 그럼에도 생산자 계급에게 특히 절제를 강조하는 이유는 자신들의 상위 계급인 통치자와 수호자에게 복종하라는 의미이다. 그런데 생산자 계급으로 태어났음에도 다른 계급에 속하고 싫어 하는 사람이 있다면 어떻게 될까? 이에 대해 플라톤은 계급 간 이동이 생기면 혼란이 뒤따르기 때문에 자신의 신분에 따라 주어진 일을 하는 것이 제일 중요하다고 강조했다. 즉 계급 간 이동을 원천적으로 차단해야 하며, 이를 위해 교육과 세뇌가 필요하다는 것이다.

물론 플라톤이 생각하는 나라가 실제로 존재할 수는 없다. 아무리 철저하게 교육을 받고 세뇌를 받아도 주어진 일에 만족하면서 계급 상승은 꿈조차 꾸지 않는 사람은 없기 때문이다. 통치자역시 사람인 이상 잘못을 저지르지 않을 거라는 보장도 없다. 게다가 다른 계급들은 정치에 대해 아는 게 없기 때문에 다양한 문제에 직면했을 때 이를 해결하거나 바로잡아 줄 수 없다. 따라서 플라톤이 주장하는 철인 정치는 실현 가능성이 희박하고 위험한 구석도 많았다. 그런데도 플라톤은 자신이 생각하는 이상적인 국가에 대해 사람들이 찬성할 것이라 믿으며 다음과 같은 말을 남겼다.

철학자들이 그들의 나라에서 왕이 되지 않는 한, 또 반대로 왕또는 지배자로 불리는 이들이 실제로 지혜를 사랑하지 않는 한, 즉 정치권력과 철학이 하나로 합쳐지지 않는 한 국가와 인류에게 나쁜 일들은 끝날 날이 없을 것이다.

　　　　　　　　　　　　　　　　　　　　　－ 플라톤의 《국가》 중에서

그런데 플라톤이 《국가》에서 주장한 말도 안 될 것 같은 정치사상이 1,000년 넘게 현실에 적용되었다. 바로 로마 교황청이 지배하는 서양의 중세시대가 도래한 것이다. 다만 철학의 자리에 종교가 자리를 잡았기 때문에 플라톤이 생각하는 이상적인 국가의 실현 가능성 여부는 여전히 미지수이다. 또한 철인 정치가 현실적인 문제들을 잘 해결할 수 있을 거라는 주장도 여전히 확인 불가능하다.

한편 플라톤은 장차 나라의 기둥이 될 젊은 세대들을 교육시키는 문제에 대해서도 많은 생각을 했다.

젊은 세대가 영원한 인간의 사명을 완성할 수 있도록 돕는 것은 늙은 사람들의 의무다. 교육은 법에 의해서 공정하게 발표된 원리와 가장 오래되고 정당한 자의 경험에 의해 진정으로 옳다고 확인된 원리로 아이들을 이끌고 지도하는 것이다.

– 플라톤의 《국가》 중에서

플라톤은 어릴 때부터 아이들을 교육시켜야 한다고 주장했다. 아이들의 흥미를 끌기 위해 재미있는 것만 가르쳐서는 안 되고, 연극이나 음악, 미술도 교육에 좋은 내용들만 가르쳐야 한다고 했다. 특히 어린이 교육에 제일 좋은 방법은 교훈적인 이야기를 많이 들려주는 것이라 했다. 때문에 신들이 서로 싸우고 매우 황당한 범죄마저 저지르는 그리스 신화 같은 것을 가르치는 것은 교육적으로 매우 나쁘다고 생각했다. 또한 불성실하거나 나약한 사람들의 이야기는 나쁜 본보기가 되므로 이 역시 아이들에게 가르쳐서는 안 된다고 했다. 플라톤은 공부도 억지로 시키는 것이 아니라 면학 분위기 속에서 아이가 스스로 공부할 수 있는 조건을 마련해 주는 것이 중요하다고 강조했다. 그리고 정신이 몸을 제대로 지배하기 위해서는 마음과 함께 몸의 단련도 중요하다고 주장했다.

한 가지 특이한 점은 플라톤이 남자와 여자 모두 동등하게 교육을 받아야 한다고 주장했다는 것이다. 동서양을 막론하고 당시에는 남자와 여자는 결코 동등한 존재가 아니었다. 생물학적 차이로 인한 차별이 당연시되던 시대에 플라톤은 남자와 여자를 원칙적으로 동등한 존재로 보았다. 그래서 동등한 교육과 함께 전쟁이 일어나면 여자도 참가해야 한다고 주장했다. 물론 여자는 남자보다 힘이 약해 똑같은 역할을 수행할 수 없겠지만, 여자도 할 수 있는 일은 해야 한다는 것이다. 이런 면에서 플라톤은 시대를 앞서가는 진보주의자였다고 볼 수 있다. 하지만 플라톤의 사상에는 너무 큰 흠결이 있다. 신체장애를 가지고 태어난 아이는 내다 버려야 한다거나, 정신병에 걸린 사람이나 도덕적으로 타락한 사람들은 죽여야 한다는 주장은 대단히 비인권적인 것이다. 바로 이 점 때문에 플라톤의 철인 정치 사상이 현실 가능성 여부를 떠나 비판을 받는 것이다.

철학이란 후대 사람들을 위해
만들어준 고차원적인 변명이야

플라톤의 생각들을 좇다 보면 오늘날의 우리가 도무지 납득할 수 없는 주장들이 무수히 많다. 그럼에도 20세기 철학자 화이트헤드는 "지금까지의 서양철학은 플라톤 철학의 주석에 불과하다"고 말했다. 주석은 덧붙인 해석이라는 뜻이다. 이렇게 2,500여 년이 넘는 시간 동안 플라톤의 철학은 서양철학을 지배해 왔다. 엉뚱하고 납득할 수 없고 수정이 필요한 부분도 있었지만 플라톤의 이데아 세계는 여전히 유효하고 강력하기 때문이다.

플라톤의 이데아 세계를 다른 말로 표현하면 형이상학(形而上學, Metaphysics)이다. 형이상학은 말 그대로 '눈에 보이는 세계 그 너머'를 다루는 학문이다. 형이상학은 눈에는 보이지 않지만 인간만이 만들 수 있는 생각 속의 세계를 말한다. 이 속에서 인간은 세계 전체를 생각 속에 담아 펼쳐볼 수 있고, 인간 자신에 대한 정의도 새롭게 내릴 수 있었다. 그렇다면 2,500여 년이 지난 오늘날에도 플라톤의 철학은 유효할까? 답은 '그렇다'이다.

철학의 또 다른 이름인 형이상학을 오늘날에 사용하기 위해서는 필요한 용도로 재가공해야 한다. 이를 위해서는 우선 철학에 대해 알아봐야 한다. 철학이란 무엇일까? 지금까지 철학은 지혜에 대한 사랑이라고 해석되어 왔다. 하지만 지혜는 너무 멀고, 너무 높다. 그럼에도 여전히 정신적 충격이 잠재되어 있고 힘겨운 나날을 살아가는 오늘날의 현대인들은 치유를 위해 새로운 세계를 갈망하고 있다. 그렇다면 새로운 세계는 어떻게 만들어지는가? 플라톤이 말했듯이 우리의 생각을 확장하는 것이다. 생각의 확장이 곧 힐링이다.

하지만 플라톤처럼 생각을 확장시키기란 쉬운 일이 아니다. 우리는 플라톤이 아니기 때문이다. 생각의 확장은 쉽지 않지만 '생각의 변형'은 시도해 볼 수 있을 것이다. 생각의 변형이란 다르게 생각하기, 즉 '변명'이다. 남을 위한 변명이나, 회피하기 위한 변명이 아니라, 자기 자신을 위한 변명, 자신의 안정을 위한 변명이다. 플라톤의 처녀작은 바로 《소크라테스의 변명》이다. 그러므로 오늘날의 철학은 지혜에 대한 사랑이 아닌 변명에 대한 사랑이라고 할 수 있다.

사람들은 변명을 비겁한 행동으로 여긴다. 과연 그럴까? 대부분의 사람들이 알고 있는 《이솝 우화》의 여우와 포도 이야기를 예로 들어보겠다. 배고픈 여우는 넝쿨에 매달린 맛있는 포도를 따 먹으려고 팔짝팔짝 열심히 뛰어보았지만 번번이 실패했다. 결국 여우는 "저 포도는 너무 시어 맛이 없을 거야"라며 자신의 실패를 맛없는 포도 탓으로 돌린다. 여러분도 여우의 변명에 대해 생각해 보기 바란다.

철학은 지식의 통합 과정이다. 따라서 철학의 1차 목표는 근거 있는 핑계와 변명을 찾는 것이라 할 수 있다. 철학은 고상하거나 어려운 것이 아닌 것이다. 오히려 위대한 철학자의 고상한 핑계나 어려운 변명에 불과하다. 소크라테스의 영혼이나 플라톤의 이데아 세계 같은 고상한 핑계나 어려운 변명을 통해 인류는 마음의 위안을 찾고 편안한 상태를 유지할 수 있었다. 요즘처럼 힘들고 어렵게 정글 사회에서 살아가는 현대인들에게 플라톤은 멘탈 붕괴를 극복하는 방법을 이데아 세계를 통해 보여준 것이다.

3

아리스토텔레스를 탐험하며 살아가는 이유를 확인해봐

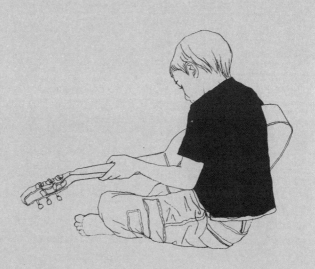

아리스토텔레스 편 고전의 이름은 《니코마코스 윤리학》

서양의 학문은 아리스토텔레스를 빼놓고 논할 수
없을 정도로 그의 영역은 광대하고 깊이가 있었다.
서양지성사의 최고수인 아리스토텔레스는
기존의 모든 학문과 사상을 정리하고 완성하는 역할에
충실했다.
그의 학문적 후배들은 그가 남긴 사상을
씨앗으로 삼아 새로운 이론과 사상의 싹을 틔웠다.
21세기 현재까지도 그 작업은 지속되고 있다.

┃ 아리스토텔레스는
┃ 서양사상의 최고수야

갈릴레오가 피사의 사탑에 올라가서 벌인 실험이 두고두고 회자되는 이유는 객기 어린 이벤트가 아니라 역사적으로 매우 중요한 사건이기 때문이다. 갈릴레오는 피사의 사탑 꼭대기에서 모양은 같지만 무게가 다른 두 개의 물체를 동시에 떨어뜨렸다. '모든 물체는 무게에 관계없이 똑같이 떨어진다'는 사실을 증명하기 위한 이 실험은 당시에 엄청난 파장을 불러일으켰다. 그런데 문제는 갈릴레오가 실험을 통해 도전장을 던진 상대가 서양사상사의 최고수인 아리스토텔레스라는 데 있었다. 우리들에게 갈릴레오의 주장은 상식이지만 당시로써는 아리스토텔레스의 학문적 권위에 도전하는 무모한 일이었다.

아리스토텔레스는 서양사상 2,000년 역사에서 가장 뛰어난 최고수이다. 그는 소크라테스, 플라톤과 함께 고대 그리스의 가장 영향력 있는 학자이자, 그들의 계보를 잇는 직계 제자였다. 또한 스승들과 함께 그리스 철학이 서양사상의 근본이 되는 데 터를 닮은 주인공이다. 그런데 왜 소크라테스와 플라톤이 아닌 아리스토텔레스가 서양사상의 최고수로 등극했을까? 이유는 그가 서양사상의 근본 체계를 처음으로 창조했기 때문이다. 그는 스승인 소크라테스와 플라톤으로부터 싸움의 기술을 전수받았고, 마침내 스승들을 뛰어넘었다. 소크라테스는 인간에게 영혼이 있다는 것을 증명하는 데 머물렀고, 플라톤은 이데아 세계를 주장하는 데에서 멈추었다. 하지만 아리스토텔레스는 물리학, 형이상학, 시, 생물학, 동물학, 논리학, 수사학, 정치, 윤리학 등 다양한 학문들을 섭렵하며 온갖 싸움 기술들을 개발해 냈다. 그래서 그는 1,000년 넘게 서양사상사에서 진리의 대변자이자 신의 해설자로 추앙받았고, 21세기 현대에도 박학다식한 교양인의 상징으로 남아 있다.

그런데 동양사상에는 아리스토텔레스 같은 짱이 없었을까? 서양사상에는 아리스토텔레스만 짱이었다면 동양에는 노자, 공자, 부처라는 세 명의 짱이 있다. 오랜 세월 세 명의 고수는 각자의 영토를 마련하여 긴장과 협력 관계를 유지해 왔다. 때문에 사람들이 세 명 중 자신에게 맞는 성인을 선택하면 그만이었다. 그런데 바로 이 점 때문에 동양과 서양이 만나는 20세기 이후 서양이 전 세계의 흐름을 주도하게 되었다. 서양에서는 아리스토텔레스의 권위에 도전하는 과정에서 갈릴레이와 뉴턴 같은 고수들이 탄생했다. 그리고 수많은 도전이 서양사상의 외형을 확장시키고, 내용을 발전시키는 결과를 가져왔다.

사실 서양 지성사는 아리스토텔레스가 2,000년 전에 창조해 놓은 지식의 원형에 대한 비판과 검증, 재발견과 재활용의 역사라 해도 과언이 아니다. 아리스토텔레스는 도덕과 미학, 논리와 과학, 정치와 형이상학을 포함하는 서양철학의 포괄적인 체계를 처음으로 창조했다. 자연과학에 대한 아리스토텔레스의 견해는 중세 학문에 깊은 영향을 주었고, 1,500년이 흐르기까지 생물학, 지질학, 심리학, 화학에 대해 쓴 책들은 교과서로 채택되었다. 비록 갈릴레오의 후배인 뉴턴에 의해 아리스토텔레스는 물리학 분야에서 권위를 상실했지만, 그 전까지 그의 영향력은 지속되었다. 이외에도 동물학 연구에서 아리스토텔레스의 관찰은 19세기까지 정설로 인정되었으며, 논리에 대한 연구 역시 19세기 후반까지 영향력이 지대했다.

서양의 학문은 아리스토텔레스를 빼놓고 논할 수 없을 정도로 그의 영역은 광대하고 깊이가 있었다. 서양지성사의 최고수인 아리스토텔레스는 기존의 모든 학문과 사상을 정리하고 완성하는 역할에 충실했다. 그리고 그의 학문적 후배들은 그가 남긴 사상을 씨앗으로 삼아 새로운 이론과 사상의 싹을 틔웠다. 21세기 현재까지도 그 작업은 지속되고 있다.

아리스토텔레스는
머리도 좋았지만
대단한 노력파였지

아리스토텔레스(기원전 384년~322년)는 소크라테스나 플라톤과 달리 아테네가 아닌 아테네의 식민지 트라키아에서 태어났다. 지도로 보자면 그리스와 마케도니아, 터키와 붙어 있는 불가리아 지역이다. 그의 집안은 대대로 마케도니아 왕의 주치의를 지냈으며, 아리스토텔레스의 아버지도 당시 마케도니아의 왕 아민타스의 주치의였다. 아리스토텔레스는 어렸을 때부터 아버지와 함께 궁전에서 살았다. 비록 변방민이라는 설움은 있었지만 가정환경이 나쁘지는 않았다. 의사 집안의 아들로서 그는 의학에 대해 많이 배웠을 것이다. 어쩌면 아리스토텔레스가 철학자이면서 생물학과 지질학, 심리학, 화학 등 자연과학까지 섭렵할 수 있었던 이유는 어렸을 때 받은 교육의 영향 때문이었을 것이다.

부모가 일찍 세상을 떠나자 아리스토텔레스는 17살 때 아테네로 유학을 갔다. 아테네에 남아 있는 아리스토텔레스의 흉상을 보면 그가 꽤 멋 부리기 좋아하는 지적인 멋쟁이였다는 걸 알 수 있다. 풍성한 곱슬머리는 그의 지적인 면모를 돋보이게 해주고, 옷과 잘 어울리는 장신구와 멋진 신발로 몸을 꾸민 모습은 고리

타분한 철학자가 아닌 세련된 정치가처럼 보인다. 실제로 아리스토텔레스는 키가 작고 말을 더듬었다고 한다. 이런 약점들을 보완하기 위해 더 많이 외모에 신경 쓴 것 같다.

아테네로 간 아리스토텔레스는 플라톤이 세운 유럽 최초의 대학인 '아카데미아'에 들어갔다. 이곳에서 아리스토텔레스는 스승 플라톤을 만나게 되는데, 플라톤은 많은 제자들 중에서 유독 아리스토텔레스를 아껴 '아카데미아의 슬기로운 사람'이라 불렀다. 간혹 아리스토텔레스가 강의 시간에 나타나지 않으면 "지금 이곳에는 정신이 결여되어 있다. 청중은 귀머거리다"라면서 강의를 시작하지 않았다. 아리스토텔레스가 나타나야만 수업을 시작했을 정도로 플라톤은 그를 총애했다. 심지어 트라키아의 학자들은 이 우수한 학생의 천재적인 면모에 감탄을 넘어 질투를 하기도 했다고 전한다.

아리스토텔레스는 분명 우수한 두뇌를 가진 천재 중의 천재다. 그러나 좋은 머리만 믿고 공부를 게을리하는 사람은 아니었다. 오히려 보통 사람들보다 더 많이 공부하는 노력파였다. 그는 책을 볼 때 한 손에 청동으로 만든 공을 들고, 바닥에는 쇠로 만든 세숫대야를 갖다놓았다고 한다. 책을 읽다가 깜빡 졸면 공이 손에서 미끄러져 세숫대야로 떨어지면서 차가운 물이 몸에 튀도록 고안한 것이다. 시끄러운 쇳소리와 함께 차가운 물을 뒤집어쓰면 아무리 깊은 잠에 빠져 있더라도 깨어나지 않을 수 없을 것이다.

이렇게 잠자는 시간을 최대한 줄이고 공부하는 시간을 늘리기 위해 노력했던 것이다. 스승 플라톤이 공부에 집중하기 위해 일부러 금세공업자들의 시끄러운 작업장 근처로 이사를 갔던 것을 생각하면 공부에 대한 열정만큼은 스승과 제자가 우열을 가릴 수 없는 것 같다. 동양에도 이런 일화가 있다. 은나라 탕왕은 세숫대야에 '일신우일신(日新又日新)'이라는 글을 써놓고 매일 세수할 때마다 읽으며 나날이 새로워지기 위해 노력했다고 한다.

아리스토텔레스는 책을 무척 좋아하여 집에 도서관을 꾸밀 정도로 책을 많이 사들였다고 한다. 당시에 책은 무척 값비싼 물건이었다. 그리고 종이가 발명되기 이전이라 기록할 만한 재료가 많지 않았다. 또한 일일이 손으로 필사해서 책을 만들었기 때문에 대단히 희귀하고 비쌀 수밖에 없었다. 아무리 아리스토텔레스가 부유한 귀족 집안의 자제라 하지만 비싼 책을 많이 사기에는 좀 벅찼을 것이다. 그런데도 도서관을 꾸밀 정도로 책을 많이 산 것으로 보아 다른 귀족들처럼 사치나 유흥에 관심이 없었던 것 같다.

아리스토텔레스가 20년이란 긴 세월을 수학한 아카데미아를 떠난 것은 플라톤이 죽은 뒤였다. 플라톤이 가장 아끼던 수제자였기에 아리스토텔레스가 아카데미아를 물려받았을 거라고 추측하겠지만, 당시에는 아테네 시민만 아카데미아를 물려받을 수 있다는 규정이 있었다. 결국 기원전 348년, 36살의 아리스토텔레스는 변방인의 설움을 안고 아테네를 떠날 수밖에 없었다.

아테네를 떠난 아리스토텔레스가 처음으로 찾아간 곳은 소아시아의 서안에 있는 앗소스(Assos)였다. 그곳에서 아리스토텔레스는 아카데미아와 비슷한 소모임을 만들어 연구를 지속했다. 앗소스의 지배자 헤르미아스의 주선으로 그의 조카인 피티아스와 결혼하여 가정도 꾸렸다. 3년 후 아리스토텔레스는 레스보스 섬의 미틸레네로 가서 철학을 연구하는 모임을 만들었다. 철학뿐만 아니라 바다에 사는 생물들에 관심이 많아 생물학 연구도 시작했다. 그는 섬 주위 개펄에서 표본을 채취하거나 삽으로 땅을 파기도 하고, 그물로 물고기나 조개를 잡기도 했다. 이렇게 직접 체험하고, 탐험하고, 실험하는 모습의 아리스토텔레스는 훌륭한 과학자라고 불러도 손색이 없어 보인다.

아리스토텔레스는 소크라테스보다 현실적인 사람이었어

기원전 343년, 마케도니아의 왕 필립포스는 아들 알렉산더 왕자의 스승으로 아리스토텔레스를 초청했다. 훗날 그리스, 페르시아, 인도에 이르는 대제국을 건설하는 위대한 왕이 되지만 아리스토텔레스를 만났을 때 알렉산더 왕자는 13살의 청소년이었다. 당시에는 지금과 같은 학교 교육 시스템이 없었다. 또한 왕족과 귀족들은 당대의 유명한 학자들을 초빙해 개인 교습을 받는 것이 일반적인 관례였다. 아리스토텔레스의 집안은 대대로 마케도니아 왕들의 주치의였으니 개인적인 친분도 있었을 것이다. 그럼에도 알렉산더와 아리스토텔레스의 만남에 특별한 의미를 부여하는 것은 가장 뛰어난 철학자와 가장 뛰어난 왕의 역사적인 만남이기 때문이다.

두 사람의 관계는 어땠을까? 아리스토텔레스의 스승 플라톤은 시칠리아의 왕을 가르쳤지만, 왕을 야단치다가 노여움을 사 노예가 될 뻔했다. 다행히 알렉산더와 아리스토텔레스는 사이가 나쁘지 않았다고 한다. 훗날 알렉산더가 여러 나라를 정복하기 위해 원정을 다녔을 때 아리스토텔레스를 위해 연구 자료나 표본들을 모아 보내주었다고 한다. 하지만 알렉산더 대왕이 스승의 말을 잘 따르고 열심히 공부하는 모범생적인 학생은 아니었던 모양이다. 그는 공부보다는 《일리아드》 같은 영웅들의 이야기에 푹 빠져 있었다고 한다. 아리스토텔레스는 마케도니아에 그리 오래 머물지 못했다. 왕자의 스승이 된 지 3년 만에 필립포스 왕이 죽고 알렉산더가 왕위를 물려받았기 때문이다. 그리하여 아리스토텔레스는 다시 아테네로 돌아왔다.

아테네로 돌아온 아리스토텔레스는 오랜 세월 수학한 아카데미아로 돌아가지 않았다. 대신 리케이오스 신전 근처에 '리케이온'이라는 이름의 학교를 세웠다. 아리스토텔레스가 학교를 열자 그로부터 배움을 얻기 위해 많은 사람들이 모여들었다. 당대의 가장 유명한 철학자가 세운 학교인 데다가 알렉산더가 보내준 연구 자료가 많았기 때문에 학생들에게 인기가 많을 수밖에 없었다.

아리스토텔레스는 제자들과 함께 숲이나 학교 복도를 걸어다니며 어떤 주제에 대해 토론하기를 좋아했다. 그래서 사람들은 아리스토텔레스와 제자들을 '소요학파'라고 불렀다. 소요(逍遙)라는 말은 '산책한다, 거닌다'라는 뜻이다. 아리스토텔레스는 제자들뿐만 아니라 많은 청중들을 대상으로 강연회를 자주 열었다. 사실 아리스토텔레스의 저서들은 수많은 강연 노트들을 정리한 것들이다. 400여 권의 저서 중 지금까지 남아 있는 것은 아쉽게도 30권뿐이라 한다.

리케이온을 세우고 13년쯤 지났을 때, 알렉산더 대왕이 전쟁터에서 병을 얻어 젊은 나이에 요절했다는 소식이 들려왔다. 아테네 역시 알렉산더 대왕에 의해 정복당했기에 갑자기 그가 죽자 아테네 사람들은 자신들을 지배하던 마케도니아에 반기를 들었다. 이로 인해 집안 대대로 마케도니아 왕의 주치의였고, 한때 알렉산더의 스승이었던 아리스토텔레스는 입장이 매우 난처했다. 게다가 당시 아테네를 다스리고 있던 마케도니아 총독과는 친구

사이였다. 아테네 사람들은 아리스토텔레스가 침략자들과 한통속이라며 그를 법정에 세웠다. 죄목은 신에 대해 무례를 범했다는 '불경죄'였다. 독배를 마시고 죽은 소크라테스와 같은 죄목이었다. 소크라테스는 자신의 신념을 지키기 위해 독배를 마시고 죽음을 택했다. 하지만 현실적인 아리스토텔레스는 "나는 아테네 사람들이 철학에 대해 두 번 죄를 짓게 만들고 싶지 않다"라는 말을 남기고 조용히 아테네를 떠났다. 하지만 안타깝게도 아테네를 떠난 지 1년 만에 지병인 위장병으로 죽음을 맞이한다.

스승 플라톤의 생각을 뒤집어 현실 세계로 옮겨놓았지

소크라테스와 플라톤, 아리스토텔레스가 살았던 당시 그리스는 정치, 사회적으로 매우 혼란스러웠다. 사회가 혼란스러우면 자연히 사람들의 가치관 역시 혼돈에 빠질 수밖에 없다. 그런데 이 혼란을 더욱 부추긴 이들은 스스로를 지혜로운 자라 일컫던 소피스트들이었다. 그들은 이 세상에 확실한 진리는 없다면서, 옳고 그른 것을 분명하게 구분할 수 없을 경우 자신에게 유리한 것이 가장 좋은 것이라고 사람들의 이기심을 부추겼다. 요즘 말로 하면 오피니언 리더라는 지식인들이 사람들에게 자신의 이익을 위해서는 부도덕하고 이기적인 행동을 해도 된다는 잘못된 인식을 심어주는 것과 일맥상통한다.

그런데 세상에는 정말 변하지 않는 것, 변하지 않는 진리는 없는 것일까? 이에 대해 아테네의 소크라테스는 인간의 영혼이 존재한다는 것을 증명하며, 변함이 없는 영혼에 가치를 두고 살아야 한다고 강조했다. 플라톤은 스승인 소크라테스의 철학을 이어받아 현실의 모든 것은 변화함에도 불구하고 변하지 않는 이데아 세계를 제시하였다. 또한 사회의 혼란에 대처하는 방법으로 엄격한 신분제를 기초로 한 이상적인 국가론을 제시했다. 플라톤은 스승 소크라테스의 사상을 비판 없이 계승해서 발전시켰지만 아리스토텔레스는 달랐다. 그는 스승 플라톤의 사상에 비판적인 입장을 가지고 계승, 발전시켰다.

서양사상의 빅뱅 과정에서 플라톤과 아리스토텔레스의 생각의 차이는 매우 중요하다. 플라톤은 소크라테스의 납득할 수 없는 죽음으로 인한 멘탈 붕괴의 충격을 극복하기 위해 이데아라는 새로운 세계를 창조했다. 그리고 2,000년 넘게 서양사상을 지배한 형이상학의 체계를 만들었다. 아리스토텔레스도 플라톤의 형이상학의 체계를 활용했다. 하지만 그것을 활용하는 방식은 플라톤처럼 추상적이고 비상식적인 게 아니라 구체적이고 상식적이었다. 아리스토텔레스는 구체적인 자료나 자신이 직접 관찰한 것들을 근거로 자신의 이론을 정립해 나갔다.

아리스토텔레스는 플라톤의 이데아론에 대해 비판적인 입장을 취했다. 그는 '이데아는 현실과 동떨어져 있는 이데아계에 있는데, 그것이 어떻게 현실 속의 사물에 영향을 끼쳐 그 사물이 되게 하는가?'라고 의심했다. 말하자면 이데아계와 우리가 속해 있는 현실세계가 따로 떨어져 있는 별개의 세계라면 이데아계에 있는 색연필의 이데아가 지금 내가 들고 있는 색연필을 어떻게 만들어줄 수 있는가 하는 의문이 든 것이다. 그리하여 이데아계와 현상계가 따로 있으면 그만큼 세상이 복잡해질 뿐이라고 결론지었다. 사실 이 세상에 있는 모든 물건마다 이데아가 있다면 얼마나 복잡하겠는가!

그렇다면 이데아에 대한 아리스토텔레스의 생각은 무엇이었을까? 플라톤은 진짜로 존재하는 것은 사물이 아니라 이데아라고 했다. 이데아만이 영원 불멸하다는 것이다. 하지만 아리스토텔레스는 진짜로 존재하는 것은 이데아가 아니라 우리 주위에 있는 사물이라고 했다. 비록 사물 하나하나는 있다가도 없거나 모습이 변할 수도 있지만, 이데아는 사물과 따로 떨어져 있는 것이 아니라 사물 속에 들어 있다는 것이다.

사물 속에 들어 있는 이데아가 바로 형상이다. 아리스토텔레스의 말에 의하면 사물은 형상과 질료로 구성되어 있다. 책을 예로 들어 보자. 책을 책이 되게 하는 요소는 무엇일까? 어떤 점이 책을 책답게 만들어주는 것일까? 우선 책은 종이로 만들어졌고, 읽을 수 있는 것이어야 한다. 이를 포함해서 설명하면 '우리가 책장을 넘기면서 글자를 읽는 어떤 것'이 될 것이다. 이것이 책의 형상이다. 질료는 책을 만들 때 들어가는 종이와 잉크, 접착제 같은 재료라고 생각하면 된다. 이 세상에 있는 모든 것들은 형상과 질료, 또는 모양과 재료, 기능과 원료가 합쳐져 있다. 형상 없이 질료만 덩그러니 있을 수 없고, 질료가 합쳐지지 않은 형상, 즉 이데아만 따로 있을 수도 없다. 그런데 질료는 변할 수 있다. 책에 글씨를 인쇄한 잉크는 시간이 지나면 바래서 희미해진다. 종이가 찢어지거나 너덜너덜해질 수 있다. 이렇게 재료에 손상이 가고 변화가 일어났다고 더 이상 책이 아닌 것은 아니다. 좀 낡았더라도 여전히 책이다. 바로 그 안에 책의 형상을 갖고 있기 때문이다.

아무리 아리스토텔레스가 플라톤에 대해 비판적인 입장이었다고 해도 플라톤이 펼쳐놓은 세계에 대한 형이상학적 설명이 없었다면 오늘날의 아리스토텔레스도 없었을 것이다. 그는 스승 플라톤의 생각을 그대로 뒤집어 현실세계로 옮겨놓았기 때문이다. 관념론자인 헤겔의 변증법을 뒤집어서 현실에 적용시킨 마르크스처럼 말이다. 이렇게 스승이 이룩해 놓은 토대를 밑천으로 아리스토텔레스는 자신만의 철학적 성취를 이루고 서양사상의 일진 짱이 될 수 있었다.

아리스토텔레스는 우리가
살아가는 이유를 꼭 찍어줬어

인간과 세계, 관계의 선택지에서 소크라테스는 인간을 선택했다. 이를 계승, 발전시키기 위해 플라톤은 세계를 선택했다. 소크라테스가 개인을 강조한 데 반해 플라톤은 국가를 강조했다. 이것은 영혼이 머무는 이데아 세계, 개인이 머무르는 국가로 설명할 수 있다. 그런데 아리스토텔레스는 인간과 세계, 관계의 선택지에서 관계를 선택했다. 아리스토텔레스의 중요한 발견은 바로이 선택에서 출발한다.

아리스토텔레스는 우선 세상 만물의 변화에 주목했다. 우리 주위에 있는 모든 것들은 변화한다. 그리고 우리 자신도 계속 변화한다. 때론 살이 찌기도 하고 마르기도 하고, 아프기도 하고, 건강하기도 하다. 아무튼 지금 모습, 지금 상태 그대로 계속 유지되는건 없다. 이런 변화를 보고 해석하는 방법은 여러 가지이다. 소피스트들처럼 세상 모든 것은 변하므로 변하지 않는 진리란 없다는의견도 있다. 소피스트들의 의견에 대해 소크라테스는 변하지 않는 진리가 존재한다고 반박했다. 플라톤과 그의 제자 아리스토텔레스 또한 그렇게 말한다. 그렇다면 아리스토텔레스가 말하는 변화란 무엇인가?

아리스토텔레스가 본 변화는 운동, 성장, 쇠퇴, 발생, 부패 같은 다양한 모습이다. 다양한 변화의 공통점은 바로 형태가 변한다는 것이다. 변화가 일어나면 반드시 새로운 형태가 나타나게 마련이다. 아리스토텔레스는 변화를 관찰하면서 변화를 일으키는 원인을 기준으로 네 가지 질문을 만들고 그에 대해 답했다.

그것은 무엇인가? ⇨ 형상인

그것은 무엇으로 만들어졌는가? ⇨ 질료인

그것은 무엇에 의하여 만들어졌는가? ⇨ 작용인

그것이 만들어진 목적은 무엇인가? ⇨ 목적인

아리스토텔레스의 생각에 따르면 변화는 형상인, 질료인, 목적인, 작용인이라는 네 가지 원인 때문에 일어나게 된다. 이 네 가지 원인을 설명할 때 가장 많이 예로 드는 것이 조각상이다. 여기 돌덩어리가 하나 있다. 이건 재료가 되는 것이니 질료인이다. 이걸 깎아서 어떤 조각상을 만들까 하는 조각가의 생각이 바로 형상인이다. 돌을 쪼아내는 작업은 작용인이 될 것이고, 이 조각상으로 집을 아름답게 꾸미겠다는 생각은 목적인이 된다. 또 다른 예로 집을 지을 때를 생각해 보자. 집을 지으려면 설계도가 있어야 하는데, 이게 바로 형상인이다. 집을 짓는 이유는 거주하기 위해서이다. 이것이 목적인이다. 집을 지으면서 땅을 파고 벽돌을 쌓고 망치로 뚝딱뚝딱 못을 박는 일은 작용인이고, 벽돌과 못과 시멘트 같은 재료는 질료인이 된다.

그런데 이 네 가지 원인 중에서 가장 중요한 것이 있을까? 있다면 무엇일까? 재료가 없으면 아무것도 못 만드니 질료인이 제일 중요할 것 같다. 그렇다면 그 재료는 무엇을 중요하게 여길까? 재료인 돌덩이의 목적은 아름다운 조각상이 되는 것이고, 나무토막과 벽돌의 목적은 사람이 머무는 집이 되는 것이다. 즉 재료는 그 자체로 머무는 것이 아니고 무언가 형상을 갖고자 한다. 모든 질료인은 형상인이 되기 위해 노력하기 때문에 변화가 일어나는 것이다.

그럼 질료와 형상의 관계는 어떨까? 조각가가 깎아주지 않으면 돌덩이는 스스로 조각상이 될 수 없다. 이처럼 질료는 수동적인 성격을 가지고 있다. 플라톤이 이데아를 강조했듯 형상이 없는 질료는 아무것도 아닌 셈이다. 하지만 아리스토텔레스는 사물 중에 형상 없는 질료는 없으며, 모든 사물은 질료와 형상이 결합되어 있다고 보았다. 그렇다면 돌덩어리는 조각상이 되기 이전에는 형상이 없었을까? 조각상이 되기 이전의 돌덩어리는 조각상의 형상은 갖고 있지 않지만 돌덩어리의 형상은 갖고 있다.

이러한 질료와 형상의 관계를 먹이사슬에 빗대어 생각해 볼 수 있다. 먹이사슬은 풀→초식동물→육식동물로 이어지는데, 이것이 바로 질료와 형상의 관계이다. 육식동물은 초식동물의 형상이다. 그리고 초식동물은 육식동물의 질료가 된다. 육식동물은 초식동물을 잡아먹고 사니까 초식동물로 이루어졌다는 말이다. 이것은 현대과학의 엔트로피 법칙으로도 설명이 가능하다. 그런데 육식동물은 초식동물의 형상이라는 건 무슨 뜻일까? 초식동물은 육식동물에게 잡아먹힘으로써 자기보다 더 나은 존재, 즉 육식동물이 될 수 있다는 뜻이다.

아리스토텔레스는 동물뿐 아니라 세상의 모든 존재는 더 높은 단계로 올라가기 위해 계속 노력한다고 생각했다. 플라톤의 이데아 세계가 그렇듯 이 세상에 존재하는 모든 사물에는 먹이사슬처럼 전체적인 위계질서가 있다는 것이다. 그래서 위계질서가 낮은 존재는 높은 존재가 되기 위해 노력한다는 것이다. 만약 가장 높은 단계의 형상, 즉 질료 없이도 순수한 형상이 되는 게 있다면 그게 바로 신이라고 아리스토텔레스는 말했다.

모든 존재는 더 높은 단계로 올라가기 위해 계속 노력하는 것이 존재의 이유이다. 즉 목적인이다. 목적인이 오늘날 우리가 살아가는 이유를 설명해 주고 있다. 삶이 어렵고 힘들어도 인간은 항상 지금보다 더 괜찮은 자신이 되고자 노력한다. 아리스토텔레스의 중요한 발견은 바로 이것이다. 아리스토텔레스가 인간과 세계, 관계의 선택지에서 관계를 선택했기에 현재가 아닌 더 나은 미래와의 관계를 목적인으로 설명한 것이다.

지금 현대인의 가치관은 그 기초가 아리스토텔레스의 생각이야

아리스토텔레스는 세상 모든 것들의 변화를 형상인, 질료인, 목적인, 작용인 네 가지 원인을 가지고 설명했다. 이 네 가지 변화의 원인을 다시 두 가지로 나누면, '가능적인 것'과 '현실적인 것'이다. 현실적인 것이란 말 그대로 '지금 그대로의 모습'이다. 가능적인 것은 아직 현실화되지 못했지만 '그렇게 될 수 있는 가능성'이 있는 것이다. 현실적인 것은 '현실태'라 부르고, 가능적인 것은 '가능태'라 부른다.

아리스토텔레스는 도토리를 예로 들었다. 도토리가 자라면 참나무가 된다. 그러므로 도토리는 참나무라는 현실태로 변화할 수 있는 가능성이 있다. 그래서 도토리는 가능태이고, 참나무는 현실태이다. 사람을 예로 들어보자. 아이가 자라면 어른이 되므로 아이는 '가능태'이고 어른은 '현실태'이다. 사물이 변화하는 목적은 어떤 형상을 갖기 위해서이다. 즉 가능태는 현실태가 되려는 목적을 가지고 열심히 변화하고 있는 것이다.

가능태가 있어야 현실태가 나타나므로 가능태가 중요하다고 생각할 수 있다. 하지만 정반대이다. 가능태(도토리)에서 현실태

(참나무)로 변화할 때, 현실태가 없으면 가능태는 현실태로 변화할 수 없다. 어른이 없으면 아이가 어디서 생기겠는가. 그렇다면 해답은 없는 것일까? 아리스토텔레스는 참나무나 어른 같은 현실태는 완전한 반면, 도토리나 아이 같은 가능태는 불완전하다고 했다. 즉 닭이 먼저라는 것이다. 이 답은 훗날 기독교 창조론의 원조가 된다. 하지만 현대 진화생물학에서는 달걀이 먼저이다. 닭이라는 새로운 개체는 세포 속 유전자의 돌연변이가 자연 선택되는 과정에서 만들어지기 때문이라는 것이다.

아리스토텔레스의 사상은 기독교 창조론의 원조일 뿐만 아니라 현대인들이 세상을 보는 방식에서도 원조이다. 세상을 바라보는 사람들의 방식은 제멋대로인 것 같지만 잘 관찰하면 일정한 틀이 있다. 우리가 들을 수 있는 소리와 볼 수 있는 색이 제한되어 있는 것처럼 사람들의 생각에도 일정한 생각의 틀이 있다. 이것을 '범주'라고 한다. 아리스토텔레스는 사람들이 어떤 사물에 대해 생각할 때 개체, 성질, 양, 관계, 시간, 장소, 위치, 상태, 능동, 수동이라는 9가지 범주 안에서 생각한다고 말했다.

이해를 돕기 위해 예를 들어보겠다. 딸 현이와 함께 놀고 있는 강아지를 바라보면서 내 생각을 아리스토텔레스의 9가지 범주에 맞춰 분석해 본 적이 있다. 아리스토텔레스의 범주에 따르면 개체는 '강아지'이다. 개체의 성질은 온순하며, 개체의 양은 5킬로그램 정도이고, 관계는 현이에게 속해 있다. 함께 놀고 있는 시간은 아침 9시, 장소는 앞마당, 위치는 현이 무릎 아래, 상태는 배가 부르고 기분 좋으며, 능동은 꼬리를 흔들고 있고, 수동은 현이가 목덜미를 쓰다듬어주고 있는 것이다. 이처럼 아리스토텔레스의 9가지 범주는 세상을 바라보는 방식이자 생각의 분석 단위가 된다. 이 9가지 범주로 개체인 대상을 면밀히 관찰하고 설명할 수 있다. 그리고 이것은 훗날 서양에서 비약적인 과학의 발전을 이끌어낸 합리적 사고의 모태가 되었다.

그런데 아리스토텔레스의 9가지 범주 중 가장 중요한 것은 무엇일까? 나머지 8개 범주를 끌어안는 '개체'가 가장 중요하다. 개별적 실체의 줄임말인 '개체'는 설명의 대상이자 생각의 출발점이다. 소크라테스에 의해 증명된 영혼과 플라톤에 의해 만들어진 이데아 세계가 결국 아리스토텔레스의 개체 속에서 중심을 잡게 된 것이다. 인간을 강조한 소크라테스나 세계를 강조한 플라톤과 달리 아리스토텔레스는 관계를 강조했지만 결국 중요하게 여긴 것은 생각의 출발점인 개체이다. 그리고 이것은 관계 중심적인 동양적 사고와 대비되는 개체 중심적인 서양적 사고의 출발점이 되었다.

아리스토텔레스의 최종 답안은 '행복하게 사는 방법'이야

'변화가 이루어지는 이유는 무엇일까?'에 대한 아리스토텔레스의 답변은, 인간은 '어떻게 변화해야 할까?', 혹은 '어떻게 살아야 할까?' 하는 문제로 이어진다. 그래서 아리스토텔레스는 참나무나 어른 같은 현실태는 완전하지만, 도토리나 아이 같은 가능태는 불완전하기 때문에 아이들에 대한 교육의 중요성을 강조했다. 그래서 저술한 책이 《니코마코스 윤리학》이다. '니코마코스'는 아리스토텔레스의 아들 이름이다. 이 제목을 두고 사람들의 해석이 분분하다. 아들에게 도덕과 철학에 대한 가르침을 남기기 위해 책을 썼기 때문에 아들의 이름을 책 제목에 넣었다고 하는 이들도 있고, 아들이 아리스토텔레스의 사상을 정리해서 책으로 남겼다고도 한다. 책 제목이야 어떻든 아리스토텔레스가 '어떻게 살아야 할까?'라는 질문에 대해 이 책에 쓴 대답은 이렇다.

행위는 품성을 만드는 지배적인 도구이다. 그러므로 올바른 이성에 따라 행위를 해야 한다는 것은 공통의 견해이다. 성격은 습관적 행위의 모자람이나 지나침으로 인해 파괴된다. 탁월성도 마찬가지이다. 무슨 일이든 회피하고 두려워하는 자는 비겁자가 되고, 무슨 일이든 두려워하지 않으면서 모든 일에 뛰어들면 무모한 사람이 된다. 마찬가지로 모든 즐거움을 탐닉하면 무절제한 사람이 되고 즐거움을 전부 회피하면 목석 같은 사람이 된다. 그러므로 절제와 용기는 지나침과 모자람에 의해 파괴되고 중용에 의해 보존된다.

— 아리스토텔레스의 《니코마코스 윤리학》 중에서

'사람은 어떻게 살기를 원할까?' '사람은 어떻게 살아야 할까?' 이 물음에 대한 아리스토텔레스의 답은 '행복하게 사는 것'이다. 아리스토텔레스가 말하는 행복은 소크라테스와 플라톤의 사상을 계승한 것이다. 사람들마다 생각하는 행복은 다양하지만, 소크라테스와 플라톤에게 참된 행복이란 육체가 아닌 영혼을 우선시하는 것이다. 인간은 정신적 존재이기 때문에 영혼의 온전한 상태를 통해 행복을 이룰 수 있다는 것이 세 철학자의 공통된 생각이었다. 물론 정신 외에 삶의 다른 요소들을 배척하라는 말은 아니다. 세 철학자들은 참된 행복을 위해 정신적 완성뿐만 아니라, 건강, 외모 등 신체적 완성과 재산, 명예, 권력 같은 외부적 완성도 필요하다는 것을 인정했다.

그렇다면 "어떻게 살아야 행복할까?" 이에 대한 아리스토텔레스의 대답은 좋은 습관을 몸에 배게 하는 것이다. 여기서 말하는 좋은 습관이란 '탁월성'을 의미한다. 탁월하다는 말은 '뛰어나다'

는 뜻으로, 지적인 탁월과 성격적 탁월이 있다. 그런데 행복한 삶을 살기 위해서는 두 가지 중에서 성격적 탁월성이 더 중요하다. 지적 탁월성은 공부와 학습을 통해 얻을 수 있지만, 성격적 탁월성은 습관과 같아서 오랜 노력과 절제를 필요로 한다.

성격적 탁월성을 얻기 위해서는 중용이 필요하다. 중용은 너무 지나치거나 너무 모자라는 극단에 빠지지 않는 것이다. 파렴치함과 수줍음의 중용은 겸손이다. 허풍과 자기비하의 중용은 진실성이고, 방탕과 무감각의 중용은 절제이다. 그리고 무모함과 비겁함의 중용은 용기이다. 이런 중용을 실천하는 것이 가장 좋은 삶이며, 아리스토텔레스는 그것이 바로 행복이라고 말했다.

동·서양 고수들의 배틀이 열린다면 누가 이길까?

경제적으로 부유했던 아리스토텔레스는 집 안에 도서관을 차려도 될 정도로 책을 많이 사모으기로 유명했다. 스승 플라톤은 그게 부러웠는지, 책에만 의존하면 기억력이 떨어진다고 비난했다. 스승의 비난을 전해 듣고 가만히 있을 아리스토텔레스가 아니었다. 플라톤이 늙은 염소처럼 지혜가 빠져나갔다고 흉을 보았다. 둘은 스승과 제자 사이였지만 항상 사이가 좋았던 것은 아닌 모양이다. 사실 두 사람은 경쟁 관계에 있었다고 전한다. 한마디로 아리스토텔레스는 스승의 말에 순종하는 착한 학생이 아니었던 것으로 보인다. 이런 추측을 가능케 하는 몇 가지 일화들이 있는데, 라파엘로의 〈아테네 학당〉이라는 그림에서도 나타난다.

이 그림의 한가운데에서 플라톤이 하늘을 가리키고 있고, 아리스토텔레스는 땅을 가리킨 채 나란히 서 있다. 이 모습을 보면 마치 두 사람이 하나의 주제를 놓고 논쟁을 벌이고 있는 것 같다. 만약 아리스토텔레스가 순종적인 학생이었다면 스승을 따라 하늘을 쳐다봤을 것이다. 물론 그림 하나 가지고 두 사람이 경쟁 관계였다고 추측하는 건 억지라고 생각할 수도 있다. 하지만 아무리 스승과 제자 사이라 해도 최고의 자리를 두고 양보란 있을 수 없다. 결국 두 사람의 경쟁에서 승리의 왕관은 젊은 아리스토텔레스에게 돌아갔고, 그는 서양의 최고수의 자리에 올랐다.

그렇다면 서양의 독보적인 존재인 아리스토텔레스에 대적할 만한 동양의 사상가로 누가 있을까? 동양사상에는 무공의 깊이는 엇비슷하지만 각자의 영토를 가지고 있는 노자, 공자, 부처라는 세 명의 고수들이 있다. 이들은 서로 협력하거나 때론 경쟁 관계를 유지하면서 공존하고 있다. 이 세 명의 고수 중에서 과연 누가 아리스토텔레스의 적수로 적합할까? 노자는 산에서 내려오려 하지 않고, 부처는 절에서 나오려 하지 않으니, 공자가 적격인 듯

싶다. 이들 대신에 싸움닭 맹자를 내보내기에는 체급이 너무 딸린다.

미국의 심리학자 리처드 니스벳도 서양사상의 대표로 아리스토텔레스를, 동양사상의 대표로 공자를 꼽았다. 아리스토텔레스가 서양사상을 대표하는 이유는 '범주'에서 보듯 그가 '개체 중심적 사고'의 전형이기 때문이다. 반대로 공자가 동양사상을 대표하는 이유는 '인(仁)'에서 보듯 그가 '관계 중심적 사고'의 전형이기 때문이다.

자, 이제 동·서양 고수들의 배틀이 시작된다. 인파이터와 아웃파이터 기술을 자유자재로 구사하는 아리스토텔레스는 현란한 스텝으로 이리저리 위치를 바꿔가며 언제든 가드를 풀고 펀치를 날릴 태세로 공자에게 접근한다. 공자는 물 흐르듯 움직이며 무심한 눈길로 상대의 약점을 탐색하면서 아리스토텔레스와 자신과의 거리를 계산한다. 오랫동안 팽팽한 긴장이 이어지지만, 고수들의 싸움은 단 한 번의 부딪침으로 끝이 난다. 단 한 번의 부딪침은 '중용(中庸, moderation)'에서 일어났다. 중용에 대한 설명으로 승부가 난 것이다. 과연 승자는 누구일까?

아리스토텔레스의 중용은 너무 지나치거나 너무 모자라는 극단에 빠지지 않는 것이다. 그렇다면 공자의 중용은 무엇인가? 사실 《중용》은 공자의 손자인 자사가 지었다고 알려져 있지만, 핵심 내용들은 모두 공자가 가르친 것이다. 공자 사상에서 중(中)은 도

(道)만큼 이해하기 어려운 개념이다. 도는 인간과 인간을 포함한 전체 세계이며 객관적 실재이다. 그런데 이 도의 세계에서는 천하의 가장 큰 근본(기준)인 중(中)을 이해한 후 중용(中庸)의 자세로 살아야 한다. 천하가 아니더라도 모든 사물은 중을 가지고 있다. 모든 사물들의 총합인 천하의 중을 아는 것이 바로 도에 이르는 것이다.

이처럼 동양의 중용은 절대적인 기준을 뜻한다. 때로는 극단적으로 보일지라도 전체적인 관계를 고려하여 절대적으로 올바른 판단을 내리는 것이다. 반면 아리스토텔레스의 중용은 상황이나 상대에 따라 어느 한쪽으로 치우치지 않고 극단에 빠지지 않는 것이다. 따라서 그의 중용은 상대적이고 가변적이다. 전체 상황을 고려해 보면 때로는 무모함과 비겁함이 진짜 용기 있는 행동일 수 있다. 잘못된 일을 앞에 두고 100명이 예스라 할 때, 혼자 노를 외치는 것은 무모함이 아니라 진정한 용기이다. 골프채 같은 물건의 무게 중심은 가운데가 아니다. 한쪽 끝이 무겁기 때문에 가운데에서 한참 멀다. 공자의 중용은 객관적 실재인 전체 세계의 무게 중심, 즉 전체 기준을 중심으로 살아가라는 말한다. 이렇게 사는 사람을 '군자'라고 했고, 반대로 자기 자신과 주변 사람만을 중심으로 생각하며 사는 사람을 '소인'이라 했다. 그런데 자기 자신과 주변 사람들만을 기준으로 상황과 상대에 따라 가장 안전하고 적당한 무게 중심을 선택하는 것을 중용이라고 말한 아리스토텔레스는 소인이 되어버린다. 무모함과 비겁함의 중용이 용기라는 아리스토텔레스의 주장은 자칫 회색주의나 양비론에 빠지기 쉽다. 따라서 이 배틀의 승자는 공자인 셈이다.

사실 아리스토텔레스의 패배는 이미 예정된 것이었다. 공자처럼 객관적 실재인 전체 세계를 출발점으로 삼지 않고, 개별적 실체들로 이루어진 세계를 출발점으로 삼았기 때문이다. 아리스토텔레스의 이런 약점을 보완해 줄 수 있는 사람이 바로 이데아를 통해 전체 세계를 말하고자 했던 스승 플라톤이다. 이 싸움에서 패한 이후, 복수를 다짐하는 서양의 무공은 날로 발전해 갔다. 그래서 동양과 서양이 만나는 20세기 이후에는 서양이 세계의 사상을 주도하는 시대가 도래했다. 아리스토텔레스를 상대로 무모하지만 끝없는 도전 속에서 많은 고수들이 탄생되었기 때문이다. 결국 공자 이후의 동양사상은 답을 잃어갔고, 아리스토텔레스 이후 서양사상은 답을 찾아갔다고 할 수 있다.

4

데카르트를
탐험하며
자신의 존재를
물어봐

데카르트의 최대 업적은 '인간의 생각, 정신, 혹은 마음은
무엇인가'에 대한 연구의 출발점에 선 것이다.
오늘날 생각, 정신, 혹은 마음이 무엇인지에 대한 연구는
인간의 뇌를 대상으로 하고 있다.
그렇지만 철학, 심리학, 생물학, 정신의학 등 분야별로
말하는 내용이 다르고, 같은 분야의 학자들 사이에도
차이가 있다. 하지만 출발점에는 변함이 없다.
데카르트가 발견한 '어쨌든 인간은 생각한다'라는 사실이다.
데카르트는 세계가 정신과 물질로 구성되어 있다는 것을
증명해 냈다. 이 증명의 과정이 흔히 '방법서설'이라고 하는
《이성의 올바른 인도를 위한 방법서설》이라는 긴 제목의
책 속에 담겨 있다.

데카르트는 인류 역사상 최고의 명언을 남겼어

옛날부터 사람들은 글을 쓰거나 대화할 때 어록이나 유명한 사람들의 말을 인용하는 걸 즐겨했다. 그렇다면 우리가 알고 있는 속담과 어록과 명언들 중에서 어떤 말이 1등의 영예를 차지할까? 나는 동양과 서양의 역사를 통틀어 최고의 명언은 300여 년 전, 데카르트가 남긴 "나는 생각한다, 고로 나는 존재한다"라는 말이라고 생각한다.

데카르트는 1596년에 프랑스 북쪽에 있는 투렌이라는 곳에서 귀족 가문의 자제로 태어났다. 할아버지는 의사였고 아버지는 변호사였으며, 외가 쪽도 대대로 법과 관련이 있는 명문 집안이었다고 한다. 대대로 귀족 가문에다 상당히 부유한 집안에서 태어났으니 어려서부터 어려움 없이 살았을 것이다. 하지만 안타깝게도 어머니가 그를 낳고 얼마 지나지 않아 죽는 바람에 외할머니 손에서 자랐다. 데카르트에 대한 일화 중에 특이한 것이 하나 있다. 그는 자신이 태어나기 전 어머니 자궁 속에 있었을 때의 일을 기억하고 있다고 말한 것이다. 그는 자궁의 모습과 탯줄까지 기억한다고 주장했지만 솔직히 이 말은 믿기 어렵다. 태중의 태아는 아직 시력과 기억력이 완성되지 않아 사물을 보고 기억하는 건 원천적으로 불가능하다. 아마 인간과 동물의 신체 기관에 관심이 많았던 데카르트가 자신의 생각을 더욱 극적으로 설명하기 위해 과장한 것이라 추측된다.

데카르트는 어렸을 때부터 몸이 약한 아이였다. 키도 작고 말라서 외모가 볼품이 없었다고 전한다. 하지만 초롱초롱하게 빛나는 눈과 뛰어난 지성, 그리고 재치 덕분에 여자들에게 인기가 많았다. 외모의 약점을 지성과 재치로 극복한 것이다. 이것은 어른이 되었을 때 이야기이고, 어린 데카르트는 병약한 몸 때문에 여러 모로 괴로운 일이 많았다. 가장 큰 문제는 학교였다. 공부를 좋아했던 데카르트는 학교에 가고 싶어 했지만, 아버지는 몸이 약한 아들을 학교에 보내는 것을 꺼려했다. 데카르트 시대에는 학교에서 먹고 자고 공부하는 기숙학교가 대부분이었다. 아버지로서 병약한 아들을 기숙사에 보내는 것이 내키지 않았을 것이다. 하지만 아들의 불타는 학구열을 막을 수 없었던 아버지는 데카르트가 10살이 되었을 때 예수회에서 운영하는 라 플레슈라는 기숙학교에 입학시켰다.

종교 단체에서 운영하는 라 플레슈 기숙학교는 다른 기숙학교보다 모든 점에서 엄격했다. 아침 기상 시간이 새벽 4시나 5시였는데 몸이 약한 데카르트로서는 도저히 일어날 수 없는 시간이었다. 그래서 교장 선생님은 특별히 데카르트가 오전 늦게까지 누워 있어도 된다고 배려해 주었다. 보통 학생들은 감히 생각지도 못할 특별 대우였다. 선생님들뿐만 아니라 학생들도 데카르트가 몸이 약하다는 걸 인정했기 때문에 차별대우에 대해 별 불만이 없었다. 그런데 늦게까지 침대에 누워 있었던 그의 성적은 새벽부터 일어나 열심히 공부한 학생들보다 좋았다. 데카르트는 이 학교를 8년 동안 다녔는데, 졸업할 무렵에는 학생 신분으로 다른 학생들을 가르쳤다고 한다.

늦잠 자는 습관은 어른이 되어서도 계속되었다. 하지만 데카르트는 침대에 누워서 잠을 자거나 게으름을 피우지 않았다. 그는 누운 상태에서 명상에 잠기거나 책을 읽거나 글을 썼다. 남들이 책상에 앉아서 공부하는 동안 데카르트는 침대 위에서 공부를 한 것이다. 이런 점에서 보자면 그는 머리만 좋은 천재가 아니라 노력형 천재라는 것을 알 수 있다.

라 플레슈에서 논리학, 기하학, 라틴어, 물리학, 그리스어를 공부한 데카르트는 대학에 진학해서 법학을 공부했다. 그리고 22살이 되던 1618년에 직업군인이 되고 싶었던 데카르트는 군대에 들어갔다. 하지만 그의 일생을 좌우할 중요한 꿈을 꾸고 난 후 학문에 뜻을 두고 진로를 바꾸었다. 그때가 23세였다. 데카르트는 꿈속에서 침대 위에 가득 쌓인 책 위에 쓰인 '나는 어떻게 살아야 할 것인가'와 '참과 거짓'이라는 글귀를 보았다고 한다. 꿈속에서 자신의 운명을 본 것일까? 결과적으로 그의 운명은 '참과 거짓'이라는 글귀에 의해 정해졌다.

학문의 길을 가기로 마음먹은 데카르트는 조국 프랑스를 떠나 네덜란드, 폴란드, 이탈리아 등 외국에서 유학하며 많은 경험을 쌓았다. 그는 일생 동안 프랑스에 머물렀던 시간보다 외국에서 산 기간이 더 많았다. 1629년부터는 아예 네덜란드에 정착했다. 그가 네덜란드를 선택한 이유는 유럽의 다른 나라보다 자유로운 분위기가 마음에 들었기 때문이다. 음울하고 무거운 중세의 장막은 걷혀졌지만 가톨릭의 위세는 여전히 유럽 사회를 지배하고 있었다. 사회뿐만 아니라 학문의 영역도 종교의 엄격한 틀 안에 갇혀 있었다. 자유로움이 생명인 학문의 세계에서 자유가 제한되자 학자로서 답답함을 느꼈을 것이다.

데카르트와 편지를 주고받던 사람들 중에는 스웨덴의 여왕도 있었다. 그녀는 데카르트에게 편지를 쓸 때마다 자신의 가정교사가 되어달라고 끈질기게 부탁했다. 하지만 데카르트는 스웨덴에 별로 가고 싶지 않았다. 따뜻한 네덜란드를 떠나 추운 스웨덴으로 가는 게 내키지 않았던 것이다. 여러 해 동안 편지로 부탁을 해도 데카르트가 말을 듣지 않자 여왕은 그를 데려오기 위해 네덜란드로 해군 군함을 보냈다. 더 이상 거절하기 힘들어진 데카르트는 어쩔 수 없이 1649년에 스웨덴의 수도 스톡홀름에서 여왕의 가정교사가 되었다.

이 여왕은 학문에 대한 열정이 크고 매우 열심히 공부하는 훌륭한 학생이었다. 그리고 무척 부지런하였다. 문제는 여왕이 너무 부지런하다는 데 있었다. 그녀는 데카르트에게 오전 5시에 수업을 시작해 달라고 요청했다. 5시면 아침도 아니고 새벽이다. 병약한 몸 때문에 오전 내내 침대에 누워 있는 게 습관인 데카르트에게는 너무나 가혹한 요청이었다. 더욱이 유럽 북쪽에 자리 잡은 스웨덴은 밤이 길고 매우 추운 나라이다. 건강한 성인 남자라면 별일 아니겠지만, 데카르트는 동트기 전 새벽의 추위를 견디기 힘들었다. 추위 속에서 왕궁을 돌아다니는 것 자체가 무리였다. 결국 그는 생활 리듬이 무너진 데다가 추위를 이기지 못해 폐렴에 걸리고 말았다. 지금이야 폐렴은 별로 큰 병이 아니지만 변변한 항생제 하나 없었던 당시에는 생명이 걸린 위험한 병이었다. 데카르트에게 폐렴은 너무 위험하고 치명적인 병이었다. 그래서 스웨덴에 온 지 1년도 채 안 되어 데카르트는 폐렴을 이기지 못하고 세상을 떠났다. 그때 그의 나이 54살이었다.

'인간은 생각한다'는 발견은 정말 엄청난 거야

데카르트의 최대 업적은 '인간의 생각, 정신, 혹은 마음은 무엇인가'에 대한 연구의 출발점에 선 것이다. 오늘날 생각, 정신, 혹은 마음이 무엇인지에 대한 연구는 인간의 뇌를 대상으로 하고 있다. 그렇지만 철학, 심리학, 생물학, 정신의학 등 분야별로 말하는 내용이 다르고, 같은 분야의 학자들 사이에도 차이가 있다. 하지만 출발점에는 변함이 없다. 데카르트가 발견한 '어쨌든 인간은 생각한다'라는 사실이다.

그런데 '인간은 생각한다'는 사실이 새로운 발견이라고 할 만큼 대단한 것일까? 데카르트의 발견은 영혼의 존재를 증명한 소크라테스에 견줄 만한 것이다. 소크라테스가 인간은 육체와 영혼으로 구성되어 있음을 증명한 것처럼, 데카르트는 세계가 정신과 물질로 구성되어 있다는 것을 증명해 냈다. 이 증명의 과정이 흔히 '방법서설'이라고 하는《이성의 올바른 인도를 위한 방법서설》이라는 긴 제목의 책 속에 담겨 있다.

우선 데카르트가《방법서설》을 쓰게 된 배경부터 알아보자. 데카르트가 살았던 17세기 유럽은 가톨릭을 개혁하려는 신교와 가톨릭을 고수하려는 구교 사이의 종교적인 갈등이 심각했다. 단순히 말로 논쟁하는 정도가 아니라 서로 죽고 죽일 만큼 목숨을 건 싸움이었다. 비록 로마 교황청의 위세는 많이 약해졌지만, 여전히 사회를 좌지우지할 정도의 권력을 유지하고 있었다. 그래서 교회의 권위에 도전하는 모든 것들을 엄격하게 통제하고 가혹하게 처벌했다. 그 대상에 학문도 예외는 아니었다. 교회가 천명한 천동설에 반대되는 지동설을 주장했다는 이유로 갈릴레이는 종교재판을 받아야 했다. 17세기 유럽에서는 종교의 권위가 지배하는 거대한 물줄기와 르네상스라는 자유의 물줄기가 서로 부딪히는 광폭한 변화의 흐름이 일어나고 있었다.

데카르트는 이런 혼란을 피해 유럽에서도 비교적 분위기가 자유로운 네덜란드에 정착했다. 그는 혼자 살면서 연구에만 집중했다. 철학뿐만 아니라 과학에도 관심이 많아 우주에 대한 책을 썼는데, 주로 지동설에 관한 것이었다. 그런데 이 책이 거의 완성되었을 무렵 갈릴레이가 지동설을 주장했다는 이유로 종교재판에 회부되었다는 소식이 들려왔다. 아무리 자유로운 분위기의 네덜란드라 해도 교회의 권위에 도전하는 내용을 담은 책을 내기는 쉽지 않았다. 데카르트로서는 이 책의 출판을 포기할 수밖에 없었다.

하지만 애서 연구한 내용을 그냥 묻어두기에는 너무 아까웠다. 그래서 데카르트는 교회의 심기를 거스를 만한 내용은 빼고 굴절광학, 기상학, 기하학에 대한 것만 추려서 책을 출판하기로 마음먹었다. 그리고 책의 서문을 다시 썼는데, 이것이 바로 《방법서설》이다. 《이성을 바르게 인도하고 학문에서 진리를 탐구하기 위한 방법에 대한 이야기, 그리고 이 방법의 시도인 굴절광학, 기상학 및 기하학》이라는 아주 길고 특이한 책 제목을 달았다. 제목에 '이야기'라는 말을 넣은 이유는 자신의 책이 위험하지 않다는 걸 포장하기 위해서였다.

《방법서설》은 모두 6부로 구성되어 있으며, 분량이 그리 많지 않다. 1부는 자신의 젊은 시절 이야기를 자서전 형식으로 썼다. 이것이 뭐 그리 대단한 일이냐고 생각할 수도 있겠지만, 그 당시에 책에 개인의 이야기를 썼다는 것은 그만큼 인간에 대한 관심, 인간의 능력에 대한 자신감이 커졌다는 것을 의미한다. 이전까지 인간은 원죄를 지은 죄인일 뿐이었다. 아무리 작가라고 해도 감히 자신의 이야기를 책에 쓰는 건 불경한 일이었다. 그런 의미에서 데카르트가 서문에 자신의 이야기를 썼다는 것만으로도 센세이션한 일이라고 할 수 있다. 지금 우리가 보기에는 별일 아니지만 과거에는 책 한 권 쓰는 데도 대단한 용기가 필요했다.

2부와 3부에는 확실한 지식을 얻기 위한 방법론에 대한 내용이 들어 있다. 데카르트는 지식을 얻기 위한 네 가지 방법을 제시했는데, 첫째, 확실하지 않은 그 무엇도 진리로 받아들이지 말아야 한다. 둘째, 각각의 문제를 가능한 한 단순하게 나누어야 한다. 셋째, 단순한 것에서 복잡한 것으로 나아가야 한다. 넷째, 지식을 얻기 위한 방법을 하나도 빠뜨리지 않았다고 확신할 수 있을 정도로 정확하게 검토해야 한다. 이는 확실한 지식을 얻는 방법인 동시에 문제를 해결하는 방법이기도 하다. 문제가 생기면 우선 그 원인들을 각각 나누어보아야 한다. 그리고 해결하기 쉬운 문제부터 하나씩 처리해 나가야 한다. 그러다 보면 나중엔 불가능해 보이는 어려운 문제들까지 해결할 수 있다. 마치 부처가 고통에서 벗어나기 위한 방법으로 제시한 고, 집, 멸, 도의 네 가지 진리로 구성된 '사성제'를 보는 것 같다. 무조건 용맹전진한다고 문제가 해결되지 않는다. 문제의 원인을 정확하게 모른 채 엉뚱한 방법으로 노력한다면 아무런 성과가 없다. 용맹전진은 문제의 원인과 해결 방법을 정확하게 알고 노력하는 것이다.

한편 《방법서설》 4부에서 "나는 생각한다, 고로 나는 존재한다"라는 말이 나온다. 그리고 5부와 6부는 자연과학에 대한 내용이다.

고전 《방법서설》의 핵심은 일단 의심해 보라는 거야

양식(bon sens)은 이 세상에서 가장 공평하게 분배되어 있는 것이다. 왜냐하면 사람들은 누구나 그것을 충분히 갖추고 있다고 생각하고 있으며, 다른 모든 것에 있어서는 좀처럼 만족하지 않는 사람도 그것만큼은 자신이 갖고 있는 것보다 더 바라지 않기 때문이다. 이 점에 있어 모든 사람의 생각이 잘못되었다고 볼 수 없다. 오히려 이는 잘 판단하고, 참된 것을 거짓된 것에서 구별하는 능력, 즉 일반적으로 양식 혹은 이성으로 불리는 능력이 모든 사람에게 천부적으로 동등하다는 사실을 보여주는 셈이다.

– 데카르트의 《방법서설》 중에서

《방법서설》의 첫머리에는 인간은 누구나 양식, 그러니까 이성(理性)을 갖고 있다는 데카르트 철학의 대전제가 나온다. 하지만 인간이라면 누구나 갖고 있는 이성은 과연 확실한 것인가? 이 점에 의문을 가진 데카르트는 인간 이성의 출발점을 수학적으로 증명해 보고자 했다. 과거 소크라테스가 인간의 영혼을 증명하기 위해 사용한 '사용되는' 육체와 '사용하는' 영혼의 구분은 사실 모호하고 약간 말장난 같기도 하다. 과학이나 수학의 확실성하고는 거리가 멀기 때문이다. 수학자인 데카르트는 과학이나 수학에 근거해서 이 점을 증명해 내려고 했다. 하지만 확실한 증명 방법이 떠오르지 않았다. 그는 후회와 의심 속에서 점점 빠져나올 수 없을 것 같은 회의(懷疑)에 더 깊이 침잠해 들어갔다.

나는 오로지 진리 탐구에 전념하려고 하므로, 조금이라도 의심할 수 있는 것은 모두 전적으로 거짓된 것으로 던져버리고, 이렇게 한 후에도 전혀 의심할 수 없는 것이 내 신념 속에 남아 있는지를 살펴보아야 한다고 생각했다. 그러므로 우리의 감각은 종종 우리를 기만하므로, 감각이 우리 마음속에 그리는 대로 있는 것은 아무것도 없다고 가정했다.

— 데카르트의 《방법서설》 중에서

데카르트가 진리를 찾기 위해서 가장 먼저 한 것이자 가장 잘한 일은 모든 것을 의심하는 것이었다. 전혀 의심할 수 없는 것이 남을 때까지 그의 의심은 계속되었다. 심지어 보고 듣고 냄새 맡고 만져보는 감각까지 의심했다. 그는 우리가 알고 있는 모든 것, 다시 말하면 모든 지식을 일단 의심해 보았다. '일단 의심해 보았다'는 말을 학문적 용어로 '방법적 회의'라 한다. 더 이상 의심할 수 없는 것을 찾기 위해 의심을 활용한 것이다. 데카르트가 이런 방법을 사용한 가장 큰 목표는 확실한 지식을 얻기 위해서였다.

우리가 지식을 얻는 방법은 크게 두 가지로 나눌 수 있다. 하나는 학교에서 배운 것이고, 또 하나는 스스로 깨우친 것이다. 학교에서 배운 지식도 처음에는 누군가 스스로 깨우친 지식일 것이다. 그렇다면 맨 처음 그 지식을 얻은 사람은 어떻게 지식을 얻게 되었을까? 첫 번째 방법은 경험하는 것이다. 얼음을 만져보면 차갑다. 반대로 펄펄 끓는 물에 손가락을 넣어보면 엄청 뜨겁다. 이런 경험을 통해 얼음과 끓는 물의 온도차와 감각의 차이에 대한 지식을 얻을 수 있다. 두 번째 방법은 경험 없이 오직 논리만으로 얻는 것이다. 논리만으로 얻을 수 있는 지식의 대표적인 예가 바로 수학이다. 수학은 순수하게 논리만 가지고 이루어지는 학문이다. 데카르트는 이 두 가지 지식을 차례차례 의심해 보았다. 우선 경험으로 얻은 지식부터 의심했다.

논리적 과정을 통해 확실성을 추구하던 데카르트는 지금 경험하고 있는 것과 경험을 통해서 얻은 지식은 확신할 수 없다는 결론을 내렸다. 확실성을 추구하는 데카르트의 이런 자세는 이후 서양문명을 비약적으로 발전시키는 한편 장자의 동양문명을 불행하게 만든 원인이 되었다.

확실성을 추구하는 데카르트에게는 이제 논리를 통해 얻는 지식만 남았다. 논리적으로 맞는 지식을 어떻게 의심할 수 있을까? 예를 들어, '1 더하기 1은 2'라는 것은 예전부터 논리적으로 확실한 지식이라고 인정받은 것이다. 그런데 데카르트는 이 확실한 지식마저 의심했다. 결국 방법적 회의를 통해 데카르트가 내린 결론은 '확실한 지식은 없다는 사실만 확인'했다는 것이었다.

나는 모든 것들이 다 거짓이라고 생각하는 동안에, 당장 그렇게 생각하는 내가 '그 어떤 것'이어야 한다는 것이 필수적이라는 사실을 알았다. 그런데 '나는 생각한다. 고로 나는 존재한다'라는 진리는 너무나도 확고하고 확실하기 때문에 회의론자들의 지나친 의견도 이 진리는 뒤흔들 수 없다. 나는 알게 되었다. 그래서 나는 거침없이 이 진리를 내가 찾고 있던 철학의 제1원리로 받아들이기로 했다.

— 데카르트의 《방법서설》 중에서

이렇게 의심을 계속하다 보니 세상에 확실한 것은 하나도 없었다. 단 하나 확실한 것은 그렇게 의심하고 있는 나의 생각이다. 생각이 없으면 의심조차 불가능하기 때문이다. 그러므로 결국 의심하고 있는 나의 생각만이 남아 있을 뿐이다! 이렇게 해서 '나는 생각한다. 고로 나는 존재한다'라는 세계 최고의 명언이 탄생했다.

소크라테스는 '사용하는 것'으로서의 인간의 영혼을 증명해 냈지만, 데카르트는 생각의 기능을 역으로 활용하여 인간의 정신을 증명해 낸 것이다. 그래서 '의심'이라는 사고활동을 하는 인간의 정신이 가장 확실한 실체(實體)가 된다. 그 결과 정신을 제외한 나머지 것들은 자동적으로 물질이 된다. 육체와 영혼으로 나눈 소크라테스의 이원론이 데카르트에 와서 정신과 물질로 더욱 세분화된 것이다.

생각하는 인간을 상정함에 따라 스스로 존재의 근거를 찾은 데카르트는 개인보다는 공동체를, 학문보다는 교회를 우선시하던 시대에 개인의 중요성을 발견해 냈다. 그리고 인간은 누구나 진리를 깨달을 수 있다는 인간의 능력에 대한 확신을 가지게 되었다. 데카르트에 의해 비로소 근대적 개인이 탄생한 것이다.《방법서설》은 출판된 당시 큰 반향을 일으키며 당시 철학에 큰 영향을 끼쳤다. 그때까지 학문의 중심은 신학이었다. 그리고 신이 생각의 중심이었다. 그러나 데카르트 이후 인간이 생각의 중심이 되었다. 또한 인간이 진리를 깨달을 수 있다는 확신은 과학 발전의 원동력이 되었다. 인간을 둘러싼 자연과 환경에 대한 지식을 얻고, 더 나아가 그 지식을 마음껏 이용할 수 있는 자신감이 과학자들을 자극하고 격려했다.

데카르트는 세계 최초의 뇌과학자였어

데카르트는 확실한 지식을 찾기 위해 자기 눈에 보이는 모든 것들을 의심했다. 자기 주위에 있는 사물들이 확실히 존재하는 것인지 의심했고, 자기가 보고 있는 것이 사실인지조차 의심했다. 직접 보았다고 해서 그게 확실하다고 확신할 수 없다고 생각한 데카르트는 심지어 자신의 육체가 정말로 존재하는 것인지조차 의심했다. 그리하여 결국 남은 것은 의심하고 있는 나의 정신밖에 없었다. 이 세상 모든 것이 불확실하지만 그렇게 생각하고 있는 자신의 정신은 분명히 존재한다는 것이다. 왜냐하면 정신이 존재하지 않으면 그런 생각조차 못 하기 때문이다.

육체는 확실히 눈에 보이고, 만질 수도 있고, 따뜻하고, 움직일 수 있다. 하지만 데카르트는 자신이 존재한다는 것을 육체가 아니라 정신을 통해 확인했다. 이렇게 몸과 마음이 따로따로 존재한다고 주장하는 것을 이원론이라고 하다. 그런데 몸과 마음이 따로따로라면 둘 사이는 아무 관련이 없을까? 데카르트는 몸과 마음이 어떻게 연결되는가에 대해 깊이 생각해 보았다. 그러다 생각해 낸 것이 바로 '뇌'였다. 지금 우리들은 뇌의 기능과 심장의 기능에 대해 잘 알고 있지만, 당시에는 마음이 심장에 있다고 생각했다. 이 우스꽝스런 생각을 한 장본인은 바로 세기의 천재라 불리는 아리스토텔레스이다. 그는 뇌를 불필요한 기관으로 치부하며, 더운 날 열기를 식혀주는 코끼리의 귀 같은 역할을 하는 사소한 것으로 여겼다.

하지만 데카르트는 뇌가 사람이나 동물들을 직접적으로 움직이게 만드는 중요한 기관이라고 생각했다. 그리고 뇌가 동물을 어떻게 움직이는지 알기 위해서 직접 연구에 나서기도 했다. 그는 정육점에 가서 소나 돼지를 잡는 것을 관찰하기도 하고, 내장 같은 것을 집으로 가지고 와서 직접 해부하기도 했다. 연구 결과, 그가 내린 결론은 사람이나 동물의 몸은 정교한 기계라는 것이다. 사람의 몸속은 여러 가지 실과 관, 구멍 같은 것들이 서로 연결되어 있으며, 신체의 움직임뿐만 아니라 소화 작용 같은 내장의 움직임, 감각들도 기계적으로 설명할 수 있다고 생각했다. 그리고 사람과 동물은 분명한 차이점이 있는데, 그게 바로 사람만이 가지고 있는 '정신'이라는 것이다. 데카르트는 인간은 이성을 가지고 있고, 이것은 의심할 수 없는 확실한 사실이지만, 동물은 정신, 즉 영혼이 없고 육체만 갖고 있으므로 기계 자체일 뿐이라고 주장했다.

이처럼 확실성을 추구하는 데카르트가 가장 확실한 답을 주는 수학이라는 학문을 그냥 지나쳤을 리 없다. 그는 철학적 사고를 증명해 내기 위한 방법으로서 수학을 사용한 게 아니라, 수학 그 자체로 철학적 증명을 해낸 인물이기도 하다. 그래서 데카르트는 가장 확실한 철학자이자 수학자이다.

데카르트는 뇌과학에 이어 수학에도 꽂혔어

나는 특히 수학에 마음이 끌렸는데, 이는 그 근거(raisons)의 확실성과 명증성 때문이었다. 그러나 그 당시만 해도 나는 아직 수학의 참된 용도를 깨닫지 못하고 있었다. 그리고 그것이 단지 기계학에만 응용되고 있음을 보고서는, 그 토대가 그토록 확고부동함에도 불구하고 왜 아무도 지금까지 이 위에 더 탁월한 것을 세우지 않았는지를 의아하게 생각했다.

– 데카르트의 《방법서설》 중에서

"기하학을 모르는 사람은 우리 학교에 들어오지 말라"라고 말할 정도로 플라톤을 비롯한 고대 철학자들은 수학을 철학을 하기 위해 거쳐야 하는 필수 과목으로 여겼다. 이런 전통을 이어받은 데카르트도 수학을 중요시했다. 그 이유는 수학이 가장 확실하고 논리적인 학문이기 때문이다. 수학을 파고드는 것은 인간이 가진 이성의 힘을 단적으로 보여주는 것이다. 그래서 인간 정신의 실체를 발견한 데카르트는 수학의 역사에서도 아주 큰 업적을 남겼다. 그때까지 기하학과 대수학으로 나뉘어 있던 수학의 두 분야를 하나로 통합해서 '해석기하학'이라는 새로운 분야를 발견해냈다.

기하학은 고대 이집트에서 시작되었다. 나일 강에는 주기적으로 홍수가 나서 그때마다 네 땅, 내 땅의 구분이 없어졌다. 그래서 자신의 토지를 정확하게 찾기 위해 토지를 측량하는 방법이 발달했는데, 이게 바로 기하학이다. 기하학은 쉽게 말해 땅에 삼각형, 사각형 그림을 그려놓고 계산하는 것이다. 이 기하학은 이집트에서 그리스를 거쳐 유럽으로 전해졌다.

기하학이 이집트에서 생겼다면 대수학은 아라비아에서 생겼다. 대수학은 숫자 대신 문자를 써서 문제를 단순하게 만들기도 하고 공식을 세우기도 하는 것이다. 도형(그림)이 아닌 문자로 수학을 푸는 것인데, 구하고자 하는 답을 x로 놓고 방정식을 만드는 방법이다. 예를 들어 이런 것이다.

$$2x+3=15$$
$$2x=15-3$$
$$2x=12$$
$$x=6$$

이 예는 중학교 1학년 정도라면 식은 죽 먹기로 풀 수 있는 방정식 문제이다. 이것이 바로 대수학이다. 13세기 들어 동양과 서양 간에 무역이 발달하면서 아라비아의 대수학이 유럽에 전파되었다. 처음 방정식을 접한 유럽의 수학자들은 당황했을 것이다. 지금 우리에게는 방정식이 익숙하고, 식을 만드는 것도 어려운 일이 아니지만 당시 수학자들은 숫자 대신 문자를 써서 수학 문제를 푼다는 건 생각도 못 했던 것이다. 그래서 초등학생도 풀 수 있는 쉬운 방정식 문제를 가지고 쟁쟁한 수학자들이 경쟁까지 했다고 한다.

데카르트는 기하학과 대수학을 통합해서 해석기하학이라는 새로운 분야를 제시했다. 이 업적으로 데카르트는 철학에 이어서 '근대 수학의 아버지'라는 칭호까지 얻었다. 학문의 양대 산맥이라는 수학과 철학에서 엄청난 업적을 남긴 것이다. 그런데 데카르트는 기하학과 대수학을 어떻게 통합했을까? 바로 좌표를 발명한 것이다. 수학에서 발명이라는 말을 쓰는 게 조금 어색하지만 어쨌든 발명은 발명이다.

좌표에서 x축과 y축이 수직으로 교차하는 지점이 0이다. 0을 기준으로 오른쪽이나 위로 가면 양수, 왼쪽이나 아래로 가면 음수가 된다. 이렇게 좌표를 그려서 보면 음수의 개념에 대해 확실히 알 수 있다. 하지만 좌표가 발명되기 전에 음수란 개념은 눈에 보이는 것이 아니므로 아무리 설명해도 이해하기 힘들었다. 예를 들어, 사과 한 개는 실물의 사과가 하나 있으므로 금방 이해할 수 있다. 하지만 사과 마이너스 한 개는 눈으로 볼 수 없다. 없기 때문에 사과 마이너스 한 개의 개념을 이해하기 어렵다. 그런데 좌표를 그려서 숫자 -1을 표시하면 눈으로 볼 수 있게 된다. 이렇게 데카르트가 발명한 좌표 덕분에 사람들은 마이너스 개념을 쉽게 이해하게 되었다.

그럼 기하학과 대수학, 즉 도형과 방정식을 통합했다는 것은 무슨 뜻일까? 모든 방정식을 좌표 위에 그릴 수 있고, 반대로 모든 도형은 방정식으로 만들 수 있다는 것이다. 즉 세상의 모든 사물을 수학식으로 표현할 수 있다는 의미이다. 예를 들어 원을 표현하는 방법은 데카르트 이전엔 컴퍼스로 원을 그리는 것이 전부였다. 그런데 데카르트가 해석기하학을 발명한 후부터는 원을 방정식으로 '쓸' 수 있게 되었다. '$(x-a)^2+(y-b)^2=r^2$'이란 기본 방정식을 활용하면 어떤 크기의 원이든 노트에 식으로 쓸 수 있다. 왜냐하면 원이란 평면상에서 중심으로부터 거리가 같은 점들의 집합이므로, 중심이 (a, b)라고 할 때, 여기로부터 x축과 y축 상의 임의의 점 x와 y에 이르는 거리가 r인 점들의 집합이 바로 원이기 때문이다.

둥그런 모양의 원을 방정식으로 '쓸' 수 있게 되었다는 사실은 대단히 놀라운 일이다. 인간의 생각을 글로 표현하고, 아름다운 선율의 음악을 악보에 기록하듯이 이 세상 모든 물체들을 수학으로 표현할 수 있다는 뜻이기 때문이다. 우리가 모차르트가 작곡한 음악을 들을 수 있는 것은 그가 남긴 악보 덕분이다. 플라톤의 사상을 알 수 있는 것도 그가 글로 기록해 놓았기 때문이다. 이처럼 사물을 방정식으로 표현한다는 건 언제, 어디서나, 누구든 그 방정식으로 똑같은 사물을 재현해 낼 수 있다는 의미이다. 데카르트가 직접 푼 수학 문제를 볼 순 없었지만, 그가 남긴 공식을 역추적해서 그가 푼 문제를 알아낼 수 있었다. 이로 인해 서양은 자신들의 문화유산을 더 구체적이고 정확하게 후대에게 남겨줄 수 있는 확실한 방법을 마련하였다. 그리고 그 확실한 근거들을 기초로 후대인들은 선조들이 남긴 학문과 정신의 유산을 더욱 발전, 확장시켰다. 더 이상 동양의 문화가 따라잡을 수 없을 정도로 말이다.

요즘 사람들이 데카르트와 친해져야 하는 이유가 있어

17세기에 살았던 데카르트는 인간 이외의 다른 동물들은 모두 기계로 취급했다. 생각이 없으니 기계라는 것이다. 그런 데카르트가 현재에 다시 태어날 경우 어떤 문제에 부딪히게 될까?

데카르트가 인간과 기계를 구분한 기준은 생각을 나타내기 위해 말이나 신호를 사용할 수 있는가였다. 따라서 말하는 기계가 있더라도 인간처럼 자신의 생각을 다양하게 표현하거나 상황에 따라서 말을 바꿀 수 없다면 사람이 아닌 기계에 불과할 뿐이다. 즉 말하는 능력 자체가 아니라 생각하고 자유롭게 표현하는 능력이 중요하다는 것이다. 그런데 애플 아이폰 시리처럼 '학습하는' 프로그램이나 체스 챔피언을 이기는 로봇을 볼 경우 데카르트는 이것들을 기계라고 판단할까, 사람이라고 판단할까? 인간의 형상이 없으므로 인간의 고유한 능력을 일부 가지고 있지만 여전히 사람이 아니라고 할 것이다. 그런데 영화 〈A. I〉에 나오는 아이처럼 사람과 똑같은 형태를 가지고 똑같이 생각하고 행동하고 감정을 느끼는 사이보그라면 이 로봇에 대해서는 뭐라고 답할까? 아마 그가 보고 듣고 알고 있는 지식의 범위를 넘어선 사실을 접하고는 당황하여 곧바로 대답하지 못할 것이다. 그로서는 사이보그 같은 존재는 상상도 못 했을 것이기 때문이다. 아무리 뛰어난 천재라 해도 자신의 살았던 시대의 한계를 완전히 뛰어넘을 수 없다. 그런 점에서 데카르트도 구시대의 인물이라고 볼 수 있다. 그렇다고 데카르트의 생각마저 시대에 뒤떨어졌다고 단정할 수 있을까?

오늘날 인간의 활동 영역은 인터넷 접속을 통한 사이버 공간으로까지 확장되었다. 사이버 공간은 우리의 정신을 다양한 영역으로 분화시키고, 우리의 생각을 전 세계로 확장시켰다. 또한 우리가 잠든 사이에도 우리의 생각이 가상공간 내에서 떠돌 수 있도록 만들어주고 있다. 이것이 바로 오늘날 현대 사회를 사는 '나'의 모습이다. 그런데 사이버 공간에서 활동하다 보면 자신의 진짜 모습이 무엇인지 정체성의 혼동이 올 때가 있다. 때로는 사이버 게임 속의 세상이 진짜인지, 게임 밖의 세상이 진짜인지도 헷갈릴 수 있다. 우리가 게임 속 캐릭터나 아바타에 집착하는 이유도 이 때문이다.

하지만 데카르트라면 절대로 자신의 정체성에 대해 혼란을 느끼지 않을 것이다. 왜냐하면 데카르트는 모든 것을 의심했기 때문이다. 그러므로 사이버 공간에 있는 자신의 다양한 아바타에 대해서도 의심했을 것이다. 그 결과 사이버 공간을 의심하고 있는 진정한 자기 자신을 잃지 않을 것이다. 인간 정체성의 핵심은 진정한 자기 확인이다. 사이버 공간에서 자기 자신이 여러 개로 나누어졌을 때, 그리고 자기 경계가 허물어질 때, 어떤 것이 진정한 자기 자신인지에 대해 말해줄 수 있다는 점에서 오늘날 데카르트가 남긴 말은 더 중요한 의미를 가지게 된다. 바로 이 점 때문에 "나는 생각한다, 고로 나는 존재한다"라는 말은 세계 최고의 명언인 것이다.

5

애덤 스미스를
탐험하며
지름신을
길들여봐

《국부론》 애덤 스미스 편 고전의 이름은

대체 언제부터 소비가 삶의 기본 행위가 되었을까?
그리고 어떤 과정을 통해 자급자족의 시대를 거쳐
소비 시대로 전환된 것일까?
이런 의문에 처음 답한 사람이 '경제학의 아버지'라 불리는
애덤 스미스이다.
애덤 스미스는 1%의 의식이 아닌, 99%의 무의식이 지배하는
사람들의 일상을 최초로 연구했다.
그는 초기 자본주의 시대를 연구했고,
'잘사는 것'이 곧 잘 사는 것이 되어버린
우리의 현실을 예측했다.

시도 때도 없이 지름신이
강림하는 이유를 알아야 해

우리의 일상은 대체로 지루하고 따분하다. 특별하고 놀랍거나 즐거운 일은 별로 일어나지 않는다. 비슷한 일을 비슷한 시간에 반복하기 때문에 다람쥐 쳇바퀴 돌듯 그날이 그날 같은 게 평범한 사람들의 일상이다. 그런데 일상이 지루한 이유는 단순히 비슷한 일을 반복하기 때문만은 아니다. 여기에는 대단한 과학의 비밀이 숨겨져 있다.

현대 심리학자들의 말에 따르면, 일상생활에 필요한 정보의 99%는 기억으로부터 투영된 것이라고 한다. 단 1%만이 감각기관에 의해 새롭게 추가되는 것이다. 초당 천만 개의 정보를 처리할 수 있는 뇌는 효율성을 위해 40여 개를 제외한 나머지 정보들은 이미 기억하고 있는 정보를 사용한다고 한다.

일반적으로 처음 보는 게임을 할 때는 사람들은 호기심과 함께 즐거움을 느낀다. 점수를 따고, 아이템을 얻고, 레벨을 올리는 방법 등 게임에 대한 정보가 없기 때문이다. 우리의 뇌가 새로운 정보를 접하고 있기 때문에 신선할 뿐만 아니라 궁금증도 생긴다. 하지만 게임을 몇 번 반복하고 나면 곧 시들해진다. 우리의 뇌가 점수를 따고 아이템을 얻는 방법도 다 기억하고 있고, 언제 어디에서 어떤 적이 나오는지 파악했기 때문이다. 운전도 이와 비슷하다. 처음에 운전할 때는 잔뜩 긴장한 채 거리로 나선다. 익숙한 길인데도 운전자의 입장에서는 낯설고 조심스럽다. 하지만 운전에 익숙해지면 한 팔을 창가에 걸치는 여유가 생긴다. 집 안에 무엇이 어디에 있는지 자세히 몰라도 별 불편함을 못 느끼고, 꾸벅꾸벅 졸면서도 회사나 학교에 찾아갈 수 있는 것도 뇌 속에 이미 기억되어 있는 정보를 사용하기 때문이다.

이렇게 일상생활은 이미 기억하고 있는 정보들을 재활용하여 사용하고 있다. 즉 익숙한 것은 의식적으로 판단하기 전에 뇌가 먼저 판단해 버리는 것이다. 그래서 익숙한 것으로 가득 찬 일상에 대해서는 뇌가 활발하게 작용하지 않기 때문에 단조롭고 지루함을 느낀다. 이것을 보통 "무의식의 영역이 우리의 일상을 지배한다"라고 표현한다. 기억 속에 있는 99%의 정보는 무의식의 영역이라는 것이다. 이 때문에 우리의 일상이 지루하게 느껴지기는 하지만, 덕분에 우리의 뇌는 어떤 일을 할 때마다 정보를 처리하기 위해 과다하게 움직이지 않아도 된다. 조용히 기억 저장소에 있는 정보를 가져오면 되기 때문이다. 사실 비슷한 일을 반복할 때마다 매번 새롭게 느껴지고 잔뜩 긴장해야 한다면 굉장히 피곤한 일이다. 때문에 대부분의 일상이 무의식에 의한 자동 조절 모드로 이루어진 것은 다행스러운 일이다.

그렇다면 99%의 무의식이 지배하는 일상생활 속에서 가장 중요한 것은 무엇일까? 일하고 공부하는 것일까? 아니다. 자본주의 시대를 살아가고 있는 일상에서 가장 중요한 것은 '사는 것', 바로 소비 행위이다. 무엇이든 거래되고 소비되는 자본주의 사회에서 소비의 중단은 곧 죽음을 의미한다. 소비하지 못하면 살지 못하는 것이다. 지름신의 강림 때문이 아니라 삶을 지속시키기 위해 우리는 무언가를 살 수밖에 없다.

때문에 데카르트의 '나는 생각한다, 고로 나는 존재한다'라는 명언은 '나는 소비한다. 고로 나는 존재한다'라는 말로 대체될 수 있다. '산다'라는 우리말은 영어의 'live'와 'buy' 두 가지 뜻을 가지고 있다. 즉 "나는 산다(buy), 고로 나는 산다(live)"라고 할 수 있는 것이다. '우리는 살기(live) 위해서 무언가를 사야(buy) 하고, 잘 살기(live)' 위해서는 '잘 사야(buy) 한다.' 하지만 '사는 것(buy)'은 생존을 위한 행위 이상의 의미를 가지고 있다. 지금 우리는 소비하는 것으로 자신의 가치가 매겨지는 사회에 살고 있다. 생각이나 지식이 아니라, 옷이나 가방의 가격으로 사람의 가치를 판단하고 있다. 사람들이 너도 나도 명품 브랜드를 사려는 이유도 이 때문이다. 알맹이가 허접한 사람이라도 명품으로 휘감고 있으면 사람들은 그를 명품 인간(?)이라고 생각한다. 물론 이런 생각은 옳지 않다. 하지만 현대는 자신의 존재를 소비 행위로 확인하는 대량 소비사회이다. 그런 의미에서 "나는 산다(buy), 고로 나는 산다(live)"라는 표현은 자본주의를 가장 잘 나타내는 말이라고도 할 수 있다.

그런데 대체 언제부터 소비가 삶의 기본 행위가 되었을까? 그리고 어떤 과정을 통해 자급자족의 시대를 거쳐 소비 시대로 전환된 것일까? 이런 의문에 처음 답한 사람이 '경제학의 아버지'라 불리는 애덤 스미스이다. 애덤 스미스는 1%의 의식이 아닌, 99%의 무의식이 지배하는 사람들의 일상을 최초로 연구했다. 그는 초기 자본주의 시대를 연구했고, '잘사는 것'이 곧 잘 사는 것이 되어버린 우리의 현실을 예측했다. 그는 《국부론》이라는 책을 씀에 따라 현대 경제학의 기초를 마련했다. 사실 애덤 스미스가 살았던 시대에는 경제학이라는 학문이 없었다. 그도 자신이 연구한 학문이 '경제학'이란 것도 몰랐고, 일생 동안 '경제학'에 대한 강의를 한 적도 없다. '경제학'이 독립된 학문으로 인정받은 것은 애덤 스미스 사후의 일이기 때문이다. 그는 경제학과는 거리가 먼 스코틀랜드에 있는 글래스고대학의 도덕철학 교수였다. 대체 어떤 이유로 도덕철학 교수가 경제학의 기초를 닦게 되었을까?

한국 사람들은 '도덕'에 대해 법은 아니지만 심리적 룰(rule)이라 생각한다. 하지만 서양의 도덕철학에서 말하는 도덕(moral)은 룰과는 무관한 '습속'을 의미한다. 습속은 습관과 속성의 줄임말로 풍습이나 관습이란 뜻이다. 애덤 스미스가 연구한 도덕철학은 사람들은 왜 일을 하고, 어떻게 관계를 맺으면서 일상생활을 영위하는가 같은 '사람들의 대체적인 행동양식'을 다룬 학문이다. 그래서 도덕철학은 오늘날의 심리학이나 사회학, 또는 경제학과 관련이 깊다. 애덤 스미스가 사람들의 일상에 관심을 가지고, 경제 행위를 연구하게 된 것도 도덕철학의 특수성 때문일 것이다.

애덤 스미스는 동양의 공자와 한비자를 닮은 점이 있어

근대 이전에는 하나의 이상적인 법칙이 있을 경우, 모든 사람들은 그것을 따라야 한다는 의식이 강했다. 그래서 소수의 똑똑한 철학자나 지도자가 만든 이상적인 법칙과 제도가 사람들에게 통할 수 있었다. 하지만 근대에 이르면서 이런 전체주의적인 사고는 쇠퇴하고, 개인의 자유를 중시하는 분위기가 팽배했다. 이로 인해 사회는 더욱 복잡해지고 신분제가 느슨해지면서 사회제도나 관습에 의해 개인의 자유가 억압되는 경우는 많이 줄어들었다. 특히 다양한 경제활동이 본격화되면서 경제활동에 대한 개인의 자유가 대폭 확장되었다. 과거에는 신분제에 따라 직업의 자유가 제한되었지만 상업과 산업이 발달함에 따라 사람들에게 신분제의 굴레에서 벗어나 경제적 자유를 추구할 권리가 주어졌다. 이러한 권리를 주장한 사람들은 바로 근대의 계몽주의 철학자들이다. 볼테르, 홉스, 로크, 루소, 몽테스키외 같은 계몽주의 학자들은 모든 인간에게는 자유의지가 있으며, 모든 인간은 평등하다는 자연권을 근거로 개인의 자유를 주장했다. 애덤 스미스 역시 같은 주장을 펼쳤다. 그래서 정치적, 사회적 자유를 다룬《도덕 감정론》이란 책과 경제적 자유를 주장한《국부론》이란 책을 쓴 것이다.

그런데 개개인의 자연권이 무한대로 발현되면 홉스가 우려한 것처럼 '만인의 만인에 대한 투쟁'이 일어날 수 있다. 개인과 개인 사이에 전쟁이 일어나는 무질서 상태를 방지하기 위해 홉스나 로크, 루소 같은 계몽철학자들은 사회계약론을 주장했다. 사회계약론에 의하면 모든 사람은 국가가 성립되기 이전에 이미 생명과 자유, 재산에 대한 자연법상의 권리를 갖고 있다는 것이다. 이 권리[자연권]를 가지고 있는 사회 구성원들이 합의한 계약에 의해 국가라는 조직이 성립되었다는 이론이다. 그런데 어떻게 사회계약이 가능하다는 것일까?

애덤 스미스는《도덕 감정론》을 쓰기 전에《법학 강의》에서 사회계약이 가능한 이유에 대해 이렇게 말했다.

설득과 환심이 아니라 그 일이 상대에게도 도움이 되는 것으로 만들어야 한다. 그렇게 만들지 못한다면 원하는 것을 얻기 힘들다. 사랑만으로는 부족하다. 어떤 방식으로든 상대방의 자기애에 호소해야 한다.

이와 마찬가지로 원하는 것을 얻고 싶다는 강렬한 유혹보다는 동료들의 자기애를 자극해야 한다. 그러기 위해서는 다음과 같이 말해야 한다. "내가 원하는 이것을 주세요. 그러면 당신은 당신이 원하는 저것을 얻을 겁니다."

그리고 《도덕 감정론》에선 다음과 같이 말했다.

협상하는 사람은 원하는 모든 것을 얻을 수 없다. 아무것도 주지 않거나 보잘것없는 보상을 제시하며 모든 것을 요구하는 이기심은 협상을 깨뜨릴 뿐이다. 협상이 타결되기를 원한다면 이기적인 욕망을 수정하고 상대가 수용할 만한 수준의 보상을 제시해야 한다.

애덤 스미스는 사회계약이 가능한 이유에 대해, 모든 사람이 가지고 있는 '자기애'와 '상대방의 자기애가 수용할 만한 것'이기 때문이라고 했다. 여기서 '자기애'가 상대방에게 수용되는 핵심적인 이유는 바로 '공감'이다. 공감(共感)은 남의 감정이나 의견, 주장 등에 대해 자기 역시 그렇다고 느끼는 것이다. 인간의 공감 능력은 선천적인 것이라고 한다. 우리가 다른 사람들과 관계를 맺고, 생각과 마음을 나눌 수 있는 것도 공감 능력 덕분이다. 때문에 애덤 스미스는 눈에 보이지 않는 사회계약이 가능하다고 본 것이다.

애덤 스미스의 공감에 대한 설명은 공자의 서(恕)와 비슷한 점이 있다.

자공이 공자에게 질문했다.

"선생님, 평생 실천할 만한 것이 딱 한 가지 있다면 그것이 무엇입니까?"

공자는 자공의 물음에 이렇게 대답했다.

"그것은 아마 서(恕)일 것이다. 자신이 바라지 않는 것을 남에게 행하지 마라[기소불욕 물시어인(己所不欲 勿施於人)].

– 《논어》〈위령공〉 편 중에서

애덤 스미스와 마찬가지로 공자 역시 '공감'이 사회적 유대의 기초라 생각했다. 하지만 인간에게는 공감 능력보다 더 근원적인 본능이 있다. 다른 사람보다 자신을 먼저 생각하는 '자기애'다. 이는 자신만 아는 이기적인 욕망과 다르다. 정확히 말하면 남에게 피해를 주지 않는 한도 내에서 자신의 이익을 추구하는 것이다. '자기 이익 추구'는 자유주의의 기본 가치이기도 하다.

애덤 스미스는 이익 추구야말로 인간의 본래 모습이라고 주장했다. 여기서 동양의 사상가 한비자를 떠올려보자. 한비자도 인간에게는 올바른 것보다 이익을 추구하는 본성이 있다고 주장했다.

> 뱀장어는 뱀과 같고 누에는 벌레와 같다. 사람은 뱀을 보면 놀라고, 여자들은 벌레를 보면 소름이 돋는다. 그러나 어부는 태연하게 손으로 뱀장어를 잡고 누에 치는 여인들은 아무렇지 않게 누에를 만진다. 이익이 되는 일이라면 누구나 용사가 되는 것이다.
>
> – 《한비자》〈설림(說林)〉편 중에서

애덤 스미스와 한비자의 공통된 주장은 자기 이익을 추구하려는 자기애가 인간의 본성을 바꿔놓은 것이 아니라, 자기애가 바로 인간의 본성이라는 것이다. 오늘날 우리는 이기심은 나쁜 것이고, 버려야 할 감정이라는 교육을 받는다. 물론 남에게 피해를 주는 이기심은 당연히 버려야 한다. 하지만 자신의 이익을 먼저 생각하는 이기심은 버린다고 버려지는 게 아니다. 모든 인간에게는 자신의 생명과 삶을 소중하게 여기고 보호할 권리와 의무가 있다. 이를 위해 남에게 피해를 주지 않는 한도 내에서 자신의 이익을 추구하고 지키는 건 당연한 일이다.

애덤 스미스와 공자, 한비자의 주장을 살펴보면 세 사람 모두 현대 심리학을 이미 이해하고 있었던 듯싶다. 현대 심리학은 사회현상의 출발점을 인간이 가진 자기애와 이기심이라는 본능에 두고 있다. 그런데 세 사람 모두 사회현상에 대해, 인간이 가진 본능과 욕망을 바탕으로 설명하고 있다. 고대와 근대라는 시대적 차이와 동양과 서양이라는 지역적 차이를 뛰어넘어 세 사람 모두 공통된 주장을 하고 있는 것이다.

지름신의 정체는 그 유명한 보이지 않은 손'이라는 거야

우리가 저녁식사를 할 수 있는 것은 정육업자, 양조업자, 제빵업자들의 자비심 때문이 아니라 그들이 자신의 이익 추구를 위해 노력한 덕분이다. 사람은 누구나 생산물의 가치가 극대화되는 방향으로 자신의 자원을 활용하려고 노력한다. 그들은 공익을 증진할 의도도 없었으며 또 자신의 노력으로 얼마만큼 공익을 증대시킬 수 있는지도 알지 못한다. 그는 단지 자신의 안전과 이익을 위하여 행동할 뿐이다. 그러나 이렇게 행동하는 가운데 '보이지 않는 손'의 인도를 받아 원래 의도하지 않았던 목표를 달성할 수 있게 된다. 이와 같이 사람들은 자신의 이익을 열심히 추구하는 가운데 사회나 국가 전체의 이익이 증대된다.

그 유명한 '보이지 않는 손'이란 표현이 《국부론》에 등장하고 있다. 애덤 스미스가 설명하는 내용의 핵심은 무엇일까? 바로 이기심이다. 애덤 스미스는 이기심이 모든 경제활동의 출발점이라고 생각했다. 열심히 물건을 만드는 사람이나, 땀 흘려 농사를 짓는 농부나, 거센 풍랑을 헤치며 바다에서 고기를 잡는 어부나, 괴로워도 슬퍼도 꾸역꾸역 회사로 출근하는 직장인의 공통된 목적은 무엇일까? 바로 돈을 버는 것이다. 그들이 열심히 일하는 이유는 돈을 벌기 위해서이다. 자기가 만든 물건, 자기 노력으로 생산한 쌀, 생선을 사주는 소비자들의 행복과 사회적 풍요를 위해 노력하는 게 아니다. 오직 자신이 가진 것을 소비자들에게 더 많이 팔아 더 많은 이익을 남겨 더 잘살기 위해서 노력하는 것이다. 이처럼 애덤 스미스는 자신의 이익을 추구하는 이기심이야말로 모든 경제행위의 출발점이라고 보았다.

자기 이익을 추구하는 이기심은 결국 "나는 산다, 고로 나는 존재한다"에 근거한다. 살기 위해서 사고, 살기 위해서 파는 것이다. 이 단순한 목적이 우리의 일상을 지배하고 있다. 우리가 열심히 일하는 것도 살기 위해서이다. 더 열심히 일하는 것은 더 잘살기 위해서이다. 애덤 스미스는 이 단순한 목적을 위해 열심히 일하는 수많은 사람들의 모습 속에서 '보이지 않는 손(invisible hand)'이라는 놀라운 발견을 해냈다.

애덤 스미스는 모든 사람들이 자기 이익을 위해 행동하면 '보이지 않는 손'에 의해 전체 경제활동이 조화를 이루게 된다고 주장했다. 이것이 바로 경제학의 기본인 수요와 공급 법칙이자, 시장 법칙인 것이다. 공급과 수요에 의해 상품의 가격이 결정되고, 역으로 상품 가격이 공급과 수요를 적절하게 조절하는 시스템을 '보이지 않는 손'이라고 표현하였다. '보이지 않는 손'이라는 시스템은 누가 만든 것이 아니다. 단지 애덤 스미스가 발견했을 뿐이다. 사회과학의 탄생에 기여한 프리드리히 하이에크(Friedrich Hayek)는 스미스의 '보이지 않는 손'이라는 은유적 표현을 '자발적 질서'라고 설명했다.

그런데 정작 애덤 스미스는 '보이지 않는 손'이라는 대단한 발견에 대해 별다른 의미를 두지 않은 것 같다. 한마디로 굉장히 고심해서 만든 말이 아니라 별 생각 없이 쓴 표현이라는 것이다. 그래서 이 말은《국부론》에서 단 세 번밖에 나오지 않는다. 또한 이 말에 뭔가 대단한 의미가 있는 것처럼 포장하거나 다른 의미로 확장시키려는 의도도 보이지 않는다. 사실 애덤 스미스가 '보이지 않는 손'이란 표현을 쓴 의도는 국가와 정부의 역할을 설명하기 위해서였다.

여러분은 선의로 마련한 법령과 규제가 경제에 도움을 주고 있다고 생각한다. 그러나 그렇지 않다. 자유방임하라. 간섭하지 말고 그대로 내버려두라. '이기심이라는 기름'이 '경제라는 기어(gear)'를 거의 기적에 가까울 정도로 잘 돌아가게 할 것이다. 계획을 필요로 하는 사람은 아무도 없다. 통치자의 다스림도 필요 없다. 시장은 모든 것을 해결할 것이다.

— 애덤 스미스의 《국부론》 중에서

애덤 스미스의 주장은 단순하지만 확고했다. 그는 '보이지 않는 손'인 공급과 수요의 법칙에 의해 가격은 결정될 것이며, 이후 가격 변동에 따라 공급과 수요 또한 적절하게 조정될 거라고 믿었다. 따라서 국가나 정부가 할 일은 어떠한 규제나 조정을 취하지 않고 그냥 시장에 맡겨두는 것이었다. 경제를 돌아가게 만드는 것은 국가나 정부의 의도나 규제가 아니라 시장이라는 것이 애덤 스미스의 확고한 생각이었다.

애덤 스미스가 시장의 기능에 대해 낙관적으로 생각한 이유는 두 가지이다. 하나는 당시 애덤 스미스가 살았던 시대는 자본주의 초창기로서, 독점이나 과점 같은 현상이 나타나지 않았기 때문이다. 상업이 발달하고, 자본과 물건이 풍부해지면서 사람들의 생활도 향상되었다. 일자리가 많이 생겼기 때문에 사람들은 열심히 일해 돈을 벌어 생활에 필요한 물건을 샀다. 산업자본은 물건을 판 이익금으로 더 많은 노동자들을 고용해서 더 많은 물건을 만들어 팔았다. 이로 인해 자본가는 더 많은 이익을 거둬들였고, 노동자, 즉 소비자들은 더 많은 임금을 받고 더 많은 물건을 소비했다. 경제가 원활하게 돌아가는 것을 지켜보면서 애덤 스미스는 모든 사람이 자신의 이기심을 실현시키기 위해 열심히 일하면 개인뿐만 아니라 경제와 사회 또한 발전하게 될 거라고 확신했다. 그리고 그것을 순리로 받아들였다.

애덤 스미스가 시장에 대한 낙관론을 적극적으로 펼친 이유는 경제를 좌지우지하려는 국가와 정부의 역할을 제한하려는 목적에서였다. 당시의 유럽 국가들은 국가적 차원에서 상업을 육성하려는 중상주의(重商主義) 정책을 펼치고 있었다. 그래서 국가 간의 무역에 높은 관세를 매겨 수입과 수출 품목을 제한하고, 특정 산업을 의도적으로 지원하려 했다. 사실 현대 국가에서는 국가와 정부가 이런 역할을 적절히 해줘야 하고, 실제로 그렇게 하고 있다. 그러나 당시 국가들은 경제에 대한 지식이 매우 저급했고, 경제적 문제에 대처하는 방법 또한 주먹구구식이었다. 자국의 산업을 보호한다는 미명하에 실시한 보호무역주의 정책에 따라 오히려 물건은 부족해졌고, 가격만 폭등되는 결과를 낳기도 했다. 이렇게 정부의 개입이 국가경제에 도움이 되기는커녕 오히려 해가 되는 측면이 많았다. 그래서 애덤 스미스는 차라리 국가는 아무것도 하지 말고 그냥 시장에 맡겨두면 시장의 법칙에 따라 경제가 발달하고 사회적 부가 증대될 거라고 주장했다. 국가가 시장에 개입해서 실패한 경험 때문에 과도할 정도로 '자유 방임주의', 혹은 '시장 만능주의'를 강조한 것이다.

하지만 오늘날에 애덤 스미스가 강조했던 자유 방임주의를 완전하게 실행하는 나라는 없다. 시장의 순기능은 존중하지만 반대로 역기능도 많기 때문이다. 오늘날 자본주의의 가장 큰 골칫덩어리는 수요와 공급 법칙의 영향을 받지 않는 거대 독과점 기업이다. 가격은 수요와 공급 법칙뿐만 아니라 공급자 간의 경쟁에 의해서도 결정된다. 그런데 독점과 과점은 경쟁의 무풍지대이다. 그들은 경쟁을 통해 가격을 조절하기보다 독점과 담합으로 가격을 결정해 버린다. 거대 독과점 기업이 더 많은 이익을 얻기 위해 시장질서를 왜곡하거나, 가격을 마음대로 올려도 소비자들은 저항할 길이 없다. 선택의 자유가 없기 때문이다. 전 세계 석유 에너지를 독점 공급하고 있는 몇몇 산유국과 석유회사가 석유 가격을 올렸다고 석유를 안 쓸 수는 없다. 전 세계 개인용 컴퓨터의 운용 프로그램을 독점 공급하는 마이크로소프트 사가 지금보다 가격을 두 배로 올려도 다른 것으로 대체하기 힘들다. 마이크로소프트 사의 독점적 영향력에 대항하기 위해 리눅스 같은 대안들이 나오기도 했지만 미미한 수준이다.

애덤 스미스의 주장대로 정부가 아무런 규제도 하지 않고 그냥 시장에 맡겨두면 저절로 이런 문제가 해결될 수 있을까? 해결은 커녕 독점기업은 더 많은 이익을 얻기 위해 더욱 덩치를 키워갈 것이다. 그리고 그 피해는 고스란히 사회 구성원들에게 돌아갈 것이다. 이런 문제를 해결하기 위해 각 나라에서는 공정거래법을 더욱 강화하며 시장에 대한 규제를 강화하고 있다. 이처럼 오늘의 현실은 생산자와 소비자가 '보이지 않는 손'에 의해 모두 이익을 얻는다는 애덤 스미스의 생각과 많은 차이가 있다. 물론 사회 구성원인 기업이나 소비자 모두가 자기 이익을 위해 경제활동을 한다는 말은 맞지만, 결과적으로 모든 사람들에게 이익이 되지는 않는다.

하지만 여전히 '보이지 않는 손'의 지배를 받고 있는 영역이 있다. 바로 대다수의 개인들이다. 직원을 뽑는 회사는 수요자이다. 회사에 취업하기 위해 지원하는 수많은 사람들은 공급자이다. 수요는 한정되어 있는데 공급이 많으면 자연히 공급자 간에 경쟁이 치열할 수밖에 없다. 그래서 수많은 개인은 자신의 경쟁력을 높이기 위해 좋은 학벌과 화려한 경력과 멋진 외모까지 갖추려 노력한다. 지금의 20대가 대한민국 건국 이래 최고의 스펙을 가진 세대라고 한다. 그런데도 취업이 힘들다고 난리이다. 이전 세대들보다는 더 많은 능력을 갖추었지만, 이제는 대다수 공급자들이 가진 평균치에 지나지 않기 때문이다. 스스로 최상의 스펙을 쌓았다고 생각할지라도 공급자 간의 경쟁에서 이길 수 있는 경쟁력 있는 조건을 갖추기란 쉽지 않다. 경쟁에서 이기기 위해, 잘살기 위해 얼마나 더 노력하고 스스로를 채찍질해야 할지 난감하고 피로한 세대가 요즘 20대이다. 이제는 인간이 자신을 노예처럼 과잉노동으로 몰고 가는 자기 착취의 시대가 되어버렸다. 이런 현상을 두고 한병철 교수는 '피로사회'라는 표현을 썼다. 우리는 피로사회에서 피로한 일상을 꾸역꾸역 살아가고 있는 피로한 인생인 셈이다.

지름신이 지구에 처음 강림한 것은 18세기 말쯤이야

애덤 스미스는 1723년 스코틀랜드의 작은 마을에서 태어났다. 마을 주민의 수가 1,500명밖에 안 되는 곳이었다고 한다. 그의 아버지는 세관에서 일했는데 그가 태어나기 전에 죽었다. 애덤 스미스는 어렸을 때 몹시 병약하였다. 어머니 마가렛 스미스는 잔병치레가 잦은 허약한 아들을 정성껏 돌보았다. 그래서 사람들은 마가렛 스미스가 병약한 아들에게 지나치게 관대하고 애정이 넘치는 엄마라고 평가했다. 아들에 대한 극진한 사랑과 홀어머니에 대한 효심은 마가렛이 에든버러에 있는 아들의 집에서 세상을 떠났던 1784년까지 계속되었다. 스미스는 어머니의 사랑에 대해 《도덕 감정론》에서 이렇게 썼다.

병 때문에 고통스러워하는 아이의 신음을 들으면서 어머니는 얼마나 괴로웠을까? 어머니는 자식의 고통을 덜어주기 위해 아무 것도 할 수 없는 자신에 대한 무력감 때문에 더욱 괴로웠을 것이다. 그리고 병 때문에 불행한 일이 일어날지도 모른다는 공포가 어머니를 더욱 고통스럽게 했을 것이다. 하지만 그때 아이가 느낀 것은 극심한 고통이 아니라 단순한 불편함이었다.

홀어머니에 대한 효심은 지극했지만 애덤 스미스는 어머니의 과잉보호가 불편하기도 했다. 그래서 그는 14살 때 집을 떠나 글래스고로 유학을 갔다. 항구도시인 글래스고는 스코틀랜드의 중심 도시라 할 정도로 산업이 발달하고 활기찬 도시였다. 그가 입학한 글래스고대학 역시 도시 분위기만큼이나 활기에 넘쳤다.

글래스고대학을 졸업한 애덤 스미스는 옥스퍼드의 베리올 칼리지에 장학생으로 입학했다. 옥스퍼드대학은 40여 개의 단과대학(칼리지)이 모여 있는 큰 대학으로, 학생들은 칼리지에서 기숙사 생활을 했다. 그곳에서 애덤 스미스는 18세기 산업혁명이 시작되는 영국에서 일어나고 있는 상업의 부활과 국가의 중상주의 정책에 대해 역사, 정치, 경제, 법학과 윤리 등 다양한 시각에서 분석하고 연구했다.

애덤 스미스가 살았던 18세기 말은 산업혁명이 막 도래한 시기였다. 당시 영국의 경제상황을 살펴보면, 도시에서는 장사로 부자가 된 상인들이 늘어나면서 상업자본이 형성되고 있었다. 상업자본은 공장을 짓고 농촌에서 터전을 잃고 도시로 올라온 노동자들을 고용하여 제품을 만드는 산업자본으로 전환해 가고 있었다. 이전 시대에는 기술이 있는 사람은 자기 혼자 물건을 다 만들었다. 그리고 물건을 직접 팔았다. 이렇게 자기 혼자 모든 일을 처리하기 때문에 아무리 기술력이 좋아도 많은 물건을 만들 수 없었다. 그런데 노동자를 고용해서 업무를 분담시켜 일을 시키면 물건을 대량으로 만들 수 있다. 이것이 바로 매뉴팩처이다.

매뉴팩처의 특징은 노동의 분업화이다. 이로 인해 여러 사람이 함께 물건을 만들 때 일을 분담하였다. 애덤 스미스는《국부론》에서 분업에 대한 예로 핀 공장을 들었다. 핀을 만드는 공정을 한 사람이 처음부터 끝까지 다 할 경우 하루에 20개밖에 못 만들었다. 그런데 전체 공정을 18가지 공정으로 나누어서 작업하자 놀라운 변화가 일어났다. 쇠를 길게 늘이는 일, 이것을 일정한 길이로 자르는 일, 끝을 둥글게 구부리는 일 등 18가지 공정으로 나눈 후, 각자 자신이 맡은 공정만 작업하게 했더니 하루에 무려 4,800개의 핀을 생산하게 되었다. 분업으로 생산량이 240배나 증대되는 놀라운 일이 벌어진 것이다.

이렇게 생산량이 늘어나면 어떤 일이 벌어질까? 바로 교환이 활발해진다. 과거에는 사람들이 생활에 필요한 것을 스스로 만들어서 사용하였다. 그리고 필요한 양보다 더 많이 생산했을 경우

남은 것을 다른 사람들과 교환했다. 물건의 양이 적었기 때문이다. 따라서 교환되는 물건의 양도 적고, 시장 자체도 작았다. 하지만 분업으로 생산량이 대폭 늘어나면서 시장에 다양한 종류의 물건들이 대량으로 넘쳐났다. 이제는 개인이 군이 힘들게 만들 필요 없이 시장에서 사서 쓰면 된다. 비로소 "나는 산다, 고로 나는 존재한다"는 소비의 시대가 열린 것이다.

분업은 개인뿐 아니라 나라와 나라 사이에서도 이루어졌다. 예를 들어, A라는 나라에서는 철이 많이 생산되고, B라는 나라에서는 유리제품이 많이 생산되고, C라는 나라에서는 섬유제품이 많이 생산된다고 하자. 과거에는 자기 나라에서 많이 생산되는 것은 가격이 싸고, 적게 생산되는 것은 희귀하기 때문에 가격이 매우 비쌌다. 그런데 각 나라가 자기 나라에서 많이 생산되는 물건을 더욱 많이 생산하여, 다른 나라에서는 많이 생산되지만 자기 나라에서는 부족한 것을 교환하는 방식을 취하기 시작했다. 예를 들어, A라는 나라는 주요 생산품인 철을 B라는 나라의 유리제품이나 C라는 나라의 섬유제품과 교환함으로써 물량을 조절하는 것이다. 이것이 바로 국가 간의 무역이다. 이처럼 분업과 교환은 떼려야 뗄 수 없는 관계이다. 이런 점 때문에 애덤 스미스는 보호무역주의를 철폐하고 자유무역을 해야 한다고 주장했다.

그런데 애덤 스미스는 대량생산의 시대를 직접 보고 경험하지 못했다. 그가 살았던 당시의 기술력으로는 대량생산은 불가능했다. 물건을 대량으로 생산하기 위해서는 커다란 기계가 돌아가는 공장이 있어야 한다. 그러기 위해서는 대형 기계가 있어야 하고, 기계를 움직일 모터와 엔진이 있어야 한다. 또한 모터와 엔진을 돌릴 거대한 에너지 장치도 있어야 한다. 이 모든 것이 가능해진 시기는 왓슨이 증기기관을 발명하고 난 후였다. 천을 짜는 방적기와 기계를 깎는 자동 선반 등이 발명되면서 산업혁명이 본격적으로 시작되었다.

자본주의의 기초인 대량생산을 직접 경험하지 않고도 자본주의를 예견했을 정도로 애덤 스미스의 통찰력은 뛰어났다. 그는 사회적 현상을 하나의 학문적 시각이 아닌 다양한 시각에서 통찰할 정도로 뛰어난 학문의 천재였다. 이러한 천재성은 1751년부터 1764년까지 글래스고대학에서 종교, 윤리학, 도덕 감정론, 법학, 정치경제학 등 광범위한 학문을 연구하고 강의하는 데 유감없이 발휘되었다. 그는 스코틀랜드라는 변방의 학자가 아니라 주류 학계의 독보적인 존재로 주목받기 시작했다.

1759년, 애덤 스미스는 자신의 명성을 유럽에 알리게 된《도덕 감정론 Theory of oral Sentiments》이란 명저를 출판했다. 이 책에서는 사람의 행동이 타당한가 타당하지 않은가를 결정하는 기준과 근거를 다루고 있다. 대부분의 사람들은 오직 법이 타당성의 유일한 기준이라고 생각했다. 법을 위반하는 행동은 타당하지 않고, 법을 지키는 행동은 타당하다는 것이다. 이에 반해 스미스는 다른 사람이 '공감'할 수 있는 행동이 타당성 있는 행동이라고 주장했다. 그의 책 제목대로 인간은 '도덕 감정'이 있기 때문에 자신의 양심으로 옳고 그름을 판단할 수 있다는 것이다.

1764년에 스미스는 버클루 공작의 개인교사 자격으로 프랑스 여행에 동행했다. 당시에는 귀족이나 부유한 집안에서 유명한 학자들을 가정교사로 두는 게 일반적인 현상이었다. 이때 스미스는 프랑스에서 여러 학자들을 만나 교류하게 된다. 그중에는 철학자 볼테르와 중농주의(重農主義)자인 케네도 있었다. 케네에게 큰 영향을 받은 스미스는 이후 고향 마을로 돌아와 연구를 하고 책을 쓰는 일에만 몰두했다.

애덤 스미스는
세계 여행가들을 통해
마침내 《국부론》을 완성했어

프랑스 여행에서 자극을 받은 애덤 스미스는 1764년부터 순전히 개인적이고 학문적인 차원에서 경제에 대한 글을 쓰기 시작했다. 그리고 12년 후인 1776년에 그의 대표작이자 경제학을 체계적으로 다루고 있는 최초의 책인 《국부론》을 발표했다. 원래 제목은 '국부의 성격과 원인에 대한 연구An Inquiry into the Nature and Causes of the Wealth of Nations'인데, 줄여서 '국부론'이라고 부른다. 스미스는 이 책에서 경제학의 이론과 역사, 정책을 체계적으로 정리했고, '근대 경제학의 아버지'라는 호칭을 얻게 되었다.

《국부론》에서 스미스는 당시 영국의 경제정책을 비판하며 보호 무역주의를 폐지하고 자유무역 정책을 실시해야 한다고 주장했다. 보호주의는 자기 나라의 산업을 보호하기 위해서 수출은 장려하고 수입은 막는 것이다. 그래서 수입 장벽을 높이기 위해 외국에서 들어오는 물건에는 높은 세금을 부과했다. 스미스는 《국부론》을 통해 국가의 보호무역 정책에 대해 강도 높게 비판하였다. 그는 자유무역을 해야 하는 이유에 대해 '이기심이라는 기름이 경제라는 기어(gear)를 거의 기적에 가까울 정도로 잘 돌아가게 할 것'이라고 설명했다.

그리고 자신의 주장을 뒷받침하는 근거로 역사에 대한 가장 완벽한 구조인 '인류의 시대(Ages of Mankind)'에 대해 설명했다. 그는 인류사의 변천을 사냥꾼(Hunters), 목동(Shepherds), 농업(Agriculture), 상업(Commerce) 네 시대로 구분하고, '인류는 순서대로 이 상태(단계가 아니라)를 거친다'고 주장했다.《국부론》1, 2권은 인간의 가장 미개한 시대인 '사냥꾼'을 시작으로 분업을 토대로 한 '상업시대'에 이르기까지의 역사적 배경을 추적하고 있다.

서유럽은 로마가 몰락하기 전인 5세기까지 지중해를 중심으로 발달된 상업도시로서의 면모를 유지하고 있었다. 하지만 로마가 멸망하고 상업도시들이 몰락한 이후 오랜 세월 농업과 목축으로 생존해 왔다. 그러다 15세기에 이르러서야 서유럽에서 무역과 상업이 다시 활발해졌다. 애덤 스미스는 서유럽이 '잃어버린' 무역의 전성기를 회복하고 있다고 확신하며 1,000년이라는 시간이 지난 후에야 상업이 부활하게 된 이유에 대해 의문을 품었다. 그는 역사적 배경을 근거로 상업시대의 부활에 대한 연구와 고찰을 《국부론》의 3, 4권에 담았다.

《국부론》의 마지막 5권에서 애덤 스미스는 국가의 역할을 주제로 삼았다. 그는 국가의 부를 늘리기 위해서는 우선 자본을 많이 모아야 한다고 주장했다. 자본의 규모가 크면 클수록 생산성이 높아진다고 생각한 것이다. 그래서 근검절약과 저축을 강조했다.

정부 역시 공무원 수를 필요 이상으로 늘리거나 쓸데없이 전쟁을 일으켜서 불필요한 돈을 낭비해서는 안 된다고 강조했다. 애덤 스미스는 국가와 정부의 역할을 교육과 보건, 인프라스트럭처, 종교기관, 그리고 성장과 빈곤퇴치를 위한 과세제도와 공공사업 투자 같은 사회질서 유지에 한정시켰다. 이외에도 국방과 사법, 공익사업, 공적 기관과 주권자의 존엄성에 대해 국가가 어느 선까지, 어떤 방식으로 개입해야 하는지 상세하게 서술했다.

그런데 애덤 스미스는 책만 파고들며 그 속에서 통찰의 근거를 찾는 고지식한 학자가 아니었다. 그는 현장을 체험하면서, 현장의 소리를 귀담아들을 줄 아는 진보적인 학자였다. 당시 식민지 개척과 신대륙 발견으로 사람들의 활동범위가 유럽 대륙에서 새로운 땅으로 확장되고 있었다. 그는 아메리카나 아프리카, 태평양, 아시아를 탐험하고 돌아온 여행가들을 자주 만나 그 지역의 소식을 들으려 애썼다. 그리고 여행가들의 보고서를 통해 아메리카의 사냥이라는 생존양식과 관습을 연구하면서 그들의 모습이 유럽의 1,000년 전 모습과 비슷하다는 사실을 알아냈다.

애덤 스미스에게 미지의 땅과 사람들에 대한 궁금증은 단순한 지적 호기심이 아니었다. 같은 시대에 다른 대륙에서 사는 사람들의 모습은 현재의 유럽과 인류의 발전을 반추해 볼 수 있는 좋은 단서였기 때문이다. 그래서 애덤 스미스는 미지의 땅에 대한 정확한 정보를 얻기 위해 많은 여행가들을 만나고 다양한 경로로 최신 소식을 들으려고 했다. 그런 점에서 애덤 스미스는 여행의 의미를 제대로 아는 지식 탐험가이자, 일상생활 속에서 행해지는 사람들의 행동을 보고 과거와 미래를 읽을 줄 아는 학자였다. 학문의 천재라는 수식어에 걸맞게 애덤 스미스는 결혼도 하지 않고 오직 학문 연구에 평생을 바쳤다. 그리고 1790년 7월 17일 에든버러의 자택 팬뮤어하우스에서 세상을 떠났다.

지름신은 애덤 스미스가 생각했던 것보다 더 힘이 셌어

시장이란 수요와 공급 법칙에 따라 필요한 재화가 사고 팔리는 곳이다. 자본주의 경제는 시장에서 거래되는 모든 재화들을 상품이라고 한다. 그러므로 시장이란 마을의 재래시장을 포함하여 상품 거래가 이루어지는 모든 곳을 말한다. 증권시장, 교육시장, 인력시장, 정보시장, 부동산시장, 관광시장, 에너지시장 등 거래되는 상품에 따라 다양한 시장이 존재한다. 인간 또한 시장 속에서는 가격이 매겨지는 상품이다. 이러한 점에서 모든 것을 보이지 않는 손이 작동하는 시장에 맡겨야 한다는 애덤 스미스의 주장은 여전히 유효한 측면이 있다. 하지만 20세기 이후 그가 전혀 예상하지 못했던 1·2차 세계대전이 발발하고, 대공황이 발생함에 따라 그의 주장은 설득력을 잃게 되었다. 이 엄청난 사건이 일어난 이유는 바로 시장 기능의 실패 때문이었다. 시장의 순기능에 대한 애덤 스미스의 낙관이 어린아이의 순진한 믿음으로 전락한 것이다.

1998년 우리나라가 겪었던 IMF 사태나 2008년도 세계 금융위기 상황 또한 시장 기능의 실패를 의미한다. 그리고 최근 하우스 푸어를 만든 부동산시장의 실패나, 에듀푸어와 반값 등록금 문제를 만든 교육시장의 실패도 있다. 실업률 문제와 88만 원 세대, 그리고 골목상권 문제와 과잉 교육열 문제도 모두 시장의 역기능이 초래하였다. 애덤 스미스의 생각처럼 시장은 만능 해결사가 아니었던 것이다.

이러한 상황에서 애덤 스미스의 보이지 않는 손이 문제를 해결해 주기를 기다릴 수는 없다. 바보가 아니라면 '눈에 보이는 손'이 필요하다는 것을 알 수 있을 것이다. 눈에 보이는 손이란 바로 국가, 즉 정부이다. 보이지 않는 손에 맡길 것이 아니라, 국가가 시장에 개입해야 한다는 주장을 처음으로 한 사람이 수정 자본주의자인 케인스(John Maynard Keynes)이다. 그는 애덤 스미스가 주장한 자유 방임주의에 반대하는 대표적인 경제학자이다.

케인스는 1883년 영국에서 태어나 케임브리지대학에서 공부했다. 1936년에 출간된 《고용·이자 및 화폐의 일반이론 The

General Theory of Employment, Interest and Money》이란 책에서 케인스는 근검절약이 지나치면 오히려 경제가 파탄에 빠질 수 있다고 주장했다. 소비자들이 너무 절약해서 물건을 안 사면 생산자들은 망할 수밖에 없다는 것이다. 오히려 소비가 많아지면 그만큼 공장에서는 물건을 많이 만들게 되므로 경제가 원활하게 돌아갈 수 있다고 주장했다. 그런데 소비가 많아지기 위해서는 어떻게 해야 할까? 우선 소비자들이 쓸 돈이 많아져야 한다. 그러기 위해서는 많은 일자리가 필요하고, 소비를 할 만한 적정한 임금이 보장되어야 한다. 그렇게 되면 경제가 원활하게 돌아가면서 성장하게 된다는 게 케인스의 주장이다.

근검절약과 저축을 강조한 애덤 스미스와는 정반대로 케인스는 소비야말로 경제를 성장시키는 원동력이므로 소비를 적극 장려해야 한다고 말했다. 그리하여 자본주의 소비사회의 캐치프레이즈인 "나는 산다, 고로 나는 존재한다"라는 말이 케인스에 의해 전면에 등장하였다. 사실 케인스는 애덤 스미스처럼 사회 구성원 개개인의 일상적인 심리에는 별로 관심이 없었다. 인간의 심리까지 탐구한 애덤 스미스와 달리 케인스는 구조적 관점에서 경제 전체를 넓게 다루는 거시경제에만 집중했다. 이런 점에서 인간의 일상적 심리를 탐구한 것은 애덤 스미스의 공(功)이지만, 시장의 실패를 예측하지 못한 점은 과(過)라고 할 수 있을 것이다.

거시경제학자인 케인스는 시장의 실패를 극복할 수 있는 방법에 대해 다음과 같이 말했다.

고용(일자리)을 충분히 확보하기 위해서는 투자를 늘려야 한다. 투자의 증가는 소득의 증가를 가져오고, 소득이 늘어나면 소비재의 수요의 증대를 가져와서 그것이 한층 더 고용과 소득을 증가시킨다. 따라서 민간투자가 활발하면 소비재의 수요도 한층 증대하며 그것이 한층 더 고용과 소득을 증가시킨다. 따라서 민간투자가 활발하지 않은 불황에는 공공사업에 대한 정부의 투자가 국민소득을 현저히 증가시킨다.

— 케인스의 《고용·이자 및 화폐의 일반이론》 중에서

케인스가 이런 주장을 한 이유는 애덤 스미스의 생각과 달리 현실에서는 수요와 공급 법칙이라는 보이지 않는 손이 제대로 작동하지 않았기 때문이다. 그래서 애덤 스미스의 보이지 않는 손 대신에 케인스는 정부의 '보이는 손'을 필요로 했다. 이것이 이른바 '수정 자본주의' 이론이다. 이처럼 국가의 역할에 대해서도 애덤 스미스와 케인스는 정반대의 주장을 했다. 애덤 스미스는 국가가 경제에 간섭하지 말아야 한다고 주장했지만, 케인스는 국가가 경제에 적극 관여해야 한다고 주장한 것이다.

케인스는 경제성장과 안정을 위해서는 소비를 늘려야 하므로 국가가 경제에 적극 개입해서 소비자들에게 소비할 능력을 갖추도록 만들어주는 게 중요하다고 생각했다. 이를 위해 케인스는 복지정책 강화를 주장했다. 또한 노동자와 기업의 관계에서 노동자의 권리를 보장해 주고, 생산자 간의 지나친 과열경쟁을 규제할 것을 요구했다. 또한 불경기에는 경기회복을 위해 국가가 앞장서서 대규모 공사를 벌여야 한다고 주장했는데, 대표적인 사례가 바로 미국의 뉴딜 정책이다. 뉴딜 정책은 케인스의 건의에 따라 채택된 경기회복 정책으로, 오늘날까지도 경기회복 정책의 모델이 되고 있다. 뉴딜 정책의 성공사례를 본 세계 여러 나라는 제2차 세계대전 이후 케인스의 주장에 따라 정부가 경제 전반에 적극적으로 개입하기 시작했다.

그렇다면 시장의 실패를 예측하지 못한 애덤 스미스가 주장한 자유방임주의는 폐기되어 버렸을까? 오늘날에 애덤 스미스의 자유(방임)주의는 현재 상황에 맞게 재적용되어 '신자유주의'라는 이름으로 재탄생했다. 신자유주의자들은 자원 배분에서 시장이 갖고 있는 순기능을 정부의 시장 개입이 왜곡시켜 버렸다고 주장하고 있다. 그들은 여전히 시장의 자율성을 최대한 보장하기 위해 정부가 시장에 개입하는 것을 최소화할 것을 요구하고 있다. 그렇다면 실패한 것으로 증명된 애덤 스미스의 주장을 왜 신자유주의자들이 주목하고 있는 것일까? 그들은 아직도 '보이지 않는 손'이 시장을 지배하여 순기능을 이끌어낼 것이라고 믿는 것일까? 사실 이들의 주장은 거대 독과점 기업이나 거대 금융자본을 위한 변명에 불과하다. 거대 기업이 가장 꺼려하는 게 정부의 개입과 제재이다. 기업 하기 좋은 환경을 위해 각종 규제 철폐를 요구하는 것도 실은 정부의 개입과 제재를 받지 않기 위해서이다. 그래야 마음 놓고 독점과 과점의 혜택을 누릴 수 있고, 자본의 막대한 힘을 발휘할 수 있기 때문이다.

지름신을 길들일 수 있다는 자신감이 필요해

위에서 언급한 이런 문제들 때문에 애덤 스미스가 활동했던 18세기의 이론을 21세기에 적용하기는 힘들다. 하지만 애덤 스미스가 제기한 문제의식만큼은 여전히 유효하다. 애덤 스미스의 경제학에는 오늘날 우리의 현실을 분석하는 데 중요한 전제들이 포함되어 있다. 그것은 자유주의적 가치관이며, 보이지 않는 손이라는 시장질서 체계이다.

애덤 스미스 이전의 시장이 물물교환 중심의 시장이었다면, 애덤 스미스는 상품을 중심으로 한 시장의 특징을 처음으로 설명했다. 과거의 시장이 쓰고 남은 물건을 다른 사람의 물건과 교환하기 위한 장소였다면, 근대 이후의 시장은 단순히 물건이 교환되는 장소의 의미를 넘어 모든 인간의 삶을 하나로 잇고 있다. 사실 오늘날 모든 인간의 복잡한 삶은 시장을 통해 하나로 이어진다. 시장을 통해야만 필요한 것을 구하고, 또 필요한 것을 구할 수단(화폐)을 얻을 수 있다. 이는 인간 개개인 또한 시장에서 거래되는 하나의 상품으로 취급된다는 뜻이기도 하다. 우리가 열심히 공부해야 하는 이유는 자신을 가치 높은 상품, 경쟁력 있는 상품으로 만들기 위해서가 아니다. 그럼에도 불구하고, 현실은 이것을 가장 중요하게 여긴다.

자본주의 시대를 사는 사람들은 더 많은 자본(돈, 이익)을 얻기 위해 자신의 이기심을 최대로 발휘한다. 이것이 나쁜 것만은 아니다. 하지만 애덤 스미스가 개인의 '이기심'과 함께, 다른 사람을 생각하는 '공감'을 강조한 이유를 잊지 말아야 한다. 자신만 생각하고 혼자만 잘살면 될 것 같지만, 사실은 그렇지 않다. 나의 이기심 발휘는 다른 사람이 있기 때문에 가능하다. 그러므로 우리는 다른 사람의 이기심도 인정하고 배려해 줘야 한다. 애덤 스미스는 다른 사람, 특히 경제적 약자를 보호해야 할 이유를 잘 알고 있었다.

하류계층 사람들의 환경이 개선되면 이것을 사회에 유리하다고 생각할 것인가 불편하다고 생각할 것인가? 해답은 더할 나위 없이 명백하다. 거대한 정치적 사회라면 다양한 종류의 노동자와 하인, 직공이 인구의 대다수를 차지한다. 대다수 구성원의 상황을 개선하는 일이 결코 전체에게 불편한 일로 생각될 수 없다. 구성원의 압도적 다수가 가난하고 비참한 사회가 번영하고 행복할 리는 만무하다. 뿐만 아니라 온 국민의 의식주를 제공하는 노동자들이 자신의 노동으로 자신의 의식주를 해결하는 데 필요한 적당한 몫을 차지하는 것은 당연한 일이다.

- 애덤 스미스의 《국부론》 중에서

자본주의 시대에서 소비의 중단은 곧 죽음을 의미한다. 사람들은 돈이 부족해서 가난에 시달리고, 생필품을 살 돈이 없어서 죽음에 직면하기도 한다. 그런데 반대로 돈이 있어도 살 수 있는 물건이 없다면 어떻게 되겠는가. 우리들은 돈을 가지고 누군가가 열심히 일해서 생산된 물건들을 구입하여 생활을 유지하고 있다. 즉 자본주의는 물건을 구입할 돈과 돈으로 구입할 물건이 함께 공존해야 유지된다. 그래서 돈과 물건이 넘쳐난다. 그런데 그 물건을 생산해 내는 대다수의 노동자들은 자신이 노동한 만큼의 적정한 임금을 받고 있는지 의문이 든다. 그렇다면 적정한 임금 수준은 어느 정도일까?

애덤 스미스의 말처럼 '노동자들이 자신의 노동으로 자신의 의식주를 해결하는 데 필요한 적당한 몫'이 적정한 임금의 수준일 것이다. 즉 노동자들이 자신의 임금으로 생활에 필요한 물건을 구입하고 안정적으로 삶을 유지해 나갈 수 있는 정도의 돈을 의미한다. 그들 역시 물건을 구입하지 못하면 살지 못하는 소비자이기 때문이다. 큰 이익을 남기거나 부자가 될 수 있는 많은 돈을 요구하는 게 아니다. 안정적으로 생활할 수 있는 만큼의 돈을 자신이 일한 만큼의 대가로 요구하는 것이다.

만약 노동자들이 받는 임금이 생활을 유지할 수 없을 정도라면 어떻게 될까? 이는 소비자의 대다수를 차지하고 있는 노동자들의 소비 여력이 줄어든다는 것을 의미한다. 소비의 위축은 곧 경제 위축으로 이어질 것이다. 그렇게 되면 경제 전반이 침체국면으로 접어들고 만다. 우리는 먹이사슬과 같은 경제 공동체 안에서 살고 있기 때문에 불안한 경제적 요소는 결국 내 직장과 내 수입에도 영향을 미칠 수밖에 없다. 애덤 스미스가 타인에 대한 배려와 약자에 대한 보호를 주장한 것은 도덕심을 자극하기 위한 것이 아니다. 내가 잘살기 위해선 다른 사람도 잘살아야 하는 자본주의의 원리를 파악했기 때문이다.

6

칸트를
탐험하며
어려운 사상에
돌직구를 던져봐

칸트 편 고전의 이름은 《실천이성비판》

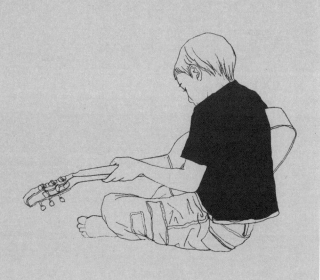

칸트에 대한 일화 중 가장 유명한 것이 시계처럼 정확한
생활습관이다. 얼마나 규칙적으로 생활했으면 동네사람들이 오후
5시에 그가 산책하는 모습을 보고 집 안의 시계를
맞추었다고 한다.
산책 시간뿐만 아니라 칸트는 매사를 계획을 세워놓고,
시간에 따라 철저하게 실행하는 사람이었다.
오후 5시에는 혼자 동네를 산책했다.
칸트가 산책하던 길은 '철학자의 길'이란 이름이 붙여졌고, 유명한
관광 명소로 변모하였다.
보통 사람은 기분 전환이나 건강을 위해 산책을 하지만
칸트에게는 공부의 연장이었던 것 같다.
이처럼 칸트는 평생 동안 철학을 인생의 동반자로 여기며,
시계처럼 정확하고 규칙적으로 살았다.

칸트는 고전 탐험의
에베레스트야

"사람은 즐거움을 누리기 때문에 행복한 것이 아니라, 행복하기 때문에 즐거움을 누리는 것이다."

이 말은 "우리는 행복하기 때문에 웃는 것이 아니라 웃기 때문에 행복하다"라는 윌리엄 제임스의 명언을 떠올리게 한다. 말장난 같지만, 이는 현대 심리학에서 주장하는 내용이다. 쉽게 말해, 불쾌한 일이 생겨서 기분이 나빠진 게 아니라 기분이 안 좋은 상태이기 때문에 별일 아닌 일에 불쾌감을 느낀다는 말이다. 이것은 객체(외부)와 주체(나)의 관계에서 객체를 중심으로 주체가 반응할 것인가, 아니면 주체를 중심으로 객체를 평가할 것인가를 가르는 잣대이다.

이는 태양이 지구 둘레를 도는 것이 아니라, 지구가 태양 둘레를 돈다는 것을 발견한 코페르니쿠스의 주장과 일맥상통하는 점이 있다. 태양과 지구의 위상이 뒤바뀌듯 세상이 뒤집히는 사건을 '코페르니쿠스적 전환'이라고 말한다. 코페르니쿠스가 천동설에서 지동설로 세상을 뒤집는 전환을 했다면, 인식 주관과 객관 대상의 우선순위를 뒤집어 대전환을 가져온 사람은 독일의 철학자 칸트이다. 그래서 칸트는 자신의 발견을 코페르니쿠스적 전환이라고 불렀다.

사실 근대철학의 완성자로 알려진 임마누엘 칸트(Immanuel Kant)의 사상에 대해 제대로 이해하기란 무척 어렵고 힘들다. 제대로 설명하기도 힘들고, 책을 봐도 이해가 잘 안 된다. 어렵더라도 우리가 칸트를 알아야 하는 이유는 그가 인간의 통찰로 도달할 수 있는 최고이자 최대의 철학을 완성했기 때문이다. 칸트는 소크라테스부터 내려오는 서양철학의 종결자라 해도 무방하다. 칸트 이후의 철학은 인간과 세계에 대해 전체적으로 통찰에서 더이상 앞으로 나아가지 못하고 있다. 게다가 칸트의 철학은 노자로부터 내려오는 동양철학의 결론과도 연결되어 있다. 그렇기 때문에 칸트 이후로는 동양과 서양의 사상적 통합은 시도되지 못하고 있다.

수많은 학자들이 칸트의 사상을 연구했지만 아직도 완전히 파악되지 못했다. 오늘날 거의 모든 사람들에게 칸트는 안갯속에 가려 보이지 않는 산 같은 존재이다. 이러한 칸트는 고전 탐험의 에베레스트, 즉 최고봉이라 할 수 있다.

칸트는 최초의
직업 철학자였어

　18세기 이전, 칸트가 살았던 유럽에서는 여러 방면에서 큰 발전과 변화가 일어났다. 제일 큰 발전은 과학의 영역에서 이루어진다. 대표적인 예가 지구가 우주의 중심이 아니라는 지동설의 발견이다. 과학의 발전은 여러 가지로 중요한 의미를 갖는다. 우선 인간의 능력으로 자연을 이해할 수 있다는 자신감을 얻게 되었다. 이것은 곧 인간의 '이성'에 대한 자신감이라 볼 수 있다. 과학의 발전으로 현실 문제들을 신의 도움 없이 인간의 이성으로 풀어나갈 수 있다는 자신감이 생긴 것이다.

　이러한 과학 분야에서의 자신감은 철학에도 영향을 주었다. 중세에 이르기까지 학문은 고대 그리스의 철학과 성경 중심의 신학이 전부였다. 이것을 비판하거나 의심하는 일은 감히 엄두도 못 냈다. 그런데 과학을 통해 새로운 사실들이 발견되자 사람들은 기존의 철학에 의문을 품기 시작했다. 이러한 움직임 속에서 나타난 것이 바로 근대 계몽주의이다. 계몽은 영어로 하면 'enlighten', 즉 불을 밝히는 일이다. 어둠과 같은 무지 속에 갇혀 있던 인간의 의식과 지성에 환하게 불을 밝혀주는 것이 계몽이다. 계몽주의 철학자 칸트는 '인간이 스스로 미숙함에서 탈피하는 것'을 계몽이라고 했다.

칸트는 1724년 4월 22일 동프로이센의 쾨니히스베르크라는 작은 마을에서 태어났다. 프로이센(Preussen)을 프러시아라고도 부르는데, 이름처럼 프랑스와 러시아 사이에 있는 나라였기 때문이다. 당시 프로이센이 속한 지역에는 수백 개의 작은 나라들이 자리 잡고 있었는데, 그중 프로이센이 가장 강대하였다. 칸트 사후인 1871년에는 프로이센을 중심으로 25개 국가가 연합하여 독일이라는 국가가 건설되었다. 일반적으로 칸트를 독일의 철학자라 칭하지만, 엄밀히 말해 프로이센 출신이다.

칸트의 집은 아주 가난했고, 형제들도 많았다고 한다. 너무 가난하여 옷이 낡아 수선이라도 하려면 갈아입을 옷이 없어 다른 형제가 대신 가야 할 정도였다. 이렇게 가난한 데다 열두 형제 중 넷째였던 칸트는 학교에 갈 수가 없었다고 한다. 하지만 보석은 어디서나 빛을 발하는 법. 그는 자신의 명석한 두뇌와 재능을 알아본 동네 목사의 도움으로 학교에 들어갈 수 있었다. 1740년, 16살이 되었을 때 칸트는 쾨니히스베르크대학에 입학했다.

대학에서 신학을 배웠지만 칸트가 좋아하는 과목은 수학과 물리학, 철학이었다. 1746년에는 학비를 벌기 위해 학교를 쉬어야 했다. 그리고 나서 가정교사 생활을 무려 9년 동안 계속하였다. 1755년에 이르러서야 간신히 대학으로 돌아온 칸트는 석사학위와 박사학위를 받은 후 쾨니히스베르크대학에서 강사 생활을 시작했다. 강사라고 하지만 대학으로부터 정해진 월급을 받지는 못했다. 당시에는 월급 대신 학생들에게 수업료를 받아 생활하는 사람을 '사강사'라 불렀다. 칸트 역시 사강사였기 때문에 돈을 벌려면 강의를 많이 하는 수밖에 없었다. 칸트는 이때 철학뿐 아니라 수학, 물리학, 지리학 등 다양한 과목들을 강의했다.

당시의 철학자들은 생활적인 면에서 크게 두 부류로 나뉘었다. 첫 번째 부류는 집안에 돈이 많아 취미로 철학을 하는 사람들이다. 또 한 부류는 다른 일을 하면서 철학을 연구하는 정치가들이나 공무원들이 주를 이루었다. 한마디로 학문을 안 해도 먹고 사는 데 별 지장이 없는 사람들이 주로 철학을 공부했다. 그런 의미에서 칸트는 철학이 곧 생계수단인 최초의 인물이었다. 즉 프로 철학자였던 것이다. 최초의 직업 철학자가 최후의 철학을 완성한 것은 아이러니한 철학의 운명인 것 같다.

철학을 지혜에 대한 사랑이라고 본다면 칸트 이후로도 훌륭한 철학자들이 많았다. 하지만 철학이 인간과 세계에 대한 전체적인 발견과 체계적인 설명이라 할 경우 칸트는 아마 마지막 철학자일 것이다. 칸트 이후 인간과 세계에 대한 전체적이고 체계적인 발견과 설명은 철학자가 아닌 과학자들이 주도하였기 때문이다. 칸트는 소크라테스나 공자가 그랬듯, 인간에 대한 통찰만을 대상으로 삼은 마지막 철학자였다.

칸트가 15년 동안 사강사로 일하는 동안 다른 대학에서 교수로 오라는 제안들도 있었다. 이를 모두 거절하고 칸트는 고향에 남았다. 그는 모교인 쾨니히스베르크대학의 교수가 되기를 바랐기 때문이다. 1766년에 모교에서 일자리를 얻기는 했지만 교수직이 아니라 도서관에서 일하는 사서직이었다. 그러다 마침내 1770년에 쾨니히스베르크대학의 교수가 되었다. 이때부터 칸트는 본격적으로 연구와 글쓰기에 전념하였다. 11년간의 노력 끝에 1781년에 나온 책이 《순수이성비판》이다. 1788년에는 《실천이성비판》, 그리고 1790년에는 《판단력비판》을 발표했다. 《순수이성비판》이 출판되었을 때 얼마간 별 반응이 없었지만 몇 년 후 독일 철학계에 큰 화제를 불러일으켰다.

사실 칸트의 책은 거의 모든 문장에 밑줄을 쳐야 할 정도로 어렵다. 칸트의 친구 중에 읽는 걸 포기하고 책을 돌려보낸 사람이 있을 정도였다. 대체 그의 글은 왜 그렇게 어렵고 딱딱한 것일까? 쉽고 재미있는 글을 쓸 줄 몰라서 그랬을까? 사실 칸트에게 글쓰기란 쉽고 재미있는 것이 아닌, 어렵고 딱딱하더라도 정확하고 엄격하게 쓰는 것이었다. 그래서인지 글은 어렵고 재미없지만 강의는 아주 재미있었다고 한다. 내용이 알차고 재미까지 있자 그의 철학 강의를 들으려고 수많은 청년들이 몰려들었다. 강의가 인기에 인기를 더하면서, 칸트는 독일 최고 수준의 봉급을 받는 인기 강사로 등극했다.

칸트에 대한 일화 중 가장 유명한 것이 시계처럼 정확한 생활

습관이다. 얼마나 규칙적으로 생활했으면 동네사람들이 오후 5시에 그가 산책하는 모습을 보고 집 안의 시계를 맞추었다고 한다. 산책 시간뿐만 아니라 칸트는 매사를 계획을 세워놓고, 시간에 따라 철저하게 실행하는 사람이었다. 그는 매일 아침 5시에 일어나 강의 준비를 하고, 7시에는 강의를 시작했다. 강의가 끝나면 연구와 글쓰기를 하고, 오후 5시에는 혼자 동네를 산책했다. 칸트가 산책하던 길은 '철학자의 길'이란 이름이 붙여졌고, 유명한 관광 명소로 변모하였다. 평생 동안 칸트가 산책을 빼먹은 적이 딱 한 번 있었다고 한다. 이유는 루소의 《에밀》 때문이라고 한다. 책이 너무 재미있어서 도저히 중간에 멈출 수 없어 며칠 동안 산책을 못했다는 것이다. 칸트는 산책을 늘 혼자서 했다. 칸트는 산책을 하면서도 철학에 대해 사색하고 생각을 정리했는지도 모른다. 보통 사람은 기분 전환이나 건강을 위해 산책을 하지만 칸트에게는 공부의 연장이었던 것 같다. 이처럼 칸트는 평생 동안 철학을 인생의 동반자로 여기며, 시계처럼 정확하고 규칙적으로 살았다. 그리고 1804년, 79살의 나이에 사망했다.

칸트의 어려운 개념에
기죽을 필요는 없어

"나는 생각한다, 고로 나는 존재한다"라는 데카르트의 외침은 "인간이란 무엇인가?"에 대한 답이라고 볼 수 있다. 그리고 일상을 사는 인간 사회를 최초로 연구하여 '보이지 않는 손'을 발견한 애덤 스미스는 "세계란 무엇인가?"에 대한 답을 제시했다. 칸트 철학에서 핵심적인 문제는 "인간과 세계의 '관계'란 무엇인가?"이다. 이 질문의 핵심인 '관계'에 대해 칸트는 인간의 이성(理性)을 매개로 설명했다.

칸트는 이성에 대해 말할 때 인간만의 이성을 말하지 않는다. 그렇다면 이성이란 무엇일까?

선천적 원리에 의한 인식능력을 순수이성이라 부른다. 이 순수이성 일반의 가능성과 한계에 대한 연구가 바로 순수이성의 비판이다. 이 순수이성의 능력은 이론적 사용에서 '이성'을 의미한다. 그것은 실천이성으로서 이성의 능력을 그 원리에 따라 연구하고자 하는 것은 아니다. 따라서 순수이성비판은 단지 사물을 선천적으로 인식하는 우리 능력을 따질 뿐이다.

― 칸트의 《판단력비판》 서언 중에서

이 말은 칸트 철학의 출발점을 가장 잘 보여주고 있다. 또한 순수이성비판에서의 '비판'은 순수이성을 반대한다는 의미가 아니라 비교하고 판단해서 더 정확하게 안다는 뜻이다. 칸트가 말하는 인간의 '순수이성'은 '사물을 선천적으로 인식하는 능력'을 말한다. 즉 태어날 때부터 선천적으로 갖고 있는 능력이라는 것이다. 교육이나 경험을 통해서 후천적으로 얻게 되는 능력이 아니다. 태어날 때부터 갖고 있는 인간의 순수이성이 우리가 흔히 말하는 이성의 본래 뜻이다. 그래서 칸트는 이성의 작용이나 역할을 말하기 이전의 이성이란 뜻에서 '순수이성'이라고 한 것이다.

그렇다면 칸트는 왜 인간의 선천적인 인식 능력의 문제를 고민하게 되었을까? 이는 칸트가 살았던 시대 분위기를 살펴보면 알 수 있다. 칸트가 태어나기 훨씬 전인 1687년에 뉴턴은《자연철학의 수학적 원리》라는 책을 발표했다. 이 책에서 뉴턴은 과학적인 원리에 입각하여 자연에 대해 설명해 놓았다. 예를 들어, 뉴턴이 발견한 만유인력의 법칙은 아주 정확하게 우주의 운동법칙을 설명해 냈다. 뉴턴의 주장에 공감한 사람들은 차츰 과학이 자연과 사회의 모든 현상을 설명할 수 있을 거라고 생각하기 시작했다. 이렇게 뉴턴이 나타나면서 철학은 과학에게 자리를 내줄 수밖에 없었다. 쉽게 말해 과거에는 철학이 과학을 지배했지만, 이제는 철학이 과학과 동급이거나, 때론 철학이 과학의 영향을 받는 시대가 되었던 것이다.

칸트 역시 뉴턴의 영향을 받지 않을 수 없었다. 철학자로서 칸트는 뉴턴의 과학적 발견이 진리라는 것을 인정했다. 그런데 뉴턴의 발견 역시 인간의 이성을 사용한 것이지, 인간의 이성을 설명한 것은 아니다. 인간의 이성을 설명하기 위해 칸트는 뉴턴의 이론 속에서 인간의 이성이 어떻게 사용되고 있는가를 먼저 생각했다. 우선 칸트는 뉴턴이 밝혀낸 법칙들을 '선험적 종합 판단'이라고 규정했다. '선험적(先驗的)'이라는 말은 선천적(先天的)과 같은 말로, 경험에서 얻은 것이 아니라는 뜻이다. 경험은 필연적이라기보다는 우연적이다. 사람에 따라, 혹은 상황에 따라 경험은 달라질 수 있다. 그러나 선험적인 것은 보편적이고 필연적이다. 예를 들어 '1 더하기 2는 3'이라는 것은 우리가 경험하지 않아도 진리이다.

> 우리의 모든 지식은 경험과 함께 시작하지만, 그렇다고 바로 경험으로부터 생겨나지는 않는다.
>
> — 칸트의 《순수이성비판》 서론 중에서

이 말은 우리가 여러 가지 감각을 통해서 얻은 자료들이 그 자체로는 지식이 될 수 없다는 뜻이다. 예를 들어, 밤에 날씨가 추워진 것을 경험했더라도, 이것을 계절이 바뀌었다는 것과 연관시켜 생각하지 못한다면, 겨울에는 날씨가 춥다는 지식을 얻을 수 없다. 이처럼 감각을 통해서 얻은 자료들은 정리하여 하나로 통일시켜야 한다. 그러기 위해서는 일정한 틀, 즉 '형식'이 필요하다.

인간에게는 시간이 흘러가는 것과 어제와 오늘, 그리고 내일이 다르다는 것을 알 수 있는 틀(형식)이 있다. 그리고 위와 아래, 앞과 뒤 등 공간을 인식하는 틀도 있다. 인간은 태어날 때부터 이 틀을 가지고 태어난다고 칸트는 생각했다. 배워서 안 것이 아니라 태어날 때부터 갖고 있으므로 '선험적'이라는 것이다. 이 틀이 바로 순수이성이다. 칸트는 만약 순수이성이 없다면 뉴턴이 만유인력의 법칙을 발견하는 건 애초에 불가능했을 거라고 생각했다. 떨어지는 사과를 본 경험만으로 뉴턴이 만유인력의 법칙을 발견할 수 없었을 거라는 뜻이다. 그러므로 '선험적 종합 판단'이란 선험적 형식인 이성이 주어진 경험을 종합적으로 판단하는 것이다. 즉 칸트는 뉴턴이 이성을 사용했지만 설명하지는 못한 '이성(理性)'에 대해 설명한 것이다.

칸트의 최고 업적은
인간의 '이성'이
뭔지 설명했다는 거야

데카르트가 기하학과 대수학을 통합하기 위해 사용했던 x축과 y축은 뉴턴에 의해 시간 축과 공간 축으로 발전했다. 그리고 시간 축과 공간 축은 세계를 설명하는 만유인력 법칙의 전제가 되었다. 물체의 운동을 설명하기 위해서는 시간 축과 공간 축이 반드시 필요하기 때문이다. 칸트는 시간과 공간이 인간 내부에 주어져 선험적인 형식, 즉 인간의 순수이성이 되었다고 말했다. 이는 시간과 공간에 대한 이해가 선험적이라는 뜻이 아니라, 시간과 공간이라는 '순수이성'이 태어날 때부터 우리 몸 안에 장착되어 있다는 의미이다. 색맹으로 태어나면 평생 색을 구분하지 못하는 것도 하나의 예이다.

현실에 적용되는 이성을 칸트는 12가지 범주로 구성된 '오성(悟性)'이라고 불렀다. 인간에게는 이성과 오성이라는 선험적인 틀이 있기 때문에 경험을 지식으로 만들 수 있다는 것이다.

칸트가 발견한 선험적 형식은 현대 심리학의 주장과 일치한다. 예를 들어, 동그란 공이 하나 있다고 하자. 우리는 그것이 동그랗다는 것을 알 수 있다. 그런데 우리는 어떻게 공이 동그랗다는 것을 알 수 있을까? 칸트 이전에는 외부에 있는 대상의 성질을 우리가 그대로 받아들이는 거라고 생각했다. 그런데 칸트는 정반대로 설명을 했다. 우리가 지닌 선험적 형식, 그중에서도 공간에 의해 공이 동그랗게 보인다는 것이다. 칸트의 말에 따르면 우리는 공 그 자체는 알 수 없다. 이 공이 우리 눈을 통과한 후 이성이라는 선험적인 형식을 거쳐 들어온 모습만 알 수 있다. 마치 세상이 흑백으로 이루어졌다고 파악하는 개나, 열로 세상을 느끼는 방울뱀, 소리로 세상을 아는 박쥐처럼 다양한 동물들이 다양한 방식으로 세상을 보는 것과 같은 방식이다. 그렇다면 중요한 것은 공 자체일까, 아니면 인간의 선험적인 형식일까?

이전에는 많은 철학자들이 외부 세계를 더 중요시했다. 또한 인간이 외부의 세계를 어떻게 알 수 있는 것인지 고민했다. 그런데 외부 세계를 이해하려면 우선 인간의 생각하는 능력, 즉 칸트가 말한 선험적인 형식을 고려해야 한다. 과거에는 인간이 세계를 이해할 때 기준이 되는 것은 외부 세계였지만, 이제는 인간의 이성이 기준이 된 것이다. 이런 의미에서 칸트는 자신의 철학을 '코페르니쿠스적 전환'이라고 말했다.

오늘날 '코페르니쿠스적 전환'은 뇌과학이 이루어냈다. 현대의 뇌과학은 "인간이 의식적인 판단을 하기 전에 뇌가 먼저 판단"한다고 주장한다. 이는 인간의 뇌가 감각을 통해 얻은 자료인 경험이나 기억을 바탕으로 무의식적인 행위를 이끌어낸다는 뜻이다.

만약 일상이 단조롭다고 느낀다면, 이는 의식적으로 판단하지 않고 그저 뇌의 판단에 무조건적으로 따르기 때문일 것이다.

애덤 스미스는 1%의 의식이 아니라 99% 무의식에 의해 일상을 살아가는 인간사회를 최초로 연구하여 '보이지 않는 손'을 발견해 냈다. 데카르트는 1% 의식을 강조하면서 "나는 생각한다, 고로 나는 존재한다"라고 외쳤다. 이 두 사람의 견해에 대해 칸트는 《순수이성비판》에서 다음과 같이 비판했다.

"개념 없는 직관은 맹목이며, 직관 없는 개념은 공허하다."

'개념 없는 직관은 맹목'이란 말은 경험을 무시했던 데카르트를 비판한 것이고, '직관 없는 개념은 공허하다'는 말은 경험하는 현실만을 연구한 애덤 스미스를 비판한 말이다. 직관은 형식이고 개념은 내용이다. 데카르트의 주장에는 형식적인 틀만 있고 내용은 없기 때문에 맹목적이 된다. 반대로 애덤 스미스의 형식이 없는 내용은 확실하게 정리되고 전달될 수 없으므로 공허한 것이다.

칸트의 최대 공적은 '인간의 이성'이 무엇인지 최초로 분명하게 설명한 점이다. "인간에게는 선험적 형식이 있기 때문에 감각을 통해서 얻은 자료들을 정리하여 지식으로 만들 수 있다"는 것은 칸트가 경험의 중요성과 이성의 중요성 모두를 중요하게 생각했다는 의미이다. "인간과 세계의 '관계'란 무엇인가?"라는 질문에 대해 칸트는 인간의 이성(理性)을 매개로 설명을 했다. 순수이성, 즉 선험적 형식인 시간과 공간은 인간뿐 아니라 인간을 둘러싼 세계 전체를 관통하는 하나의 법칙이다. 그래서 칸트는 《순수이성비판》에서 "인식이 대상을 따르는 것이 아니라, 대상이 인식을 따른다"고 말했다. 인식은 인간(주체, 이성, 시선)이고 대상은 세계(객체, 실천, 현실)이다. 칸트는 인간의 시선이 현실을 구성한다고 주장했다.

칸트의 '선의지Good Will'와 맹자의 '천명天命'은 같은 개념이야

모든 사람이 스스로 판단할 수 있는 이성을 갖고 태어났다는 칸트의 주장은 단지 주장에 그치지 않는다. 그것은 과거의 모든 철학들이 발견하지 못한 시간과 공간이라는 확실한 근거를 전제로 하고 있다. 그렇다면 이 전제는 어떻게 작동하는가?

칸트는 모든 인간은 자유롭고 평등하다고 말했다. 왜냐하면 모든 인간은 순수이성으로 스스로 판단할 수 있기 때문에 자유롭다. 게다가 스스로 판단할 수 있는 능력을 선천적으로 갖고 태어나기 때문에 평등하다. 그러나 현실 속 인간들은 자유롭지도 평등하지도 않다. 칸트의 생각은 이런 현실을 극복하고 모든 인간들이 자유롭고 평등한 세상이 되는 데 있어서 중요한 이론적 근거가 된다.

칸트는 모든 사람은 스스로 판단할 수 있는 순수이성을 갖고 태어났기 때문에 무엇을 하고 무엇을 하지 말아야 할지 판단하는 실천이성을 지니고 있다고 주장했다. 이때 실천이성이란 '도덕적 의지'와 같다. 그렇다면 도덕적 의지란 무엇일까?

도둑이 주차된 차에서 물건을 훔치려고 자동차 유리를 깨고 안을 들여다보았다고 하자. 그런데 차 안에 어린아이가 혼자 남아 있다. 밀폐된 차 안에 오래 갇혀 있으면 산소가 부족해서 죽을 수 있다. 만약 그 도둑이 창문을 깨지 않았다면 그 아이는 질식해서 죽었을지 모른다. 다행인지 불행인지 도둑이 창문을 깼기 때문에 아이의 생명을 구하게 되었다. 이때 도둑의 행위는 도덕적인가, 아니면 비도덕적 행동인가? 결과적으로 아이의 목숨을 살렸기 때문에 도덕적인 행동이라고 할 수도 있다. 하지만 칸트에게 도둑의 행동은 도덕적인 게 아니다. 도덕적인 행동은 결과가 아니라 동기, 즉 도덕적 의지에 의해 결정되기 때문이다.

그런데 도덕적인 행동을 판단하는 기준인 도덕적 의지가 사람마다 다르고, 상황에 따라 달라진다면 언제, 어디서나 적용될 수 있는 보편적인 원칙이 아니다. 그리하여 칸트는《실천이성비판》에서 "너의 의지의 준칙이 항상 동시에 보편적인 입법의 원리로서 타당하도록 행위하라"고 말했다.

개인행동의 기준이 되는 '의지의 준칙'이 어떻게 '보편적인 입법의 원리'로서 타당할 수 있을까? 예를 들어, "어떻게 살아야 하는가?"라는 질문에 과거의 철학자들은 "행복하게 살아야 한다"고 대답했다. 그리고 행복이란 무엇인지, 어떻게 하면 행복해질 수 있는지에 대해 다양한 견해를 펼쳤다. 사실 행복에 대한 개념은 사람마다 다르다. 어떤 사람은 풍요와 안락이 행복이라 하고, 또 다른 어떤 사람은 성공을 행복이라고 할 것이다. 다른 사람을 위해 희생하고 봉사하면서 행복을 느끼는 사람도 있을 것이고, 수단과 방법을 가리지 않고 목표를 달성함으로써 행복을 느끼는 사람도 있을 것이다. 이렇게 행복에 대한 개념이 사람마다 다르기 때문에 행복은 보편적인 기준이 될 수 없다.

칸트가 생각하는 도덕법칙은 보편적인 것이다. 사람마다 기준이 달라서는 안 된다. 그래서 칸트는 어떤 행동이 도덕적인지 아닌지를 알려면 "나 이외의 모든 사람들이 그렇게 행동하기를 원하는지 생각해 봐야 한다"고 말했다. 이것이 '보편적인 입법원리'라는 것이다. 그러므로 내가 하면 괜찮지만 남이 하면 안 되는 행동은 보편적이지 않다. 남이 하면 안 되는 행동은 나도 해서는 안 되는 행동이다. 세상에 나는 되지만 남이 해서는 안 되는 것은 없다. 내가 되면 남도 되고, 내가 안 되면 남도 안 된다는 게 칸트가 말하는 '의지의 준칙'이다. 여기서 '자신이 바라지 않는 것을 남에게 행하지 마라[(己所不欲 勿施於人(기소불욕 물시어인)]고 한 공자의 서(恕)가 떠오른다.

하지만 많은 사람들은 '의지의 준칙'보다는 '내가 하면 로맨스고, 남이 하면 불륜'이란 이중 잣대로 이기적인 행동을 한다. 그래서 자신은 씹던 껌을 아무 데나 버리면서 남이 버려놓은 껌을 밟게 되면 화를 낸다. 보행자일 때는 수시로 무단횡단을 하면서 운전자일 때는 무단횡단을 하는 보행자를 욕한다. 또 자신이 잘못된 행동을 했을 때 "지금은 너무 바빠 어쩔 수 없어", "딱 한 번 그랬는데 뭐 어때. 남들도 다 하는데"라고 정당화시킨다. 반대로 자신이 했던 잘못된 행동을 남이 하면 사람들을 욕하고 비난한다. 사회가 혼탁한 것은 사회를 구성하고 있는 사람들 각자가 혼탁하기 때문이다. 우리들 각자가 비도덕적으로 행동하기 때문에 우리가 사는 사회도 비도덕적으로 흐를 수밖에 없다. 그렇지만 도덕적으로 행동하기란 매우 어렵다. 이기심이라는 본능을 누르고 칸트가 주장하는 도덕법칙을 지키기란 불가능해 보인다.

이런 우려에 대해 칸트는 인간에게 이기심이라는 본능뿐만 아니라 선(善)에 대한 본능적 의지도 있다고 주장했다. 동물과는 다른 인간만의 고유한 특징인 '선의지(Good Will)'를 갖고 있다는 것이다. 선의지는 인간의 가장 바람직한 도덕적 의지이다. 또한 개인적 행동의 기준이 되는 의지의 준칙이자 보편적인 입법의 원리이다. 그러므로 순수이성과 같은 선의지에 따라 행동할 때 인간은 도덕적으로 행동할 수 있다.

칸트는 동양의 맹자와 마찬가지로, 인간은 본래 선하게 태어났다고 생각했다. 맹자가 성선설을 주장한 이유는 칸트와 마찬가지로 인간과 인간을 둘러싼 자연세계가 하나의 원리로 작동하기 때문이다. 그래서 칸트의 '선의지'는 맹자의 '천명(天命)'과 같다. 다만 칸트의 선의지가 인간 중심이라면, 맹자의 천명은 세계[天] 중심이다. 칸트가 개체 중심적인 서양사상의 흐름에, 그리고 맹자가 관계 중심적인 동양사상의 흐름에서 벗어나지 않았지만 똑같은 결론을 내린 셈이다.

맹자는 '인(仁)과 의(義)'로 인간을 대해야 한다고 말했다. 칸트는 《실천이성비판》에서 "너 자신의 인격에 있어서나 다른 모든 사람의 인격에 있어서, 인간성을 단순히 수단으로 사용하지 말고 목적으로 사용하라"고 말했다. 칸트에게 인간성은 무언가를 하기 위한 수단이 아니라, 인간성 그 자체가 목적이다. 맹자에게 '인'과 '의' 자체가 목적이듯이 말이다. 칸트와 맹자에게 인간은 본래 순수하고 완성된 존재였던 것이다.

칸트의 선의지는
진화심리학으로
증명이 되었어

칸트에게는 순수이성처럼 선의지를 선천적으로 가지고 태어나기 때문에 인간성은 그 자체가 목적이다. 그리고 맹자에게는 '인'과 '의' 자체가 목적이다. 그런데 두 사람의 생각은 과연 옳은 것일까? 맹자에게는 고자나 순자가 그렇지 않다고 따질 것이고 칸트에게는 벤담이 따져 물을 것이다.

도덕법칙에서 칸트와 가장 대조적인 주장을 한 사람이 바로 벤담(Jeremy Bentham, 1748~1832)이다. 칸트와 벤담은 하버드대학 마이클 샌델 교수의 《정의란 무엇인가》라는 베스트셀러에 등장하는 주인공이기도 하다. 칸트의 라이벌인 벤담은 이렇게 말했다.

> 자연은 인간을 쾌락과 고통이라는 두 군주(君主)의 지배하에 두었다. 우리가 해야 할 것과 하지 말아야 할 것을 지적해 주는 것은 이들 두 군주, 즉 쾌락과 고통이다.
>
> **– 벤담의 《도덕 및 입법 원리의 서론》 중에서**

벤담은 우리가 해야 할 것과 하지 말 것을 알려주는 기준은 쾌락과 고통이라고 했다. 그는 쾌락을 가져다주는 행동은 '선한 행동'으로, 고통을 가져다주는 행동은 '악한 행동'으로 보았다. 사실 쾌락과 고통을 기준으로 무언가를 선택하기란 쉬운 일이다. 고통을 선택하는 사람은 없기 때문이다.

또한 벤담은 쾌락과 고통의 양을 잴 수 있다고 주장했다. 쾌락의 강도, 계속되는 정도, 확실함, 그리고 금방 생기는 것인지 나중에 생기는 것인지를 기준으로 양을 측정할 수 있다는 것이다. 쾌락과 고통을 둘 다 가져오는 경우에는 쾌락의 양을 더하고 고통의 양을 빼서 남은 것을 따지면 행복인지 불행인지 알 수 있다고 주장했다. 벤담의 말에 따르자면 가장 큰 쾌락을 가져다주는 일이 가장 큰 행복이므로, 가장 많은 사람들에게 가장 큰 쾌락을 주는 것이 가장 큰 행복이자, 선하고 옳은 일이 될 것이다. 그래서 벤담은 '최대 다수의 최대 행복'을 주장했다.

이성적인 도덕법칙을 강조한 칸트와 달리 벤담은 보다 쉽고 직접적으로 도덕법칙을 설명하려 했다. 나를 포함한 모든 사람에게 좋은 일을 하면 된다는 것이다. 결국 벤담의 생각에 따르면 중요한 것은 다수의 행복이다. 개인은 다수의 행복을 따지면서 행동해야 한다는 것이다. 그러므로 벤담의 주장에 의하면 물건을 훔치기 위해 자동차 유리를 깼지만 결과적으로 어린아이의 생명을 구한 도둑의 행동은 도덕적인 행동이 된다.

그렇다면 벤담의 도덕법칙이 칸트와 다른 점은 무엇일까? 우선 도덕적인가 아닌가를 따지는 기준이 다르다. 칸트는 내 행동이 보편적인가 아닌가를 생각해야 한다고 했다. 반면 벤담은 내 행동이 쾌락을 주는가 고통을 주는가를 기준으로 삼는다. 칸트가 도덕적인가 아닌가를 가르는 기준은 인간이 본래 갖고 있는 양심적 기준에 따라 행동하는가 아닌가이다. 반면 벤담에게 도덕적 기준이란 행동의 결과가 쾌락을 주는가 아닌가에 달려 있다.

또한 벤담은 최대 다수에게 최대의 행복을 가져다주는 것이 선이라고 했다. 그러므로 개인은 이를 위해 행동하는 것이 도덕적인 행위의 기준이 된다. 벤담에게 도덕적인가 아닌가를 따지는 기준은 행위의 출발점이 아니라 결과이다. 또한 개인이 아니고 다수가 기준이다. 하지만 칸트에게 그 기준은 행위의 출발점(동기)이고, 다수가 아니라 개인이다.

이 세계 안에서, 아니 이 세계 밖에서조차도 우리가 무조건적으로 선하다고 볼 수 있는 것은 오직 선의지뿐이다.

– 칸트의 《도덕 형이상학의 기초》 중에서

칸트에게 인간이 도덕적인 행동을 하는 이유는 개인의 행복이나 다수의 행복, 즉 어떤 좋은 결과를 얻기 위해서가 아니다. 선한 행동을 하고자 하는 '선의지(善意志)' 때문이다. 옳은 행동을 하는 데에는 특별한 이유가 필요 없다. 즐거움이나 금전적 이익을 주기 때문에 옳은 행동을 하는 것이 아니다. 오로지 그것이 옳은 행동이기 때문에 옳은 행동을 하는 것이다. 이럴 때만이 인간은 진정한 행복을 얻을 수 있다고 칸트는 생각했다.

사실 무조건 선을 행하기란 쉽지 않다. 하지만 반대로 생각해 보면, 선한 행동을 하는 것은 인간으로서 당연한 일이다. 이것은 매우 중요한 생각이다. 인간이 정말 선의지를 갖고 있는지 의심해 볼 수도 있다. 왜냐하면 벤담처럼 개인이든 다수든 행위의 결과만 보고 어떤 행동을 선택한다면, 그 행동이 과연 옳은 것인지 아닌지 판단할 수 없기 때문이다. 한 개인에게 행복을 주는 행동이 다른 사람에게 불행을 줄 수도 있고, 한 집단에게 행복을 주는 행동이 다른 집단에게 불행을 줄 수도 있다. 그럴 경우 그런 행동이 과연 옳은 것인지 아닌지 판단할 수 없는 것이다.

칸트의 선의지는 인간과 유사한 영장류인 보노보를 연구한 진화인류학의 연구 결과에 따라 과학적으로 증명되기도 했다. 고등 사고를 할 수 있는 생물일수록 유전적으로 다른 개체를 위하는 배려심이 강하다는 것이다. 이처럼 칸트의 생각은 단지 과거의 것이 아니라 현재에도 여전히 유효하다.

칸트는 어려운 사상을
시적인 표현으로 멋지게 종결했어

칸트의 최대 발견은 인식 주관과 객관 대상의 우선순위를 뒤집은 코페르니쿠스적 전환일 것이다. 이를 위해 칸트는 인간의 '이성(理性)'을 확실하게 설명해 냈다. 이 과정에서 시간과 공간을 대전제로 하였기 때문에 뉴턴이 완성한 근대 과학에 빚을 지기는 했다. 하지만 칸트는 인간의 순수한 통찰로 도달할 수 있는 최고, 최대의 철학을 완성했다. 최초의 직업 철학자로서, 칸트는 태어나서 죽을 때까지 한 번도 떠나지 않았던 고향 쾨니히스베르크의 한 교회에 묻혔다. 묘비에는 칸트의 철학을 가장 잘 나타내는 문구가 쓰여 있다.

"그것에 대해서 자주 그리고 계속해서 숙고하면 할수록, 점점 더 새롭고 점점 더 큰 경탄과 외경으로 마음을 채우는 두 가지 것이 있다. 그것은 내 위의 별이 빛나는 하늘과 내 안의 도덕 법칙이다."

– 칸트의 《실천이성비판》 중에서

'그것'이란 인간과 인간을 포함한 세계 전체를 의미한다. 이에 대해 칸트는 계속적으로 숙고하면서 통찰을 시도했다. 그 결과 경탄과 외경으로 마음을 채우는 두 가지를 발견했다. 내 밖의 하늘과 내 안의 법칙이다. 이것을 다른 말로 하면 세계와 인간, 혹은 객관과 주관이다. 칸트는 인간과 세계에 대한 전체적이고도 체계적인 연관관계를 발견한 것이다.

과거와 현재, 동양과 서양의 많은 철학자들이 찾아 헤매던 것을 칸트는 '내 위의 별이 빛나는 하늘[우주]과 내 안의 도덕법칙[인간]'이란 시적 언어로 표현했다. 그렇다면 이 둘은 어떻게 연관되어 있을까? 칸트에 의하면 '내 위의 별이 빛나는 하늘'은 한없는 시간과 공간의 형식 속에서 주기적으로 움직인다. 그리고 '내 안의 도덕 법칙'은 선험적인 시간과 공간의 형식 속에서 나를 움직인다. 결국 하늘과 나는 시간과 공간의 형식 속에서 하나로 연결되어 있다. 뉴턴이 전제한 절대적인 시간과 공간 형식을 칸트는 인간의 내면으로 옮겨놓은 것이다. 그러므로 인간 존재는 한낱 우연적인 것이 아니라, 밤하늘의 별처럼 보편적이고 필연적인 것이 된다.

인간 하나하나는 밤하늘의 별과 마찬가지로 소중하고 아름답다. 그래서 모든 인간은 존엄하다. 우주의 신비가 곧 인간의 신비이니, 이에 대해 계속해서 숙고하면 할수록 더욱 새롭고, 큰 경탄과 외경을 마음속에 품고 살아가게 된다. 인간과 세계가 하나의 원리에 의해 연결된다는 것은 철학의 마지막 문장이다.

칸트 이후 과학적 발견은 철학보다 더 중요해졌다. 하지만 인간의 통찰력은 여전히 중요하다. 인간의 통찰력은 과학이 발견한 새로운 사실들에 대해 의미를 파악하고 부여하기 때문이다. 그래서 칸트는 '철학'이 아니라 '철학함'을 강조했다. 죽어 있는 과거의 지혜를 답습하는 것을 '철학'이라고 한다면, '철학함'은 통찰력으로 시대의 변화에 따라 등장하는 사실들의 의미를 새롭게 파악하는 실천행위이다. 이를 가장 성공적으로 수행한 사람이 마르크스와 니체, 그리고 프로이트다. 칸트의 순수이성을 활용하여 마르크스는 변화하는 세계를 통찰했고, 프로이트는 인간을 지배하는 무의식을 통찰했으며, 니체는 인간과 세계의 역동적인 관계를 통찰했다.

칸트에 의해 '철학'은 종결되었다. 하지만 '철학함'은 인간 고유의 특징인 통찰력이 살아 있는 한 영원할 것이다. 그래서 프로이트의 제자인 칼 융은 이렇게 말했다.

"우리의 삶은 불멸의 무한한 세계가 유한한 세계 속으로 뛰어든 사건이다. 더 나아가 우리의 삶은 끊임없는 성숙을 지향하는 세계이다."

7

마르크스를
탐험하며
사회과학에
눈을 떠봐

마르크스 편 고전의 이름은 《자본론》

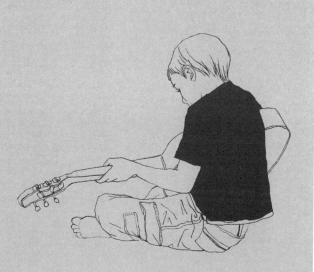

마르크스가 사회에 관한 이론을 세운 이유는
현실을 있는 그대로 객관적으로 파악하고,
자신의 이론이 예측하는 시대의 변화에 능동적으로 참여
하기 위해서였다.
그는 세상을 관찰하고 해석하는 것에 그치지 않고
직접 세상 속으로 뛰어들어서
세상을 변화시키려고 했던 것이다.
학자로서 신문에 사설을 쓰는 게 아니라
아예 신문사를 차려 기자로 활동하기도 했다.
마르크스에게 학문은 학문 자체가 목적이 아니라
현실의 문제를 해결하기 위한 도구였다.
그는 당시의 온갖 사회 문제에 깊은 관심 속에서
철학뿐만 아니라 경제학, 정치학, 역사학을 바탕으로
연구에 매진했다.

마르크스는
세계 최초의 사회과학자야

시작부터 어려운 말을 하게 되었다. 피하고 싶었지만 어쩔 수 없다. 서양사상은 퍼즐과도 같다. 마르크스 이야기를 제대로 하려면 칸트 이야기와 연결시킬 수밖에 없다.

서양철학의 종결자인 칸트는 "인식이 대상을 따르는 것이 아니라, 대상이 인식을 따른다"고 말했다. 여기서 인식은 인간(주체, 이성, 시선)을 의미하고, 대상은 세계(객체, 실천, 현실)를 의미한다. 칸트의 이 말은 인간이 세계를 어떻게 바라보느냐에 따라 세상에 대한 평가와 판단이 달라진다는 뜻이다. 즉 해석의 차이를 낳는다는 의미이다.

하지만 인식이 달라졌다고 현실의 대상 자체가 변하는 것은 아니다. 왕이란 신이 내린 절대 권력자라 인식했는데, 알고 보니 나와 별다를 것 없는 인간이라고 생각이 바뀌었더라도 왕은 여전히 왕이다. 따라서 인간의 인식으로 구성된 현실은 진짜가 아니다. 그러므로 현실을 알기 위해서는 인식만으로 부족하다. 칸트에 의해 철학은 종결되었지만 이것만으로는 철학이 한계에 부딪힐 수밖에 없었다. 이 한계를 극복해 낸 사람이 바로 마르크스이다.

20세기에 가장 큰 영향을 준 사상가 세 명을 들라고 하면 보통 마르크스와 프로이트, 니체를 손꼽는다. 칸트에 의해 철학이 종결된 후, 이 세 사람은 인간과 세계에 대해 기존과는 전혀 다른 시각을 보여주었기 때문이다. 특히 마르크스는 놀랍게도 칸트의 고민을 해결한 철학자이다. 그는 객관적으로 현실을 이해하고, 실천을 통해 자기 몫의 책임을 찾아야 한다고 주장했기 때문이다. 그래서 그는 철학자이지만 기존의 철학자들과는 달라도 너무 달랐다.

마르크스는 인간을 둘러싼 사회를 과학자의 눈으로 바라본 최초의 사회과학자였다. 사회과학이란 물리학이 물리를 다루고, 생물학이 생물을 다루듯 사회를 연구하는 학문이다. 대부분 과학의 방법론이 그렇듯 사회과학도 사회에 대한 가설을 세우고, 가설의 근거가 될 만한 각종 자료들을 수집하여 분석한 후 이론을 만든다. 그러고 나서 이를 다시 사회에 적용해서 타당성을 검증해 낸다.

마르크스가 사회에 관한 이론을 세운 이유는 현실을 있는 그대로 객관적으로 파악하고, 자신의 이론이 예측하는 시대의 변화에 능동적으로 참여하기 위해서였다. 그는 세상을 관찰하고 해석하는 것에 그치지 않고 직접 세상 속으로 뛰어들어서 세상을 변화시키려고 했던 것이다. 학자로서 신문에 사설을 쓰는 게 아니라 아예 신문사를 차려 기자로 활동하기도 했다. 마르크스에게 학문은 학문 자체가 목적이 아니라 현실의 문제를 해결하기 위한 도구였다. 그는 당시의 온갖 사회 문제에 깊은 관심 속에서 철학뿐만 아니라 경제학, 정치학, 역사학을 바탕으로 연구에 매진했다. 이를 통해 마르크스는 우리가 사는 사회가 바로 '자본주의 사회'라는 것을 알려주었다. 또한 자본주의란 무엇이며, 어떤 문제가 있으며, 어떻게 해결할 수 있는지에 대해 구체적이고 파격적인 답을 주었다.

그런데 마르크스는 왜 철학자가 아닌 고단한 실천가의 삶을 선택했을까? 이는 당시 노동자들의 비참한 삶을 생각하면 충분히 이해할 수 있다. 농노에서 해방되었지만 노동자가 된 사람들의 삶은 가난하고 비참했다. 6살짜리 어린아이들이 열악한 환경 속에서 하루 16시간의 중노동에 시달리기도 했던 것이다. 영국의 작가 찰스 디킨스가 쓴 《올리버 트위스트》라는 소설도 노동자들의 비참한 실상을 다룬 것이다. 지금으로서는 도저히 상상할 수 없는 참담한 현실을 목격한 마르크스는 이런 현실 속에서 자신이 해야 할 일이 무엇인지 깨달았다. 사실 비참한 현실을 외면하려면 외면할 수도 있었다. 그는 부유한 집안의 장남이었고, 미래가 촉망되는 똑똑한 학생이었다. 하지만 마르크스는 기꺼이 자기 몫의 책임을 떠맡기로 했다.

독일계 미국인 심리학자 쿠르트 레빈은 "체계는 변화시키고자 노력해야만 이해할 수 있다"라고 말했다. 시대와 현실을 변화시키기 위해서는 쳐다보기만 하는 것으론 부족하다. 직접 뛰어들어야만 현실을 이해할 수 있고, 작게나마 변화시킬 수 있다. 그래서 레빈은 "자신의 운명이 전체 집단의 운명에 의해 얼마나 크게 좌우되는지를 깨달은 사람이라면, 집단의 번영을 위해 기꺼이 자기 몫의 책임을 떠맡으려 할 것"이라고 말했다. 이 말은 마치 마르크스의 선택을 이해시키기 위한 말처럼 들린다.

자본주의의 끔찍한 현실을 목격한 마르크스는 공산주의 사상을 만들어냈다. 그리고 20세기에는 그의 공산주의 사상을 바탕으로 한 공산주의 국가가 세워졌다. 당시의 사람들은 마르크스의 이론이 진실이라고 찬양하며 그의 예언을 신봉했다. 하지만 1990년대 초, 공산주의 국가들의 몰락과 함께 마르크스의 명성도 땅에 추락해 버렸다. 이제 사람들은 마르크스의 이론이 완전한 진실이라고 생각하지 않는다. 그의 예언이 틀렸다는 사실이 입증되었기 때문이다.

그럼에도 불구하고 마르크스의 사상은 여전히 중요한 가치가 있다. 비록 공산주의는 실패로 끝났지만 그는 현재 우리가 살고 있는 자본주의 사회를 처음으로 과학적으로 연구하고, 그 문제를 해결하기 위해 노력한 사람이었기 때문이다. 자본주의의 비참한 현실을 외면하지 않았던 실천가 마르크스, 그리고 시대와 현실을 객관적으로 보려 한 학자 마르크스는 기억할 필요가 있는 것이다. 결과적으로 그의 실천은 너무 혁명적이었고, 그의 학문이 너무 시대적 상황에 휩쓸렸다는 점을 감안하더라도 말이다.

마르크스는 인류에 기여하고 싶은 대단한 고등학생이었어

마르크스는 1818년 5월 5일, 독일 라인 주의 트리어라는 곳에서 부유한 유대인 기독교 집안의 7남매 중 장남으로 태어났다. 변호사인 그의 아버지는 칸트 철학을 신봉하는 계몽주의자였다. 아버지의 사상적 신념은 마르크스가 성장하는 동안 많은 영향을 주었다. 그 결과는 프리에르의 고등학교를 졸업하면서 쓴 〈어느 젊은이의 직업 선택에 관한 고찰〉이란 글에서 알 수 있다.

"온 힘을 다해 인류에 기여할 수 있는 일을 택한다면, 우리는 초라하고 제한된 이기적인 기쁨을 누리지는 못할 것이다. 우리의 행복은 수백만 명의 행복이 될 것이기 때문이다." 고작 17살짜리 소년이 이런 글을 썼다는 건 놀라운 일이다.

1848년, 유럽 대륙은 노동자들의 봉기와 혁명의 기운으로 들끓고 있었다. 프랑스와 독일, 이탈리아에서는 대규모의 노동자들이 거리로 몰려나왔다. 프랑스의 노동자들은 왕을 몰아내고 공화정부를 세웠고, 독일과 이탈리아의 노동자들은 억압적인 정부에 반기를 들었다. 마르크스도 이 투쟁에 뛰어들었다. 그는 〈신(新) 라인 신문〉을 창간하고 혁명에 대한 글을 전파하기 시작했다. 하지만 노동자들의 혁명은 실패로 끝났다. 신문은 그다음 해에 폐간되었고, 마르크스는 프랑스로 추방당했다. 프랑스에서도 노동자들의 봉기는 실패로 끝났고, 그는 또다시 런던으로 추방당했다. 런던에서 마르크스는 평생의 동지인 엥겔스와 함께 노동자 조직을 만들기로 의기투합하였다. 두 사람의 목적은 '의인 동맹'이라는 노동자 단체를 공산주의 단체로 이끄는 것이었다.

1847년 6월, 런던에서 열린 동맹대회에서 의인 동맹은 '공산주의자 동맹'으로 명칭을 변경했다. 마르크스와 엥겔스는 이때 공산주의자 동맹의 강령을 만들어달라는 요청을 받았다. 이 강령이바로 "하나의 유령이 유럽을 배회하고 있다. 공산주의라는 유령"이란 말로 시작하는 〈공산당 선언〉이다. 당시의 현실을 잘 말해주는 짧은 선언문은 금세 전 유럽으로 퍼져나갔다. 그럼에도 노동자 운동은 침체기에 있었고, 마르크스가 주도한 혁명 역시 실패로 끝났다.

거듭된 망명과 추방 끝에 마르크스는 런던에 정착했다. 이리저리 쫓겨다니는 신세는 면했지만, 가족들과 자신은 죽을 때까지극심한 생활고에 시달려야 했다. 7명의 자녀 중에서 4명이 굶주림과 병으로 죽었을 정도로 그에게 닥친 가난은 너무 가혹했다.

가족들이 가난에 빠진 책임은 사실 마르크스에게 있었다. 물론 그는 불성실한 가장이 아니었다. 그럼에도 마르크스가 가진 사상과 활동 경력 때문에 돈을 버는 것이 여의치 않았다. 독일과 프랑스에서 노동운동을 주도한 경력 때문에 마르크스는 유럽 전 지역에서 위험인물로 낙인 찍혔다. 이런 위험인물에게 일자리를 주는 곳은 없었다. 다행히 미국 신문의 유럽 통신원으로 활동하게 되었지만 이마저 오래가지 못했다. 소속된 신문사가 미국에서 남북전쟁이 일어났을 때 노예제도를 옹호하는 남군의 편을 들자 통신원을 그만두어 버렸던 것이다.

마르크스는 극심한 생활고에 시달리면서도 연구를 포기하지 않았다. 대영박물관 도서관에 틀어박혀 연구에만 몰두한 끝에 1867년 《자본론》 1권을 출간했다. 런던으로 망명한 지 거의 20년 만의 일이었다. 하지만 《자본론》 2, 3권은 구상만 해놓고 완성하지 못한 채 세상을 떠났다. 1881년 그와 평생을 함께한 아내 예니가 사망한 데 이어 다음 해에 큰딸까지 죽자 마르크스는 큰 충격에 빠졌다. 그 여파로 1883년 3월, 마르크스는 폐렴에 시달리다 의자에 앉은 채로 숨을 거두었다.

마르크스의 장례식에서 엥겔스가 조사를 읽었다.

"유럽의 정부들은 절대왕정이건 공화정이건 그를 추방했고, 보수파건 급진파건 그에게 날조된 비방을 퍼부었다. 그는 그 모든 것을 거미줄처럼 옆으로 밀쳐내며 무시해 버렸다. 오직 어쩔 수

없는 경우에만 대답했다. 그는 죽었다. 그리고 유럽 전체는 물론
이고 시베리아 광산 노동자부터 아메리카 대륙의 캘리포니아까
지 이르는 수백만 노동자들의 존경과 사랑과 애도를 받고 있다.
이제 나는 감히 이렇게 말할 수 있다. 그에게 많은 적대자들이 있
었는지는 모르지만, 개인적인 적은 단 한 사람도 없었다. 그의 이
름은 세기에 걸쳐 이어질 것이며 그의 저서도 그러할 것이다."

　"개인적인 적은 단 한 사람도 없었다"는 엥겔스의 말은 많은 의
미를 담고 있다. 정말로 마르크스는 살아생전 자신의 이익을 위
해 누군가를 비판하거나 싸운 적이 단 한 번도 없었다. 그는 오직
노동자와 다수 대중들을 위해서만 비판의 칼을 들었다.
　마르크스의 묘비에는 〈공산당 선언〉의 마지막 문구인 "만국의
노동자여 단결하라"라는 말이 새겨져 있다. 이 묘비명대로 20세
기의 유럽 대륙에서는 노동자의 권익을 위한 노동운동이 활발하
게 일어났다. 또한 공산주의 사상을 바탕으로 한 공산주의 국가
가 전 세계의 절반을 지배했다. 1991년 12월, 소비에트사회주의
공화국연방(USSR: The Union of Soviet Socialist Republics, 즉 소련)이
해체될 때까지 엥겔스의 예언대로 마르크스의 사상은 진리였다.

마르크스는 이 세계가 어떤 원리로
돌아가나 궁금해 미칠 것 같았어

우리는 자신이 속한 시대와 현실(가정과 사회와 국가까지 포함된)의 영향을 피할 수 없다. 한 개인의 삶은 이미 수천 년 동안 누적되어 온 인류 문명의 영향을 거부하거나 회피할 수 없기 때문이다. 그것이 마음에 들든 안 들든 어쩔 수 없다. 과거의 영향을 극복할지 말지도 부차적인 문제이다. 그건 개인의 역량과 선택에 달린 문제이니 말이다. 중요한 건 어쨌든 우리는 자신이 속한 사회 현실과 시대의 영향을 받을 수밖에 없다는 것이다. 그렇다면 의문이 생길 수밖에 없다. 개개인에게 영향을 주는 이 세계는 대체 무엇이고, 어떻게 작동하고 있으며, 또 어떤 식으로 사람들에게 영향을 미치는 것일까? 이에 대한 해답이 바로 마르크스가 우리에게 준 새로운 세계관이다.

생산관계의 총체가 사회의 경제 구조, 즉 현실의 토대를 형성한다. 이 토대 위에서 법적, 정치적 상부구조가 생겨나고, 또 일정한 형태의 사회적 의식이 그 토대에 대응한다. 물질적 삶의 생산양식이 사회적, 정치적, 지적 생활과정 전반을 지배한다. 인간의 의식이 존재를 결정하는 것이 아니라, 반대로 그들의 사회적 존재가

의식을 결정하는 것이다.

— 마르크스의 《정치경제학 비판》 중에서

마르크스의 말에 의하면 상부구조란 법이나 정치, 도덕, 문화 같은 정신적이고 제도적인 것들이다. 반대로 하부구조는 상부구조를 받치고 있다는 의미에서 토대 혹은 '물적 토대'라 한다. '물적'이란 말은 물질적이라는 뜻으로, 정신적인 것과 반대된다. 또한 주관적인 것이 아닌 객관적인 것이며, 개인적인 것이 아닌 사회적인 것이다.

인간이 물질과 정신으로 이루어졌듯, 우리가 사는 현실은 물적 토대와 상부구조로 이루어져 있다. 이 두 가지 중에서 사회의 물적 토대가 그 사회의 성격을 결정한다는 게 마르크스의 주장이다. 개인의 차원에서 보자면 자신의 생각이 현실을 결정하는 것이 아니라, 자신이 처한 현실이 생각을 결정한다는 뜻이다. 그렇다면 사람들의 생각에 가장 현실적으로 영향을 미치는 요인은 무엇일까? 바로 '경제활동'이다. 사람들은 자신의 경제적 입장에 따라 생각하고 판단한다.

예를 들어, 월급에 대해 회사 사장이 생각하는 것과 노동자가 생각하는 것은 다를 것이다. 같은 액수더라도 사장 입장에서는 많다고 생각하지만 노동자 입장에서는 적다고 생각할 수 있다. 입장에 따른 생각의 차이는 사회 문제에 대해서도 그대로 나타난다. 외국 농산물 수입에는 개방적이고 공산품 수출에는 적극적인 무역협정체결 문제에 대해 농민과 수출 기업은 입장이 다르다. 농민 입장에서는 외국 농산물이 들어오면 자신들에게 손해를 끼치기 때문에 무역협정체결에 반대할 수밖에 없다. 반대로 수출을 하는 대기업의 입장에서는 좋은 조건으로 수출할 수 있기 때문에 적극 찬성할 것이다. 이렇게 경제적 입장에 따라 생각이 달라지는 것을 두고 마르크스는 "인간의 '사회적 존재'(경제적인 입장)가 의식을 결정한다"고 말했다.

인간의 생각은 주관적이고 사람마다 다른 견해를 가지고 있다. 물론 비슷한 점도 있겠지만 생각의 차이가 워낙 다양하여 하나의 이론으로 규정할 수 없다. 그러나 인간이 처한 경제 현실은 객관적으로 분석이 가능하다. 위에서 예로 들었듯이, 수입 농산물에 대한 호불호는 사람마다 다를 수 있다. 비싼 외국 과일을 싼값에 먹을 수 있어 찬성할 수도 있고, 신토불이(身土不二)를 외치며 국내 농가 보호를 위해 반대할 수도 있다. 그런데 이 사안이 자신에게 직접적인 영향을 줄 경우 경제적 입장에 따라 생각이 달라진다. 외국 농산물을 즐겨먹던 농민도 외국 농산물 수입은 자신의 이익에 반하기 때문에 반대 입장을 취할 것이다. 즉 사람들의 생각은 매우 다양하고 자유로운 것 같지만 실은 자신의 경제적 입장에서 벗어날 수 없다.

마르크스는 바로 이 점에 착안해서 경제적 현실을 중심으로 사회와 역사를 분석해 나갔다. 그는 자신의 이론을 '과학적 방법론'이라고 했는데, '과학적'이란 단어를 쓴 것은 보편타당한 사실을 근거로 검증할 수 있기 때문이다. 그는 사회와 역사를 분석하면서 주관적이고 관념적인 사안들은 모두 배제했다. 예를 들어, 왕정(王政)에 대한 평가는 좋은 왕이 통치하는 경우와 나쁜 왕이 통치하는 경우에 따라 달라질 수 있다. 또한 정치에 대한 관념, 정치적 입장, 왕정의 필요성에 대한 견해에 따라 평가가 달라질 수도 있다. 하지만 마르크스는 오직 경제적 관점으로만 왕정을 평가했다. 왕정시대에 생산을 주로 담당한 계층이 누구인지, 생산을 위한 정치와 경제체제는 어떻게 구성되었는지 등 객관적 사실만으로 분석했다. 이를 위해 마르크스는 '생산력', '생산관계', '생산양식'이란 경제용어를 주로 사용했다. 그래서 '생산력', '생산관계', '생산양식'이라는 용어는 마르크스 이론에서 매우 중요한 의미를 가진다.

고액 알바든 지옥 알바든 모두 노동이라는 걸 밝혀냈지

마르크스 경제학의 핵심인 생산력과 생산관계, 생산양식 중에서 먼저 '생산력'에 대해 알아보자.

무언가를 생산하는 행위를 '노동'이라고 한다. 노동을 하려면 노동력과 노동을 투여할 대상, 그리고 생산수단이 필요하다. 노동력은 인간의 일할 수 있는 능력이다. 이 노동력을 발휘하기 위해서는 어떤 대상이 있어야 한다. 사냥을 하려면 사냥감이 있어야 하고, 농사를 지으려면 땅과 씨앗이 있어야 한다. 따라서 크게 보면 노동의 대상은 자연이다. 다른 동물들은 자연에 순응했지만 인간은 노동을 통해 자연을 변화시키면서 살아왔다.

그런데 노동을 할 때는 도구가 필요하다. 사냥을 하거나 농사를 지을 때 맨손으로 하는 것보다는 돌멩이라도 있으면 훨씬 유용하다. 그래서 활이나 창 같은 것을 만들어 사냥을 했고, 쟁기나 낫 같은 농기구를 사용하여 농사를 지었다. 이런 도구를 '생산수단'이라 한다. 그런데 활이나 쟁기 같은 도구만이 생산수단은 아니다. 학생들이 아르바이트를 많이 하는 편의점이나 주유소 역시 생산수단이다.

그럼 편의점이나 주유소 같은 생산수단을 이용하여 아르바이트생은 자신의 노동력으로 무엇을 생산할까? 생산수단에 노동력을 투여했으므로 결과물이 있게 마련이다. 이 결과물을 '생산물'이라 한다. 편의점의 아르바이트생은 바로 '서비스'를 생산한다. 유형, 또는 무형의 제품처럼 서비스도 노동력을 이용한 것이므로 생산물이라 한다. 그래서 서비스 또한 공장에서 만들어진 자동차와 같은 상품인 셈이다.

'상품'은 자본주의를 이해하는 핵심 개념이다. 마르크스는《자본론》본문의 첫 문장에 상품이라는 단어를 넣었다.

"자본주의적 생산양식이 지배하는 사회의 부는 하나의 거대한 '상품집적'으로 나타나고, 하나하나의 상품은 이러한 부의 기본 형태로서 나타난다. 그러므로 우리의 연구는 상품의 분석에서 시작한다."

상품이란 시장에서 거래되는 모든 것을 의미한다. 자신이 먹기 위해 직접 만든 빵은 상품일까? 이것은 상품이 아니다. 하지만 시장에 팔기 위해 만든 빵은 상품이다. 빵을 팔아 이윤을 남기기 때문이다. 그래서 마르크스는 자본주의의 핵심은 상품생산을 통한 이윤추구라 했다.

사실 자본주의 세상에서는 인간을 포함한 모든 것이 상품이다. 즉 우리가 살아가는 데 필요한 거의 모든 것들이 상품이라는 뜻이다. 상품을 사기 위해서는 돈이 필요하다. 그래서 자본주의 사회에서는 돈이 없으면 살아나갈 수 없다. 또한 인간의 이기심에 근거한 이윤추구가 자본주의 사회에서는 정당한 권리이자 경제를 구성하는 기본 원리이다. 그러다 보니 돈[이윤]이 모든 것을 판단하는 핵심기준이며 살아가는 이유가 되고 말았다. 바로 이 지점에서 자본주의의 발전과 함께 문제점이 발생하는 것이다.

사람들은 자신이 먹을 음식이나 물건을 만들 때는 재료를 신중히 선택하고, 정성을 아끼지 않는다. 주부들은 가족을 위해 음식을 만들 때 되도록이면 좋은 재료로 정성을 다하여 만든다. 하지만 파는 음식은 집에서 주부들이 만드는 것 같은 정성이 깃들기 어렵다. 더 많은 이익을 내기 위해서는 원가를 최대한 낮추면서 잘 팔리도록 만들어야 하기 때문이다. 그래서 저렴한 재료를 사용하게 되고, 맛을 내기 위해 좋은 재료보다는 화학 조미료에 의존한다. 식품회사에서 유통기간을 늘리기 위해 화학 방부제를 사용하는 이유도 더 많은 이윤을 추구하기 위해서이다. 이처럼 자본주의 경제체제에서는 이윤추구로 인해 많은 문제점들이 생겨나고 있다. 국가나 정부에서는 이런 문제들을 해결하기 위해 공정거래법 같은 규제도 만들고, 단속을 강화하기도 한다.

그렇다면 처음 인간이 농사를 지었을 때를 생각해 보자. 당시에는 변변한 농기구도 없었을 것이다. 나무 막대기나 판자를 얼기설기 엮어 삽을 만들고, 돌을 갈아서 돌칼 같은 걸 만들었을 것이다. 이렇게 도구가 변변찮아 아무리 열심히 일해도 수확량은 적을 수밖에 없었다. 그러다 과학이 발전하면서 콤바인이나 트랙터 같은 농기계가 등장했다. 여기에 비료와 농약까지 사용하게 되면서 생산력은 급격하게 증가했다. 쟁기로 농사를 짓던 시기와 현재의 농업 생산물량을 비교해 보면 생산력에서 어마어마한 차이가 난다.

생산량의 증가는 농업보다 공업 분야에서 두드러지게 나타났다. 아주 오래전에는 공업이 집에서 혼자 물건을 만들어 파는 가내수공업 형태였기에 생산량이 적을 수밖에 없었다. 그러다 분업이 생기고 산업혁명이 일어남에 따라 공장에서 물건을 대량으로 생산하는 시대가 도래했다. 당연히 생산량은 획기적으로 늘어났다. 지금은 대량생산을 넘어 물량의 과잉 시대라 할 정도로 다양하고 많은 물건이 흘러넘친다. 백화점이나 마트에 나가보면 얼마나 다양한 물건들이 많은지 금방 알 수 있다. 이렇게 생산량이 대폭 증가하면서 사람들의 생활은 물질적으로 풍부해지고 윤택해졌다. 그런데 생산량의 증가가 과연 물질의 풍요라는 장점만 가져왔을까? 마르크스의 주장에 의하면, 생산력의 변화는 곧 생산관계의 변화를 이끌어낸다고 한다.

인간은 그들 생활의 사회적 생산에서 그들의 물적 생산력의 일정한 발전 수준에 따르는 일정한, 필연적인, 그들의 의사와는 상관없는 관계인 생산관계를 맺는다.

— 마르크스의 《정치경제학 비판》 서문 중에서

그렇다면 마르크스가 말하는 '생산관계'란 무엇일까? '생산관계'란 생산 속에서 사람들이 맺게 되는 관계를 말한다. 이때 중요한 것이 생산수단을 갖고 있느냐 아니냐의 차이이다. 생산수단이란 농기구나 화살처럼 노동에 필요한 도구를 말한다. 이런 도구뿐 아니라 땅, 편의점, 주유소, 공장, 자본 등도 생산수단이다.

농사를 예로 들면, 땅을 갖고 있는 사람을 지주라고 한다. 지주는 농업에 필요한 생산수단인 땅을 갖고 있는 사람이다. 땅이 없는 사람은 지주의 땅을 빌려 농사를 짓고 그 대가로 수확물을 바쳐야 하는 소작인이 된다. 이로써 땅을 매개로 지주와 소작인이라는 생산관계가 형성된다. 자본주의 시대의 생산수단은 '자본'이다. 자본이란 단순히 유통되고 저축되는 돈이 아니다. 자본은 생산수단이자, 노동력과 결합하여 새로운 가치를 만들어내는 돈이다. 따라서 자본을 가진 사람은 자본가가 된다. 자본이 없는 사람은 자본가에게 고용되어 일을 하고 임금을 받는 노동자가 된다.

과거 신분제 사회에서는 신분관계가 아주 복잡했다. 봉건시대만 하더라도 왕, 귀족, 기사, 평민, 농노 등 신분이 복잡하게 나뉘었다. 그런데 신분제가 해체되고 자본주의 사회가 되면서 신분관계가 아주 단순해졌다. 마르크스의 말처럼, 자본이 있느냐 없느냐를 기준으로 자본가인 부르주아와 노동자인 프롤레타리아라는 신분만 남게 되었다. 그런 의미에서 보자면, 정규직이든 비정규직이든, 고위직이든 하위직이든, 고액 알바든 지옥 알바든 일의 종류나 특성과 무관하게 노동력을 제공하고 임금을 받는다는 점에서 모두 노동자 신분이 된다.

마르크스는 모든 사람은 자신의 의사와 무관하게 두 계급 중에서 하나가 될 수밖에 없다고 주장했다. 하지만 후기 자본주의 시대로 접어들면서 두 계급만으로 규정지을 수 없는 일들이 일어났다. 우승 상금으로 수천 억 원을 버는 타이거 우즈 같은 프로 골프 선수는 자본가일까, 노동자일까? 돈이 아니라 지식을 자본으로 사업을 시작하여 거부가 된 빌 게이츠나 스티브 잡스 같은 경우, 엄밀한 의미에서 마르크스가 말했던 자본가라고 할 수 있을까? 직원을 고용해서 월급을 준다는 의미에서는 자본가라고 할 수 있다. 하지만 마르크스가 말하는 생산수단의 소유라는 관점에서 보자면 창의적 지식을 자본이라고 규정하기란 어려운 측면이 있다. 이렇게 마르크스의 이론을 현대에 그대로 적용하기에는 무리한 측면이 많이 있다. 왜냐하면 마르크스는 지식정보와 서비스가 주도하는 후기 자본주의 시대를 상상조차 못 했기 때문이다.

망원경을 뒤집으면
현미경처럼 쓸 수 있어

마르크스 경제학의 핵심인 생산력과 생산관계, 생산양식 중에서 마지막으로 '생산양식'에 대해 알아보자. 생산양식은 생산력과 생산관계가 합쳐진 것이다. 예를 들어, 자본주의나 봉건제 같은 사회경제 체제가 마르크스가 말하는 생산양식이다.

복잡한 현대사회에서 생산양식에 대해 논의하는 건 시간낭비라고 말할 수도 있다. 현대사회는 망원경이 아니라 현미경이 더 필요한 시대이기 때문이다. 하지만 망원경도 뒤집어보면 현미경처럼 쓸 수 있다. 사회경제 체제의 구조를 모르면 사회에서 일어나는 많은 문제들의 원인을 분석할 수 없고, 해결책을 제시할 수도 없다. 또한 미래를 예측할 수도, 준비할 수도 없다. 따라서 마르크스의 이론을 철지난 유행가 취급만 해서는 곤란하다. 여전히 우리 사회의 생산양식에 대해 분석하고 이해하는 것은 매우 중요하고, 또 필요한 일이기 때문이다.

마르크스는 인류의 역사를 생산양식에 따라 원시 공산사회, 고대 노예제 사회, 중세 봉건제 사회, 자본주의 사회, 공산주의 사회, 이렇게 다섯 단계로 나누었다. 원시 공산사회에서 '공산(共産)'이란 함께 생산한다는 뜻이다. 함께 생산해서 함께 나누어 먹는 사회에서는 네 것, 내 것을 구분하는 사유재산이라는 개념이 없었다. 당시에는 생산수단이라는 게 나무막대기 등 보잘것없는 것이라 생산량 자체가 너무 적었다. 그래서 함께 나눠 먹고 나서, 서로 나눠 가질 만한 양[사유재산]이 남지 않았다. 즉 원시 공산사회에서 사유재산이 없었던 이유는 당시 사람들에게 이기심 같은 본능이 없어서가 아니라 생산량이 부족했기 때문이다.

그러다 생산력이 발달하면서 모두가 먹거나 사용하고 난 이후에도 남는 양이 생길 정도로 생산량이 늘어났다. 먹고 사용하고도 남는 양을 바로 '잉여생산물'이라고 한다. 이로써 사유재산에 대한 개념이 생기기 시작했다. 또한 잉여생산물을 누가 갖느냐에 따라 지배자와 피지배자 계급이 생겨났다. 잉여생산물을 차지한 사람이 지배계급이 되었고, 이들은 이제 더 이상 자신이 직접 노동을 할 필요가 없어졌다. 대신 자신들에게 더 많은 잉여생산물을 가져다줄 피지배자들이 필요했다. 그렇다면 이때의 생산수단은 무엇이었을까? 바로 노예이다. 그래서 이 시대를 '고대 노예제 사회'라고 부른다. 원시 공산사회가 노예와 노예의 주인으로 계급이 나뉘는 노예제 사회로 변모한 것이다.

고대 노예제 사회 다음으로 온 단계는 토지를 생산수단으로 하는 중세 봉건제 사회이다. 이때 생산수단인 토지를 가진 사람은 영주가 되고, 가지지 못한 사람은 농노(農奴)가 되었다. 사회가 발전한 덕분에 농노의 사회적 신분은 노예보다는 조금 나아졌다.

농노는 노예처럼 영주의 소유물이 아니기 때문에 함부로 죽이거나 사고팔 수 없었다. 게다가 열심히 일하면 재산도 가질 수 있었다. 그러나 여전히 일신(一身)의 자유는 제약을 받았다. 자기 마음대로 직업을 바꾸거나 다른 성으로 이사를 갈 수 없었다. 자기 마음대로 이동하지 못한다는 점에서는 노예와 다를 바 없었다.

봉건제 사회의 여러 특징 중 하나는 왕과 가신(家臣)의 존재이다. 가신은 말 그대로 가족 같은 신하를 의미한다. 가신은 왕에게 충성을 맹세하고, 왕은 충성의 대가로 가신에게 영토와 영토를 다스릴 권한을 가진 영주의 지위를 보장해 주었다. 대신 가신은 왕이 위급한 상황에 처하면 자신의 군대를 이끌고 가서 왕을 보호해야 했다. 이런 점 때문에 봉건제 사회의 봉건 영주들은 왕과 가족관계인 경우가 많았다.

중세 봉건사회 다음에는 '자본'을 생산수단으로 하는 자본주의 사회가 도래하여 현재까지 이어지고 있다. 여기까지는 마르크스가 생산관계를 기초로 생산양식의 다섯 단계에 대해 연구한 내용이다. 그런데 궁금한 것이 있다. 대체 생산양식은 왜 변화하는 것일까? 그리고 생산관계와 생산양식의 변화는 무슨 연관이 있을까? 이 의문에 대해 마르크스는 다음과 같이 답했다.

사회의 물적 생산력은 어떤 발전 단계에 이르면 그들이 지금까지 그 안에서 움직였던 기존의 생산관계, 또는 이것의 법률적 표현인 '소유관계'와 모순에 빠지게 된다. 그래서 이들 관계는 생산력의 발전에 따라 질곡으로 변환된다. 즉 사회적 혁명기가 도래하는 것이다. 그러면 물적 토대인 경제적 기초의 변화와 더불어 전체의 거대한 상부구조가 변혁된다.

— 마르크스의 《정치경제학 비판》 서문 중에서

이 말을 쉽게 풀자면 '생산양식이 변화하는 이유는 생산력은 계속 발전하는데 기존의 생산관계가 걸림돌이 되기 때문이다. 그래서 아예 생산양식 자체를 바꾸려는 시도가 일어나게 되는 것이다. 이 시도가 성공을 거두면 생산양식 자체가 변화하게 된다는 뜻이다. 여기서 핵심은 바로 '생산력'이다.

노예제 사회에서 생산력을 증가시키기 위해서는 노예를 많이 확보해야 했다. 그래서 정복전쟁이나 식민지 전쟁을 통해 노예와 땅을 확보했던 것이다. 경작할 땅의 크기와 그곳에서 일하는 노예의 수가 한 나라의 생산력이자 국력의 척도였다. 그러나 산업화 시대로 넘어가면서 생산력을 증가시키기 위해서는 몇 가지 요소가 필요했다.

먼저 공장이 있어야 하고, 물건을 만드는 각종 기계와 기계를 움직일 동력과 원자재가 있어야 한다. 사실 이런 것들은 모두 자본, 즉 돈만 있으면 충분히 해결할 수 있다. 그런데 이것들만으로는 물건을 생산할 수 없다. 제일 중요한 것은 기계를 사용하여 물건을 생산해 줄 사람, 즉 노동자가 있어야 한다. 현대에 이르러서는 자동화 시스템과 무인 시스템 등의 사용으로 사람의 노동력이 그리 많이 필요하지 않지만, 19세기에는 사람이 없으면 기계는 있으나마나한 고철덩이에 불과했다. 따라서 공장을 가진 자본가에게는 많은 노동자들이 필요했다. 이때 노동자로 가장 적합한 계급이 바로 농노였다. 봉건제 사회에서 주로 생산을 담당했던 계급이 농노였기 때문이다. 하지만 농노들은 거주 이전과 직업 선택의 자유가 없었다. 이 신분적 굴레 때문에 농노들은 농사일을 그만두고 도시로 가서 공장에 취직할 수가 없었다. 공장을 가진 자본가의 입장에서는 노동자를 구하는 데 어려움이 생긴 것이다.

그러자 봉건제 사회를 지탱하는 신분제도가 자본가들의 생산 활동을 방해하는 요소로 작용하기 시작했다. 즉 정치체제가 경제의 발전을 가로막았던 것이다. 봉건제 사회에서 나라를 다스리는 사람들은 왕과 일부 귀족, 그리고 성직자 등이었다. 이들이 자본가들의 이익을 대변해 줄 리는 없었다. 이러한 상황에서 정치체제로 발목을 잡힌 자본가들과 봉건제 사회의 지배자들 사이에 갈등이 일어났다. 이런 갈등이 첨예화되자 결국 참다못한 자본가들이 들고 일어나서 혁명을 일으켰다. 그 대표적인 예가 프랑스 혁명이다. 혁명의 결과 봉건제도가 몰락하고, 자본가들이 원하는 정치와 경제체제를 갖출 기반을 마련했다. 그런데 프랑스 혁명 때에는 자본가뿐만 아니라 노동자들과 농민들도 적극적으로 참여했다. 당시 혁명가들은 자유, 평등, 박애를 부르짖으며 신분제의 해방을 요구했다. 사회 맨 밑바닥에서 생산을 담당하던 사람들 입장에서는 '신분제 해방'이란 말에 귀가 번쩍 뜨였을 것이다. 그리하여 수많은 노동자들과 농민들이 혁명에 참여했지만, 프랑스 혁명을 프롤레타리아 혁명이라고 하지는 않는다. 혁명의 주도 세력이 자본가인 부르주아 계급이었고, 혁명의 과실 또한 자본가들에게 돌아갔기 때문에 부르주아 혁명이라 부른다.

프랑스 혁명 이후 봉건제에서 해방된 농노들은 자유로운 개인이 되었다. 하지만 그들에게는 여전히 토지나 자본 같은 생산수단이 없었다. 그들의 유일한 생산수단은 자기 몸과 노동력뿐이었다. 그래서 그들은 자본가에게 고용되어 임금을 받는 노동자가 될 수밖에 없었다. 토지에서 해방된 농노가 자본에 종속된 노동자로 변신한 것이다. 이렇게 영주와 농노로 대표되는 봉건제 사회는 무너지고, 자본가와 노동자로 대표되는 자본주의 사회로 넘어갔다. 이것을 두고 사람들은 역사가 진보했다고 말한다.

마르크스를 알면 사회를
객관적으로 바라볼 수 있어 좋아

그렇다면 오늘날의 자본주의 사회에서도 자본가와 노동자라는 생산관계가 생산력의 걸림돌이 되고 있을까? 사실 여기서부터 마르크스의 이론은 지금의 현실을 제대로 설명해 주지 못하고 있다. 자본가와 노동자라는 단순 대비는 명쾌한 일이지만, 현실은 이것만 가지고 해석하기에는 너무 복잡해진 것이다. 오늘날에는 가난한 자본가와 부자 노동자들도 많고, 혼자서 자본가이자 노동자 역할까지 하는 1인 기업도 많이 볼 수 있다. 마르크스가 이런 사람들을 본다면 어떤 생각을 할까?

마르크스의 이론이 지금의 현실을 설명하지 못하더라도 '자본주의'도 언젠가는 다른 생산양식으로 변화할 거라는 주장마저 폐기된 것은 아니다. 세상에 영원한 것은 없기 때문이다. 아마 그 시기는 생산관계가 생산력 발전에 걸림돌이 될 때일 것이다. 마르크스는 자본주의가 고도로 발달하면 노동자들이 혁명을 일으켜서 공산주의(共産主義) 사회로 넘어갈 거라고 주장했다. 하지만 자본가들은 왕과 영주들처럼 무식하고 답답한 사람들이 아니었다. 영리한 자본가들은 생산력의 발전에 맞춰 끊임없이 생산관계를 변화시키며 자본주의 체제를 지켜왔다. 이것을 '후기 자본주의'

라고 부른다.

후기 자본주의는 미국을 기준으로 1950년대 후반부터 시작되었다. 이때부터 농업이나 공업 같은 직접 노동에 종사하는 사람들이 전체 인구의 50% 이하로 줄어들었다. 나머지 50%의 사람들은 직접 노동이 아닌 사무관리, 교육, 의료, 행정, 서비스 등 지식정보에 근거한 노동을 했다. 이들은 주로 쾌적한 실내에서 와이셔츠를 입고 일하는데, 이런 노동자들을 '화이트칼라'라 부른다. 이렇게 후기 자본주의 시대에는 직접 몸으로 노동을 하는 노동자[블루칼라]보다 화이트칼라 노동자들이 많아졌기 때문에 '지식정보화 시대'라고도 한다. 현재 대부분의 선진국이 여기에 포함된다.

지식정보화 시대에서는 지식과 정보를 가진 개인들이 중요하다. 1992년 노벨 경제학상을 받은 시카고대학의 베커 교수는《인적자본 Human Capital(1964년)》이란 책에서 처음으로 '개인'을 경제의 생산성을 높이는 주요 주체로 바라보았다. 화폐뿐만 아니라 개개인이 가지고 있는 지식정보도 자본이 된다는 것이다. 베커 교수의 주장은 사실로 증명되었다. 빌 게이츠나 스티브 잡스 같은 IT산업 종사자들의 성공으로 우리는 지식과 아이디어가 돈이 된다는 사실을 알게 되었다. 아마도 이들의 성공 덕분에 1964년에 발표한 저서가 뒤늦게 노벨상을 받았을 것이다.

20세기부터 지금까지 100년 동안에 일어난 시대적 변화는 그

동안 인류가 수천 년 동안 이루어온 모든 발전을 능가해 버렸다. 그러므로 150년 전 사람인 마르크스가 이런 변화를 예측하지 못한 것도 충분히 이해가 된다. 마르크스가 사회를 변화시키겠다는 의지를 다지게 된 것은 당시 비참하게 살아가는 대다수 노동자들 때문이었다. 그는 노동자 개인이 아니라 노동자 계급의 삶을 개선시키기 위해 공산주의 운동을 펼쳤다. 그래서 마르크스에게는 계급이 아닌 개인의 잠재력과 가치는 중요한 고려대상이 아니었다. 하지만 지금은 개개인을 노동력을 가진 노동자라는 계급이 아닌 인적자본이란 측면에서 중요시하고 있다. 마르크스가 인간을 바라본 관점과 지금 시대의 관점이 달라진 것이다.

그렇다면 계급보다 개인의 가치를 더 중요하게 여기며, 지식과 정보가 생산수단이 된 후기 자본주의는 앞으로 어떻게 변화하게 될까? 2012년 방한한 미래학자 짐 데이토 박사는 농경시대, 산업시대, 정보화 시대 다음으로 '절약의 시대(Conserver Society)'가 올 거라고 예측했다. 다른 말로 하면 '생존이 최우선인 시대'가 온다는 것이다. 인류 역사상 최고의 물질적 풍요와 생활의 편리를 누리고 있는 첨단 자본주의 시대 다음에 오는 것이 절약의 시대라니 뭔가 아이러니하다. 왜 마르크스의 이론대로 자본주의 사회 다음에 '공산주의 사회'가 아닌 '생존이 최우선인 시대'가 온다는 것일까?

후기 자본주의는 발 빠르게 변신해 왔지만, 지금은 국가든 기업이든 개인이든 어느 누구도 자본주의의 위기로부터 안심할 수 없는 시대이다. 자본주의라는 생산양식이 변화하는 게 아니라 붕괴할 수도 있다는 불안감과 이후에 어떤 상황이 벌어질지 모른다는 두려움에 빠져 있는 것이다. 이 위기의 핵심은 바로 금융자본의 위기에서 비롯되었다. '금융자본주의(Financial Capitalism)'란 개념은 힐퍼딩이 1910년에 발간한 《금융자본론》이란 책에서 처음 제시하였다. 그가 말하는 '금융자본'은 은행과 산업의 독점적인 금융적 결합체를 의미한다. 그의 주장에 따르면, 이미 20세기 초반에 거대 금융자본이 카르텔(cartel, 기업연합)이나 트러스트(trust, 기업합동)로 독점화한 산업자본과 결합해서 한 나라의 경제와 정치를 지배하는 금융과두지배(金融寡頭支配)가 나타났다고 한다. 이 금융자본주의 때문에 현재 미국의 경우 1% 부유층만이 지속적으로 부를 쌓고, 나머지 99%는 아무리 열심히 일해도 가계부채에 시달릴 수밖에 없는 구조가 되어버렸다. 그래서 미국처럼 금융자본주의가 발달한 국가일수록 국가와 소수의 자본가는 갈수록 부유해지지만, 대다수 개인들은 갈수록 빈곤해지는 모순이 심화되고 있다.

그렇다면 오늘날 금융자본의 위기는 왜 발생하게 되었을까? 마르크스가 말한 자본주의의 핵심적인 특징이 '상품을 통한 이윤추구'라는 점에서 화폐도 이윤추구를 위한 상품이 된다. 금융자본은 상품이 아닌 화폐를 통해 이익을 추구하는 화폐경제를 중심으로 한 자본이다. 초기 자본주의는 상품을 실제로 거래하는 실물경제가 중심이었다. 하지만 자본주의가 발달하면서 상품이 아닌 은행, 증권, 외환거래 등 화폐 거래가 중심이 된 화폐경제가 성립되었다. 현재 자본주의 경제에서는 실물경제에 필요한 것보다 몇 천 배나 많은 화폐들이 금융자본의 형태로 거래되고 있다. 상품이 실제로 거래되면서 이익이 발생하는 게 아니라 은행계좌의 돈만 거래되면서 이익과 손해가 발생하는 구조로 변모한 것이다.

그런데 금융자본의 거래 과정에서는 반드시 돈이 부족해지는 현상이 발생하게 된다. 이 때문에 개인뿐만 아니라 국가도 파산하는 일이 발생한다. 1998년도에 우리나라가 겪은 IMF 사태나 요즘의 그리스, 스페인의 파산위기도 실물경제가 아닌 돈의 부족으로 발생한 화폐경제에서 비롯되었다. 문제는 금융위기가 화폐경제에서 끝나지 않고 실물경제의 파산까지 불러온다는 점이다. 지금 전 세계 국가경제는 실물이 아닌 화폐에 근거하고 있기 때문에 금융위기라는 외부적 요인이 발생하면 실물경제에까지 영향을 미치는 구조이다. 쉽게 말해 돈이 사람은 물론이고 기업과 국가까지 지배하는 상황이 온 것이다.

이렇게 돈의 지배가 강화될수록 빈부격차는 점점 커질 수밖에 없다. 요즘 가장 뜨거운 사회문제인 극심한 빈부격차의 심화는 구조적으로 일어날 수밖에 없는 현상이다. 이처럼 빈부격차가 심각해지면 사람들이 폭동이라도 일으킬 것 같은데, 왜 세상은 조용한 것일까? 폭동이 일어날 정도로 빈부격차가 아직 심각하지 않기 때문일까?

조용하고 평화로운(혹은 평화롭게 보이는) 세상에 대한 의문은 1994년 노벨경제학상을 받은 존 내시(1928년~)가 '내시 균형'이란 이론으로 해결해 주었다. 영화 〈뷰티풀 마인드〉의 실제 주인공인 내시가 주장하는 '내시 균형'이란 각자 자신에게 유리한 선택을 하다 보면 결국에는 서로가 균형된 상태에 도달한다는 뜻이다. 그런데 이때의 균형이 꼭 바람직한 상태를 의미하는 것은 아니다. 선택에 참여하는 당사자 모두가 다른 선택을 할 경우 서로 손해를 보기 때문에 더 이상 새로운 선택을 할 수 없는 상태의 균형이라는 것이다. 즉 좋아서가 아니라 어쩔 수 없이 유지하고 있는 균형 상태라는 점에서 무척 무기력하고 불행한 상태로 보인다. 이 불행한 균형 상태를 유지하기 위해 삼성과 애플은 불필요한 광고전쟁을 벌이고, 병원은 홍보를 위해 잘 사용하지도 않는 첨단 의료기기를 도입하고 있으며, 커피 전문점은 비싼 임대료에도 불구하고 소비자가 많은 도심에 밀집하고 있다.

마르크스가 예견한 노동자와 자본가의 투쟁 또한 전체적으로 보면 '내시 균형' 상태로 볼 수 있다. 노동자는 일자리가 필요하고, 자본가는 노동력이 필요하다. 그래서 많은 갈등이 있음에도 불구하고 혁명은 일어나지 않는다. 즉 양쪽 모두 내시 균형 상태에 머물러 있는 것이다. 지금도 빈부격차의 심화로 불안과 위기감이 그 어느 때보다 증폭되고 있지만 개인들이 아무런 행동을 취하지 못하는 이유 역시 '내시 균형' 상태라고 할 수 있다.

이처럼 문제점을 알면서도 어쩔 수 없이 아무런 선택을 하지 못하는 경우를 경제학은 '합리적 무시(rational ignorance)'라고 한다. 문제를 개선하는 데 많은 비용이 들고, 한 개인의 비용으로 할 수 있는 일은 거의 없기 때문이다. 즉 개인이 할 수 있는 일은 우리 사회의 모순과 자신의 불이익을 모른 척하며 묵묵히 살 수밖에 없다는 의미이다.

이런 문제점 때문에 짐 데이토 박사는 '절약의 시대(Conserver Society)'가 올 것이라 경고했을 것이다. 그런데 모두 생존을 목표로 자신의 삶에 최선을 다해야겠지만 언제까지 내시 균형 상태를 참고 견딜 수 있을지 모르겠다. 게다가 우리 각자가 이 상황을 묵묵히 견디더라도 구조적 모순에 의한 자체 붕괴를 막을 수 있을지 의문이다. 미래학자들은 살아남기 위해 발버둥 치기 때문에 오히려 세계적인 대붕괴가 올 것이라 예측했다. 실제로 미국과 같은 금융위기 상황이 유럽 연합과 중국에서도 발생하고 있다. 이런 위기의 여파에 그리스와 스페인 같은 나라가 제일 먼저 영향을 받았지만, 결국 우리나라 같은 자원빈국이 가장 많은 영향을 받을 것이다. 이렇게 세계경제가 나빠지면 우리나라 경제는 곧바로 영향을 받고, 각자의 삶의 질 또한 떨어질 것이다. 지금 우리는 '자본주의'의 위기라는 전체 집단의 운명에 의해 개인의 운명이 좌우되는 어려운 시대를 살고 있다.

마르크스의 차별점은
실천가였다는 거야

지금까지 철학자들은 세계를 다양한 방법으로 해석하기만 했다. 그러나 중요한 것은 세계를 변화시키는 것이다.

— 《포이어바흐에 관한 테제들》 중에서

마르크스가 기존 철학자들과 가장 큰 차이점을 보인 것은 자신의 사상을 삶 속에서 실천한 실천가였다는 점이다. 사실 철학자들에게 제일 중요한 일은 세상과 인간을 관찰하고 해석하는 일이었다. 그래서 그들은 늘 팔짱을 끼고 뒤로 한 발 물러나서 세상을 관조(觀照)하는 관찰자의 태도를 취했다. 물론 이것이 잘못되었다는 것은 아니다. 사물을 올바르게 관찰하기 위해서는 적당한 거리를 두고 객관적 시각을 유지해야 한다.

마르크스 역시 철학자들의 관찰자적 태도를 비난하려는 의도 같은 건 없었다. 마르크스 자신도 누구보다 열심히 세계를 관찰하고 해석하려고 노력했기 때문이다. 다만 열심히 세계를 해석하고 이해하는 것만으로는 세상을 변화시킬 수 없다. 세상 속으로 뛰어들어 우리가 원하는 대로 변화시키기 위해 적극적으로 노력할 때에 세상은 조금이라도 변할 수 있다. 마르크스는 바로 이 점을 강조했고, 또 스스로 노력하고 실천했다.

그렇다면 실천가인 마르크스의 말대로 21세기를 사는 우리들도 원하는 세상을 만들기 위해 뭔가를 해야 하지 않을까? 마냥 내시 균형 상태를 유지하며 무기력한 개인으로 눈치만 보면서 살 수는 없다. 그런다고 누군가 나의 생존을 보장해 주는 것도 아니다. 그렇다고 프랑스 혁명에 참가한 노동자들처럼 거리로 나가 폭동을 일으킬 수도 없다. 그런 물리적 방법은 이제 낡은 수법이고, 개인적으로 위험할 뿐만 아니라 이득이 별로 없다. 그런데 달리 뾰족한 수가 없어 서로 눈치만 보고 있던 수많은 개인들에게 세상의 변화에 동참할 수 있는 좋은 것이 나타났다. 바로 소셜 네트워크와 스마트폰이다.

과학의 발달로 등장한 소셜 네트워크와 스마트폰은 모래알처럼 흩어져 있는 개인들을 하나로 모으고 연결시키는 소통의 역할을 하고 있다. 홀로 떨어져 있는 개인은 초라하고 외롭다. 하지만 자신과 같은 생각을 가진 사람들과 연결되고 소통하면서 사람들은 불안과 외로움에서 벗어나 자신감과 함께 변화의 의지를 다지기 시작했다. 나만 그런 게 아니라 다른 사람들도 나와 같은 생각을 하고 있다는 동질성과 동지의식은 자신이 전체 집단과 얼마나 긴밀하게 연결되어 있는지 깨닫게 해주었다. 또한 스마트폰 하나로 연결된 사람들은 이제 전통적인 혈연, 지연, 정치권력에까지 영향을 미치고 있다. 또한 온라인을 넘어 오프라인으로 모임이 확장되고, 전 세계적인 연대까지 구상하고 있다. 조직에 소속된 구성원이 아닌 자유로운 개인들이 수평적인 연대와 연합을 이룬 것은 인류 역사상 처음 있는 일일 것이다. 대체 어떤 이유로 소셜 네트워크와 스마트폰은 이런 엄청난 일을 이뤄낸 것일까?

첫 번째는 연대의 편리함이다. 특정한 장소를 찾아가거나 누군가를 만나지 않아도 스마트폰 클릭 하나만으로 세상과 연결될 수 있다. 물리적, 시간적, 경제적 노력을 들이지 않고도 우리는 언제든 연대의 장에 참여할 수 있게 된 것이다. 두 번째는 자신의 의견을 표현하는 방법이 너무 쉽고 간편해졌다는 점이다. 댓글을 달거나, 팔로잉를 하거나, 리트윗을 하는 것만으로도 자신의 의견을 표현할 수 있다. 과거에는 자신의 의견을 표현하기 위해서는 많은 노력이 필요했고, 위험도 감수해야 했다. 시위에 참가하거나 글을 써서 벽에 붙이거나 큰소리로 외쳐야 하는 과정의 힘겨움 때문에 과거에는 지식과 행동이 일치하는 '지행합일(知行合一)'이 어려웠다. 하지만 소셜 네트워크와 스마트폰은 어렵고 번거롭고 힘겨운 과정들을 쉽게 해결해 주었다. 이제 아는 것과 행동하는 것 사이의 거리는 손 안의 스마트폰이 좁혀준 것이다.

마르크스와 공자, 그리고 소크라테스는 모두 '지행합일'을 강조했다. 이것이 지식인의 도리이자 본분이라고 생각했다. 그런데 21세기의 개인들은 높은 교육수준과 과학의 발달 덕분에 손쉽게 지행합일을 행할 수 있게 되었다. 최근 몇 년 사이에 벌어진 이 상황을 마르크스는 과연 상상이나 할 수 있었을까?

발전을 거치는 가운데 계급적 차이가 사라지고 모든 생산이 연합된 개인들의 손 안에 집중되면, 공권력은 그 정치적 성격을 잃어버리게 될 것이다. (중략) 계급과 계급의 대립으로 얼룩진 낡은 부르주아 사회 대신에 각자의 자유로운 발전이 전체의 자유로운 발전의 조건이 되는 연합체가 나타나게 될 것이다.

— 마르크스와 엥겔스 〈공산당 선언〉 중에서

마르크스는 생산력 발전의 끝에 해당하는 생산관계는 자유로운 개인들의 연합이라고 말했다. 지배하는 정치권력 없이 자유로운 개인들의 연합으로 이루어진 공동체, 각자의 자유로운 발전이 전체 발전의 조건이 되는 연합체가 인류 역사의 마지막 장에 등장하는 생산양식이라는 것이다. 물론 마르크스가 오늘날 스마트폰을 활용한 수평적인 소셜 네트워크 현실을 예측하고 이렇게 말했을 리는 없다. 하지만 마르크스의 선언을 음미해 볼 가치는 충분히 있다. 왜냐하면 마르크스는 현재 우리가 살고 있는 자본주의에 대해 처음으로 과학적인 이론을 세운 사람이기 때문이다.

또한 그의 결론이 오늘날의 지향과 일치하는 '자유로운 개인들의 수평적인 연합'이기 때문이다. 비록 마르크스는 시대에 앞서 자신의 이론을 검증하려는 오류도 범했지만 그렇다고 모든 책임을 그에게 떠넘길 수는 없다. 분명 공산주의 체제의 몰락과 마르크스의 이론은 구분해서 바라봐야 할 필요가 있다. 그런 의미에서 마르크스의 주장은 아직 유효한 측면이 있다. 사회를 객관적으로 바라보는 데 그의 이론은 도움이 되기 때문이다.

8

니체를
탐험하며
자기 긍정을
배워봐

니체 편 고전의 이름은
《차라투스트라는 이렇게 말했다》

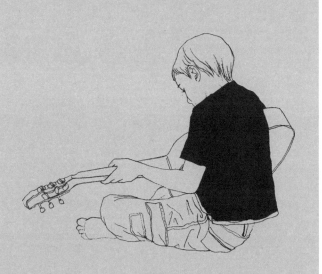

우리가 니체를 알아야 이유는
철학을 통해 어떻게 자기 자신을 알아냈는지,
또 자기 자신이 되기 위해 어떤 과정을 거쳐야 하는지
알려줄 사람은 니체밖에 없기 때문이다.
그는 서양철학사에서 인간의 가치와 가능성을 온전히 인정하고,
이것을 근거로 삼아 사상을 전개한 첫 번째 철학자였다.
니체의 영향을 받은 많은 현대 철학자들은 그를 따라 했다.
하지만 아직까지 아무도 그를 대체하지 못하고 있다.
그래서 20세기에 가장 큰 영향을 준 세 사람의 철학자 중에서
니체만이 우리의 미래를 밝혀줄 인물로 살아남았다.

니체라는 서양사상의 반란자가 있었어

'happy'라는 단어는 우연히 일어난 일을 뜻하는 'hap'을 어원으로 하고 있다. 아마 행복은 자주 있는 일이 아닌 해프닝[사건] 같은 거라서 행복을 'happy'라고 하지 않았나 싶다. 사실 인간의 평범한 삶은 행복이나 즐거움, 기쁨과는 거리가 멀다. 평범하고 지루한 삶의 연속선상 속에서 가끔 불행이 닥치고, 가끔 행복이 닥친다. 그래서 모든 사람들은 소망한다. 좀 더 자주, 그리고 오랫동안 행복을 누리게 해달라고. 이렇게 간절하게 행복을 갈구하지만 대부분은 사람들은 행복하지 못하다. 이는 행복의 전제조건을 알지 못하기 때문이다. 행복의 전제조건은 바로 자신의 주제를 파악하는 것이다.

잠시라도 행복의 날개로 날아다니고 싶다면 자신에 대해 잘 알아야 한다. 자신이 어떤 사람인지, 무엇을 잘하는지 못하는지, 어떤 것을 할 수 있거나 할 수 없는지, 간절히 원하는 것과 절대로 직면하고 싶지 않은 것은 무엇인지 등 자신에 대한 지식과 정보를 많이 알아야 한다. 소크라테스가 "너 자신을 알라"고 충고했던 것도 같은 맥락이다. 그리고 이 충고를 시작으로 서양철학이 전개되었다. 그런데 갑자기 서양철학의 2,000년 역사를 발칵 뒤집어놓을 만한 반란자가 나타났다. 그는 "신은 죽었다"라고 선언하며 유럽 문명의 종말과 새로운 시작을 선포했다. 그의 이름은 니체이다.

니체는 "너 자신을 알라"는 소크라테스의 충고에 대해 "너 자신부터 되어라"고 비판했다. 소크라테스처럼 육체를 경멸하는 이들에게 니체는 '제발 육체와 고별하고 침묵하라'고 일갈했다. 니체는 오직 정신[이성]만을 중요시 여기며 육체를 경멸하고 혐오하던 기존 전통 철학자들과 정반대되는 입장을 표명한 것이었다. 미래보다는 현재를 중요하게 여겼고, 정신만큼 육체의 소중함을 강조했다. 이 때문에 니체는 마르크스, 프로이트와 함께 20세기에 가장 큰 영향력을 끼친 철학자로 손꼽힌다.

사실 우리에게 니체의 철학은 너무 어렵고 난해하다. 신을 부정하는 파격적인 행동과 함께 고독과 불행의 연속이었던 그의 일생 때문에 더욱더 무겁게 다가온다. 하지만 니체에게 철학은 어렵거나 고상한 게 아니었다. 자신을 아름답게 꾸미기 위한 옷가지나 가면 같은 것이었다. 왜냐하면 철학보다 중요한 것은 바로 자기 자신이기 때문이다. 타인과 비교를 하면서 나를 아는 것이 아니라 '있는 그대로의 나'를 아는 것이 중요하다. 그런데 자기 자신을 알아가면서 자신을 긍정적으로 바라보는 것이 중요하다. 자신에 대해 긍정적으로 생각하기란 쉽지 않지만 말이다. 니체는 철학을 통해 자기 자신을 알려 했고, 항상 자기 자신으로 머물고자 했다. 그리고 자신을 기만하거나 약하게 만드는 모든 것들을 과감하게 망치로 부숴버렸다. 안타깝게도 여기에는 신도 포함되어 있었다.

우리가 니체를 알아야 이유는 바로 이 때문이다. 철학을 통해 어떻게 자기 자신을 알아냈는지, 또 자기 자신이 되기 위해 어떤 과정을 거쳐야 하는지 알려줄 사람은 니체밖에 없기 때문이다. 그는 서양철학사에서 인간의 가치와 가능성을 온전히 인정하고, 이것을 근거로 삼아 사상을 전개한 첫 번째 철학자였다. 니체의 영향을 받은 많은 현대 철학자들은 그를 따라 했다. 하지만 아직까지 아무도 그를 대체하지 못하고 있다. 그래서 20세기에 가장 큰 영향을 준 세 사람의 철학자 중에서 니체만이 우리의 미래를 밝혀줄 인물로 살아남았다. 마르크스의 이론은 현실적으로 실패를 하여 희망만을 남겨놓았고, 프로이트의 무의식 탐구는 여전히 발전하고 있지만 진화심리학과 뇌과학에 의해 많은 빚을 지고 있다. 오직 니체의 사상만이 현대 의식의 지평선 위에 우뚝 서서 미래를 바라보고 있다.

니체는 지금까지 진리라고 믿어왔던 많은 부분, 과학이나 도덕 분야에서 커다란 변화가 일어날 거라고 예견했다. 니체가 말한 커다란 변화는 100년이 지난 오늘날에 이르러 제대로 빛을 발하게 될 지혜이다. 그러나 아직까지 아무도 니체가 예견한 변화를 말하지 않았다. 어느 누구도 입을 열지 않은 니체의 지혜란 대체 무엇일까? 이제부터 그의 생애와 사상을 살피며 찾아보도록 하자.

천재는 역시 고독할 수밖에 없어

프리드리히 니체(Friedrich Wilhelm Nietzsche)는 1844년, 독일의 작센 주 뢰켄에서 목사집안의 장남으로 태어났다. 니체의 할아버지는 루터 교회의 감독관이었고, 아버지 칼 루드비히 니체는 작은 마을의 목사였다. 외가도 5대에 걸쳐 목사를 지낸 집안이었기에 그의 어머니는 아들이 훌륭한 목사가 되기를 바랐다. 이에 따라 니체는 14살이 되던 1858년에 기독교 기숙학교인 포르타 공립학교에 입학했다. 니체는 4년 동안 학업에 전념하여 장학금을 받을 정도로 성적이 우수했다. 그래서 훌륭한 목사가 될 자질을 갖춘 학생이라는 평가를 받았다. 때문에 학교 측과 가족들이 니체에게 거는 기대는 매우 컸다. 그는 공부에 대한 열정이 강했지만 공부만 하는 얌전한 범생이는 아니었다. 그는 수영과 함께 스케이트타는 것을 아주 좋아했고, 장거리 국토 도보여행을 할 정도로 야외활동을 즐겼다. 게다가 시와 문학, 음악에도 남다른 재능과 열정을 보였다. 한마디로 니체는 다양한 감성과 재주를 가진 다재다능한 소년이었다. 니체가 15살 때 쓴 시를 보면 그의 문학적 재능을 알 수 있다.

아무도 감히 나에게 물으려 하지 않는다.

나의 고향이 어디에 있는지를.

나는 공간과 스쳐 가는 시간에

한 번도 속박된 적 없이,

독수리처럼 자유롭다.

공자는 15살을 가리켜 '처음 공부에 의지를 갖는 나이'라는 뜻으로 지학(志學)이라고 했다. 그런데 니체는 이미 15살에 공부에 뜻을 두는 수준이 아니라 공부의 목적은 시간과 공간을 뛰어넘는 자유로움과 독수리 같은 예리함을 추구하기 위해서라고 생각했다. 그의 천재성은 1865년 6월, 동생 엘리자베트에게 보낸 편지에서 더욱 잘 드러난다.

"진실한 믿음은 객관적 진리를 인정하는 데 전혀 도움이 되지 않아. 여기에서 인간의 길이 나뉜다. 만일 네가 영혼의 평화와 행복을 원한다면, 믿어라. 하지만 네가 진리의 사도가 되고 싶다면, 질문하라.”

목사가 되기 위해 신학교에 입학한 신학생에게 신에 대한 믿음은 절대적인 것이다. 신을 믿는 사람에게 신은 절대로 고민이나 질문의 대상이 될 수 없다. 그런데 이 편지를 보면 니체는 신에 대한 믿음과 인간으로서의 질문 사이에서 고민하고 있다는 걸 알수 있다. 아마도 이때 니체는 신에 대한 믿음이 객관적 진리가 아니라는 것을 깨달았던 것 같다. 이런 생각을 한다는 것 자체가 신학을 공부하는 학생으로서는 매우 위험하고 불편한 일이었다. 그래서 결국 니체는 신학을 포기했다. 그리고 진리를 얻기 위한 끊임없는 질문과 대답에 몰두했다.

포르타 공립학교를 졸업한 니체는 고전문헌학과 신학을 공부하기 위해 본대학에 입학했다. 고전문헌학은 그리스나 로마의 신화 같은 오래된 고전을 읽고 연구하는 학문이다. 문학적 재능과 놀라운 집중력, 그리고 기존의 낡은 사고방식에 대한 날카로운 비판력을 가진 니체에게 고전문헌학은 그의 능력과 재능을 발휘하기 매우 적합한 학문이었다. 그래서 니체의 대학 지도교수는 “내가 40년 동안 보아온 학생들 중에서 니체는 가장 뛰어난 학생이다”라며 극찬을 하였다.

신에 대한 믿음 대신 질문을 선택하기로 한 니체는 결국 신학을 포기하고 고전문헌학 학자가 되기로 결심했다. 그리고 학자로서의 능력을 인정받아 24살의 젊은 나이에 스위스의 바젤대학 교수가 되었다. 24살이라는 나이에 교수가 되는 건 매우 파격적인 일이었다. 그는 멋진 외모와 재미있는 강의로 학생들에게 인기가 많았다. 특히 멋진 콧수염과 동그란 안경은 개성 넘치는 지식인의 풍모를 느끼게 했다. 니체의 제자 가운데 한 사람은 그의 외모에 대해 다음과 같이 묘사했다.

"그는 키가 작았지만 결코 왜소해 보이지 않았다. 반짝거리는 동그란 안경과 풍성한 콧수염으로 인해 그는 지적이면서도 당당하게 보였다. 그러나 그는 자신의 인상이 다른 사람에게 어떻게 보이는지에 대해 전혀 관심이 없었다."

니체가 교수로서 능력을 인정받고 경제적 안정을 누리던 평탄한 삶은 그리 오래가지 못했다. 교수가 된 지 10년이 지난 1879년, 건강상의 이유로 니체는 대학에 사직서를 제출했다. 그는 어렸을 때부터 심한 근시로 고생했기 때문에 최대한 눈을 보호하기 위해 조심해야 했다. 그럼에도 그는 지나칠 정도로 읽고 쓰는 작업에 몰두하면서 눈을 혹사시켰다. 결국 제대로 사물을 볼 수 없을 정도로 눈의 통증이 심해졌고, 이로 인해 늘 극심한 편두통에 시달려야 했다. 음식을 소화하기 힘들 정도로 위의 기능도 약해져 결국 니체는 사직서를 내고 휴양지로 떠나버렸다. 커다란 여행용 가방에 입을 옷과 쓰던 원고만 챙겨넣고 집을 떠난 니체는 그후 10년 동안 알프스의 엔가딘 지방과 지중해 주변의 휴양지들을 떠돌아다녔다. 이렇듯 표류하는 방랑자 생활을 하면서도 니체는 학문에 대한 열정을 놓치지 않았다. 어느 곳에서나 철학을 연구하고 철학책을 써냈다.

늘 지겨운 일상을 반복해야 하는 현대인에게 자유롭게 떠돌아다니는 방랑하는 삶은 부러움의 대상이기도 하다. 하지만 니체의 삶은 자유와 낭만과는 거리가 멀었다. 그는 늘 외롭고 쓸쓸했다. 비록 스스로 택한 고독이지만, 니체는 평생 동안 고독과 싸우며 그 속에서 자신의 목소리를 듣기 위해 귀를 기울였다. 그리고 고독을 바탕으로 자신만의 독창적인 사상을 창조해 냈다. 그러나 고독한 방랑생활은 사람을 지치고 피폐하게 만들게 마련이다. 이런 징조는 1888년부터 나타났다. 누군가에게 "인류는 내가 살지 않았으면 새로운 희망을 가질 수 없었을 거야"라는 편지를 쓸 정도로 니체는 심각한 과대망상 증상을 보였다.

결국 니체는 1889년, 광장에서 발작을 일으키며 쓰러졌다. 마부가 늙은 말에게 채찍질을 하는 걸 보고 니체는 말을 껴안고 오열하다 정신을 잃고 쓰러졌다고 전한다. 가족들은 정신이상 징후를 보이는 니체를 정신병원에 입원시켰다. 그후 11년 동안 정신병에 걸린 니체는 어머니와 여동생의 간병을 받으며 살아야 했다. 1893년부터는 사람을 식별하지 못할 정도로 증세가 심해졌고, 다음 해에는 말을 할 수 없게 되었다. 그리고 마침내 1900년 8월 25일 정오경, 바이마르에서 폐렴으로 숨을 거두었다.

니체의 3가지 핵심 개념은 '힘의지, 초인, 영원 회귀'야

　니체 철학의 핵심은 '힘의지, 초인, 영원회귀' 이 세 가지로 요약된다. 간단하게 말해 "누구나 '힘의지'를 갖고 있으며, 이것을 제대로 사용하기 위해서는 '초인'이 되어야 한다. 그리고 초인은 '영원회귀' 안에서 살고 있다"는 내용으로 정리될 수 있다. 세 가지가 이렇게 서로 연결되어 있다는 것을 설명하기 위해 니체는 방대한 양의 책을 저술하였다.

　무엇보다도 우선, 살아 있는 어떤 것은 자신의 힘을 발산하려고 한다. 삶 자체는 힘의지(Will to Power)이다. 자기 보존은 단지 힘의지 가운데서 간접적이며 가장 자주 나타나는 결과들 중의 하나일 뿐이다. 간단히 말해서 보존 의지는 그와 같은 원리들 중의 하나이다.

– 니체의 《선과 악의 저편》 중에서

니체가 말하는 '힘의지'는 이 세상 모든 생명체가 지닌 근원적인 에너지를 의미한다. 모든 생명체는 자신의 생명을 보존하면서, 한편으로는 더 나은 상태로 발전하고자 하는 의지를 가지고 있다. 니체는 이 의지야말로 세상을 움직이는 근본적인 원리라고 보았다.

그동안 '힘의지'를 '힘에의 의지'라고 번역해 왔는데, 이것은 바람직한 우리말법이 아니며, 발음하기도 어렵다. 어떤 사람은 직역해서 '권력의지'라고도 하는데, 이 단어는 니체의 힘의지를 악용한 히틀러를 연상시키므로 적절하지 않다. 그러므로 '힘에의 의지'를 힘의지라고 줄여서 말하는 게 좋을 듯싶다. 또한 '힘의지'는 '힘+의지'가 합쳐진 단어처럼 보이지만, 한 단어로 이해해야 한다. 이것은 인간을 육체와 영혼으로 나눈 소크라테스와 달리 니체는 육체와 영혼이 하나로 합쳐진 존재라고 생각한 것과 같은 의미이다.

나는 생명체를 발견하는 곳에서는 언제나 힘의지를 발견했다. 심지어 노예의 의지 속에서도 주인이고자 하는 의지를 발견했다. 약한 자의 의지는 스스로를 설득하여 강한 자에게 봉사하게 만든다. 그리고 약한 자의 의지는 더 약한 자의 주인이 되기를 원한다. 이 기쁨만은 절대로 포기하려 하지 않는다.

작은 자가 훨씬 더 작은 자를 통해 기쁨과 힘을 느끼기 위해 더 큰 자에게 굴종하듯이, 더 큰 자 또한 굴종하고 생명을 건다.

- 니체의 《차라투스트라는 이렇게 말했다》 중에서

위의 문장 때문에 '힘의지'에 대한 잘못된 해석과 니체에 대한 오해가 생겼다. 독일의 독재자 히틀러가 이 문장을 인용하면서 자신의 독재정치를 정당화시키는 도구로 사용했기 때문이다. 히틀러는 니체가 말한 '힘의지'가 바로 힘의 논리에 의해 강자가 약자를 지배하는 게 정당하다는 것을 입증해 주는 근거라고 주장했다. 만약 니체가 히틀러의 천박한 주장 같은 의미로 힘의지를 말했다면, 독일의 패배와 함께 그의 이름은 이미 세상에서 사라져 버렸을 것이다. 하지만 니체가 말한 '힘의지'란 그런 저급한 수준의 의미가 아니었다.

니체의 대표작인 《차라투스트라는 이렇게 말했다》는 1883년 2월, 이탈리아의 라팔로에서 겨울을 보내면서 열흘 만에 완성한 책이다. 서양철학에 대해 잘 모르는 사람도 이 책의 제목 정도는 들어봤을 것이다. 그러나 차라투스트라가 실존인물이라는 사실은 거의 모르고 있다. 니체가 창조해 낸 가상의 인물이라고들 생각한다. 차라투스트라는 기원전 628년경에 태어난 인물로 이슬람교 이전 페르시아의 종교였던 조로아스터교를 창시한 예언자이다. 그런데 왜 니체는 잘 알려지지도 않은 역사 속 예언자의 이름을 사용했을까? 니체의 풍부한 문학적 상상력을 참고해 보자면, 아마 니체는 더욱 극적인 메시지를 전달하는 효과를 염두에 두고 자신의 목소리보다 차라투스트라의 입을 빌려 말한 게 아닐까 추측된다.

니체의 주장에 의하면 '힘의지'는 누구나 지닌 움직임의 에너지이다. 하지만 힘의지를 제대로 사용하지 못하면 위의 글에서 말하는 것처럼 지배와 굴종의 관계로 전락해 버리기 쉽다. 사실 우리가 살고 있는 현실세계에는 다양한 크기의 힘의지들이 서로 얽히고설켜 각양각색의 지배와 굴종이 넘쳐나고 있다. 다양한 크기의 힘의지는 사회와 국가 같은 권력구조에서뿐만 아니라 가장 가까운 가족이나 친구 사이에도 존재한다. 가까운 관계에서도 묘한 힘의 줄다리기나 알력(軋轢)이 나타나는 것도 서로의 힘의지가 부딪치고 얽히고설키기 때문이다.

신학을 공부했던 신학도이자 고전문헌학 교수였던 니체는 과거에 공부한 지식과 경험 속에서 힘의지들이 부딪치는 수많은 사례들을 포착해 냈다. 그중에서 가장 중요한 사례가 바로 기독교와 전통 철학이었다. 힘의지는 긍정적으로도, 부정적으로도 사용될 수 있는데, 니체는 부정적으로 사용된 대표적 사례가 바로 기독교와 전통적인 철학이라고 했다. 기독교와 전통 철학은 신에 대한 경건한 믿음과 인간의 냉철한 이성만을 긍정적인 것으로 여긴다. 그 외의 인간적 본능이나 감정 같은 다양한 면들은 모두 금욕과 절제의 대상일 뿐이라고 생각했다. 그래서 사람들에게 신에 대한 경건한 믿음과 냉철한 이성 외의 것들은 오직 금욕과 절제의 대상이므로 아예 관심을 두지 말라고 가르쳤다.

현대인의 눈으로 보자면 참으로 어처구니없는 가르침이다. 지금은 본능과 감정도 이성만큼 중요하다고 생각한다. 기독교인들 외에 어느 누구도 신을 믿지 않는 것을 부끄러워하거나 두려워하지 않는다. 이제 신앙심은 인류가 보편적으로 가져야 할 마음도 아니고, 냉철한 이성만이 절대시되는 시대도 아니기 때문이다. 하지만 니체가 살았던 당시에는 신앙심과 이성은 사람과 사회를 지배하는 중요한 지표였다. 중세 유럽을 종교가 독점적으로 지배했다면 근대로 넘어오면서 '인간의 이성'이 지배자의 자리를 차지해 버렸다. 그리고 이성과 신앙심은 쌍두마차처럼 사이좋게 유럽 대륙을 지배했다. 물론 이 둘은 끊임없이 1위 자리를 두고 쟁탈전을 벌였지만, 사회를 지배하는 헤게모니를 사이좋게 나누어 가졌다. 그리하여 사람들은 이성이나 종교, 혹은 둘 다에 의해 마음과 생각과 행동을 제약당했다. 신앙심이 부족한 사람은 비난의 대상이었고, 이성보다 감정에 휘둘리는 사람을 천박하게 여겼다. 이런 제약을 당하면서도 사람들은 불평하기는커녕 자신의 부족한 신앙심과 냉철하지 못한 이성을 부끄러워했다. 이런 시대에 니체가 인간의 본능이나 감정 역시 힘의지의 표출이라고 당당하게 주장한 것이다. 인간의 본능이나 감정은 부끄러운 것이 아니라 신앙심이나 이성처럼 인간으로서 당연히 지닌 힘의지라는 선언은 당시로서는 핵폭탄 같은 말이었다. 이 말에 종교인들과 철학자들뿐만 아니라 수많은 대중들도 깜짝 놀랄 수밖에 없었다.

니체가 기독교를 분석 대상으로 삼은 결정적인 이유는 아이러니하게도 신학에 대해 잘 알고 있었기 때문이다. 그는 목사 집안에서 태어나 목사가 되기 위해 신학교에서 신학을 공부하였다. 그러나 신에 대한 믿음 하나만으로 세상을 바라보기에 니체는 너무나 자유롭고 예리한 사고를 가진 천재였다. 사실 기독교 교리 자체가 니체 같은 천재를 납득시키기에는 모순과 한계가 너무 많았다. 결국 니체는 신학을 포기했고, 나중에는 믿음의 대상인 신이야말로 인간의 상상력이 만들어낸 가장 큰 힘의지에 불과하다고 선언했다. 이 말만으로도 경악할 만한데, 여기서 더 나아가 모든 사람은 신 앞에서 평등하다는 종교인의 말은 거짓 위안일 뿐이라는 말까지 해버렸다. 천국과 지옥에 대해서도 마찬가지였다. "천국에 가고 싶어? 그럼 지금의 고통을 받아들여. 천국은 가난하고 핍박받는 사람들의 것이니까."

기독교 교리의 핵심은 현세가 아니라 내세, 즉 죽음 이후의 삶에 맞춰져 있다. 그래서 현세가 아닌 내세를 더 중요하게 여긴다. 우리가 이생에서 신을 믿고, 수많은 고통을 참고 견디면서 신의 말씀을 따르는 이유는 모두 죽어서 천국에 가기 위해서이다. 따라서 현세에서 주어지는 어떤 고통이나 희생도 기꺼이 감수하며 오직 신에 대한 경건한 믿음으로 이생을 잘 보내야만 천국에 갈 수 있다고 가르쳤다. 바로 이 논리 때문에 기독교가 중세 유럽을 지배했으며, 정치권력 또한 이것을 이용했다.

신에 대한 믿음을 전제로 한 기독교 신앙은 인간의 고통을 인정하지 않는다. 당시 사람들이라고 고통을 못 느끼거나 희로애락이 없었을 리 없다. 그렇기 때문에 더더욱 인간의 고통을 인정하지 않았고, 고통이 클수록 희생을 강조했다. 그러나 아무리 신에 대한 믿음을 강조해도 인간이 느낄 수밖에 없는 수많은 고통을 모두 부정하는 데에는 한계가 있다. 그래서 등장한 게 '악마'라는 무섭고 강한 적이다. 인간이 인간이기 때문에 느끼는 고통은 부끄러운 것이지만, 악마라는 무섭고 강한 적 때문에 받는 고통은 부끄러운 게 아니었다. 즉 고통의 원인을 모두 악마의 탓으로 돌려 인간이 받는 고통을 정당화시키려 했던 것이다.

니체에게 기독교만큼 복잡하고 억지스러운 건 전통철학이었다. 전통철학 역시 인간의 이성만이 긍정적이고, 불변의 진리라고 생각했다. 이성 외의 다양한 감정이나 본능 같은 힘의지를 철저히 외면했다. 서양철학의 종결자인 칸트는 "네 행동의 원칙이 늘 보편타당한 입법의 원리가 되도록 행동하라"고 말했다. '보편타당한 입법의 원리'란 누구나 이해하고 인정하는 수준이라는 뜻이다. 그러므로 누구나 이해하고 인정할 수 있는 행동만 해야 한다는 것이다. 아무리 열 받고 화나는 일이 생겨도 절대로 감정에 휘둘리지 않고 사건의 전후좌우를 이성적으로 따져서 합리적으로 행동해야 한다는 말이다. 이것이 평범한 인간으로서 가능한 일일까? 사실 칸트의 논리에 의하면 1%를 제외한 나머지 99%는 감정적이고 비이성적인 사람인 셈이다.

니체는 이러한 도덕은 개인 속에 있는 무리 본능이기 때문에 도덕적 믿음은 늘 집단의 믿음일 뿐이라고 비판했다. 그리고 "도덕은 내가 창안한 것, 가장 개인적인 방어물이자 나에게 가장 필요한 것이 되어야 한다. 보편타당한 원리가 아니라 저마다 자신의 도덕을 만들어야 한다"고 주장했다. 그런데 니체의 주장대로 나만의 도덕을 정말로 만들 수 있을까? 그렇다면 어떻게 만들 수 있을까?

자신은 불행했지만 니체는 긍정주의자의 원조야

힘의지란 현재의 상태를 뛰어넘어 더 나은 상태에 이르고자 하는 에너지이다. 니체는 이러한 힘의지를 인간뿐만 아니라 모든 생명체가 공통적으로 가지고 있다고 말했다. 인간의 힘의지는 살아 있음에 대한 확인이고 확신이다. 하지만 인간을 제외한 모든 생명체는 살아 있지만 자신이 살아 있음을 스스로 확인하거나 확신하지 못한다.

인간에게 힘의지란 자기 자신에 대한 긍정이고 인정이다. 내가 잘났든 못났든, 즐겁든 괴롭든, 유쾌하든 불쾌하든 어쨌든 나는 나이다. 이런 나를 긍정적으로 바라보고 자신을 인정하고 자신에 대한 믿음을 갖는 게 중요하다. 대체 언제까지 신의 옷자락만 붙잡고 모든 걸 해주기를 바라고 있을 것인가. 그런 의존적인 마음 때문에 계속해서 신의 눈치를 봐야 한다. 교회는 사람들이 신의 눈치를 보도록 만들기 위해 끊임없이 '원죄 의식'을 강조했다. 인간은 모두 태어날 때부터 죄인이기 때문에 원래 그렇게 살 수밖에 없는 거라고.

하지만 신에게 의지하지 않고 자기 자신을 믿는다면 인간은 더욱더 자유롭고 강한 존재가 될 수 있다. 이것이 바로 나 자신이 되는 것이다. 니체는 "나 자신이 된 것"이 '초인'이라고 말했다. 초인은 일반 사람들보다 뛰어난 초능력을 가진 존재가 아니다. 가장 인간적인 인간을 의미한다. 그래서 니체는 초인은 자신만의 도덕을 가질 수 있다고 주장했다.

차라투스트라는 군중을 향해 말했다.

나는 그대들에게 초인을 가르치노라. 인간은 극복되어야 할 그 무엇이다. 자신을 극복하기 위해 그대들은 무엇을 하였는가? 지금까지 모든 인간들은 스스로를 초월하여 무엇을 만들어왔다. 그럼에도 그대들은 이 위대한 밀물의 썰물이기를 원하며, 인간을 극복하기보다 오히려 짐승으로 되돌아가기를 원하는가? (중략)

인간은 짐승과 초인 사이에 걸쳐놓은 하나의 밧줄이다. 하나의 심연을 건너가는 밧줄인 것이다. 건너가는 것도 위험하고, 그 위에 있는 것도 위험하며 뒤를 돌아보는 것도 위험하다. 겁내는 것도, 또한 멈춰 있는 것도 위험하다. 인간의 위대한 점은 목적이 아니라 다리란 점에 있다. 인간으로서 사랑을 받는 것도 그가 건너가는 존재이며 몰락하는 존재라는 점에 있다.

– 니체의 《차라투스트라는 이렇게 말했다》 중에서

"인간은 짐승과 초인 사이에 걸쳐놓은 하나의 밧줄이다"라는 문장에서 다윈의 진화론이 떠오른다. 다윈의 진화론에 의하면 인간은 모든 생명체들처럼 시간의 흐름 속에서 진화해 온 동물의 한 종이다. 그런 의미에서 니체도 다윈의 주장에 동의했다. 하지만 진화론 전체를 인정한 것은 아니었다. 돌연변이와 자연선택이 중심인 다윈의 진화론 속에는 개체의 힘의지가 빠져 있기 때문이다. 개체의 우연적인 돌연변이와 환경 적응이라는 자연의 필연적인 선택 사이에서 개체의 힘의지는 아무 역할도 하지 못한다. 현대 진화생물학에서는 개체 대신에 유전자가 의지를 가지고 있다고 인정하는 분위기이다.

인간은 극복되어야 할 그 무엇 때문에 끊임없이 자신을 진화시켜 왔으며, 지금도 진화하고 있다. 그런데 만약 진화가 멈춘다면 어떻게 될까? 인간이 더 이상 진화하지 않는 것은 위험한 일일까? 아니면 예상할 수 없는 진화의 결과가 위험할까? 양쪽 다 위험부담을 안고 있지만, 밧줄 위에서 멈추는 것이 더 위험해 보인다. 계속 밧줄 위에 있을 수는 없지 않은가. 그래서 인간은 자신이 진화의 결과로 만들어진 존재라는 걸 안 후에도 거기에 머무르지 않았다. 재빨리 진화의 원리를 이해했으며, 이제는 유전자 조작을 통해 스스로 진화의 과정과 결과까지 결정하고 만들어내려고 한다. 이런 의미에서 칸트가 인간은 위대하다고 말한 것은 인간이란 존재 자체가 아니라, 끊임없이 변화하려는 존재이기 때문이다. 설령 그 끝이 '몰락'이란 비극적 결말이라고 하더라도 인간은 변화할 수밖에 없는 존재이다.

초인이 이 대지의 뜻이다. 너희들의 의지로 하여금 말하도록 하라. 초인이 대지의 뜻이 되어야 한다고! 형제들이여, 맹세코 이 대지에 충실해라. 하늘나라에 대한 희망을 설교하는 자들을 믿지 말라! 그런 자들은 스스로가 알고 있든 모르고 있든 독을 타 사람들에게 화를 입히는 자들이다.

– 니체의 《차라투스트라는 이렇게 말했다》 중에서

니체가 말하는 '초인'은 인간의 힘의지를 제대로 사용할 수 있는 존재이다. 초인은 과거와 현재뿐만 아니라 미래에도 바람직한 인간의 전형적인 모습을 의미한다. 이 바람직한 인간의 전형은 결코 천국의 희망을 설교하는 자들의 말에 현혹되지 않았다. 지금도 믿지 않으며 앞으로도 믿지 않을 것이다. 왜냐하면 초인은 자신의 모든 것을 신의 옷자락에 의지하는 약한 존재가 아니기 때문이다.

그리고 "초인이 대지의 뜻이 되어야 한다"고 말했는데, 여기서 대지란 자연이자 우주를 의미한다. 그러므로 이 말은 인간과 자연이 하나가 되어야 한다는 뜻이다. 니체는 인간과 자연이 하나가 되기 위해서는 끊임없이 스스로를 진화시켜야 한다고 말했다.

그런데 왜 니체는 인간의 인위적인 힘이 의도적으로 가해지는 유위(有爲)를 주장했을까? 그것은 우리가 지금 '거대한 심연'(니체가 자주 사용하는 표현이다. 깊은 소용돌이 정도로 해석할 수 있지만 그때그때 다른 느낌으로 다가오는 문학적인 어휘다. 철학자나 사상가는 원래 쉬운 말 대신 굳이 어려운 표현을 사용하는 것으로 정평이 나 있다. 그들은 그런 표현들이 더 익숙하기 때문이다. 이것이 요즘 사람들이 철학을 멀리하게 된 결정적인 이유이기도 하다)을 건너가는 중이기 때문이다. 지금까지의 인간 진화과정과는 전혀 다른, 그래서 두려움에 떨게 만드는 거대한 심연이 우리 아래 놓여 있다는 것이다.

니체도 역시 지금 이 순간이 가장 중요하다고 했어

니체가 말하는 '거대한 심연'을 직시하기 전에 우리는 과거와 현재, 그리고 미래의 의미에 대해 다시 한 번 생각해 봐야 한다. 보통 사람들은 시간은 과거로부터 흘러와 현재를 거쳐 미래로 향한다고 생각한다. 하지만 시간에 대한 니체의 해석은 다르다. 니체의 시간은 지금 현재를 중심으로 과거로도 이어지고, 미래로도 이어진다. 아인슈타인이 시간과 공간이 절대적인 것이 아니라 물체에 속한 상대적 속성이라고 말한 것처럼 니체에게도 시간은 현재의 나에게 속한 성질일 뿐이다. 시간은 모든 사람에게 공평하게 주어졌지만, 모두 똑같은 의미를 가지는 건 아니다. 어떤 이에게는 무의미하게 흘러가는 10분이 다른 이에게는 생명을 다투는 절박한 10분이 되기도 한다. 따라서 중요한 건 시간이 아니다. 이 '순간'을 사는 현재의 '나'이다. '순간'에 집중하는 현재의 '나'에게 순간은 곧 영원이 된다.

일각(15분)이 3년처럼 길게 느껴진다는 뜻의 일각여삼추(一刻如三秋)라는 고사성어가 있다. 이 말처럼 순간이 영원처럼 느껴지는 때가 있다. 아주 중요한 결과를 기다리고 있을 때는 1분 1초가 한없이 길다. 마치 시간이 흘러가는 게 눈앞에 보이는 것 같다. 텔레비전 드라마에서는 중요한 순간을 강조하기 위해 주로 슬로비디오로 처리한다. 주인공이 운명의 상대와 마주친 순간에는 모든 것이 천천히 흘러가는 것처럼 느리게 움직인다. 그것을 바라보는 시청자는 이것을 짧은 순간이 아닌 아주 긴 시간처럼 느낀다. 이렇게 순간의 의미가 중요하고 거기에 집중할수록 시간은 영원처럼 느껴진다.

어떤 기쁨에 대해 "그래"라고 말한 적 있나? 오, 그렇다면 친구여, 너는 모든 재난에 대해서도 "그래"라고 말한 것이다. 모든 것은 사슬처럼 연결되어 서로 뒤얽혀 있으니까. 모든 것은 사랑 속에 있으니까, 만일 네가 한 순간을 두 번 바란 적이 있다면, "오 제발, 이 순간, 이 행복한 순간을 다시 한 번!"이라고 말한 적이 있다면, 너는 모든 것이 되돌아오기를 바란 것이다!

– 니체의 《차라투스트라는 이렇게 말했다》 중에서

니체가 말하는 '영원회귀'는 순간의 연속을 의미한다. 그 이유는 모든 것이 사슬처럼 연결되어 있고, 모든 것이 사랑 속에 있기 때문이다. 또한 니체에게 '나'라는 존재는 분명하며 고정된 출발점이다. 그래서 니체가 나온 이전과 이후의 서양사상은 많이 다르다. 니체 이전의 서양사상은 현실의 인간을 부정적인 존재로 보았다. 이것은 기독교 역시 마찬가지였다. 기독교와 전통철학이 인간을 부정적인 존재로 본 가장 큰 이유는 '변화'를 부정적인 것으로 여겼기 때문이다.

현실의 모든 것은 변한다. 아무리 변하지 않으려고 해도 변할 수밖에 없는 것이 사물의 이치이다. 절대로 변하지 않을 것 같은 태산(泰山)도 자세히 들여다보면 계속 변화하고 있다는 것을 알 수 있다. 자연도 변하는데 하물며 짧은 시간을 살다 가는 인간이 어떻게 변하지 않을 수 있겠는가. 수명이 짧을수록 변화의 속도와 형태는 더욱 두드러진다. 그래서 인간의 외모는 어린아이에서 소년으로, 청년에서 노인으로 빠르게 변화해 간다. 외모뿐만 아니라 감정과 생각도 계속 변한다. 이런 변화는 자연스러운 일이고, 어떤 면에서는 긍정적인 의미를 가지고 있다. 그러나 니체 이전의 철학에서는 이렇게 변화하는 현실의 인간을 모자라고, 추하고, 변덕스러운 존재로 여겼다.

인간이 모자라고 추한 존재라면 그 반대편에 있는 존재가 바로 기독교에서 말하는 신이다. 신은 태초부터 영원히 변하지 않는 완벽한 존재이다. 기독교에서 신이 변하지 않는 완벽한 존재라면 전통철학에서 변하지 않는 완벽한 존재가 바로 인간의 영혼과 정신이다. 소크라테스가 영혼을 중요시하고, 칸트가 인간의 이성을 강조한 이유가 여기에 있다. 그래서 서양의 전통철학과 기독교는 변화하는 인간의 육체는 경멸하고 변하지 않는 정신세계만을 강조하는 이분법적 사고방식을 택했다. 이런 사고방식 아래서 인간이 완벽해지는 방법은 하나밖에 없다. 현재를 부정하고, 자신의 육체를 부정하는 것이다. 그중에서도 가장 부정되어야 하는 것이 바로 인간의 본능과 충동, 그리고 본능과 충동을 낳는 육체이다.

본능과 충동은 현재 느끼는 순간의 감정이다. 그런데 현재보다 영원을 더 중요하게 여긴다면 순간적인 충동과 본능은 잠재울 수 있다. 이것이 금욕과 절제의 원리이다. 육체에 대한 부정도 마찬가지이다. 어차피 육체는 변화하고 소멸해 갈 것이므로 추위와 배고픔, 채찍질로 인한 육체적 고통은 별로 중요하지 않다. 그보다 더 중요한 것은 정신이고, 육체의 고통을 보상받을 수 있는 천국이 있기 때문이다. 때로는 육체적 고통이 강할수록 정신의 힘은 더 강해진다고 믿기도 했다. 일부러 육체적 고행을 자발적으로 한 것도 그 때문이다. 기독교인들은 혹독한 순교의 길을 걸을수록 천국의 문은 더욱더 활짝 열린다고 생각했던 것이다.

하지만 온갖 고통을 참고 견디다 죽고 난 뒤 천국에 갔는지, 아닌지 누가 알겠는가. 굶주림으로 죽어가는 순간에 본 것이 진리의 깨달음인지 헛것인지 또한 누가 알겠는가. 니체는 불확실하고 모호한 것을 위해 현재와 육체를 부정할 필요가 있는가에 대해 단호하게 'No'를 외쳤다. 또한 불확실한 미래를 위해 현재를 희생하지 말고 오직 현재에 집중하라고 말했다. 또한 육체의 변화는 당연한 것이므로 이를 부끄러워하거나 부정할 필요가 전혀 없다고 주장했다. 이처럼 니체는 현실과 인간의 모습을 객관적으로,

또 긍정적으로 바라보았다.

　모든 것이 사랑 속에 있다는 것은 모든 것이 나의 관심 안에서 의미를 갖는다는 뜻이다. 사랑이라는 말은 '살아+ㅇ'이다. 즉 사랑은 내 삶이 확장된 것이다. 만약 육체적인 관계 없이 정신적 교류만 하는 것을 온전한 사랑이라 말할 수 있을까? 플라토닉 러브야말로 진정한 사랑이라고 칭송하는 사람도 있다. 하지만 숭고한 사랑일지는 몰라도 온전한 사랑은 아니다. 사랑은 정신과 육체를 가진 인간이 하는 것이다. 따라서 정신적 교류와 육체적 관계가 동반되어야 온전한 사랑이다. 니체에게 사랑이란 내 눈과 몸과 마음을 펼쳐 끌어안은 또 다른 '나'를 의미한다.

니체 철학을 한마디로 '자기 긍정의 철학'이라고 해

　네 발로 걷다가, 두 발로 걷고, 마지막에 세 발로 걷는 동물은 무엇일까? 한 번쯤 들어봤을 만한 수수께끼일 것이다. 누구나 알고 있듯이 물론 답은 사람이다. 이 수수께끼는 아기에서 성인으로 성장하여 노인이 되어가는 인간의 인생을 상징적으로 형상화시킨 것이다. 인간은 아이에서 어른이 되고, 노인이 된 후 다시 아이 상태로 퇴보한다는 말도 있다. 니체는 인간의 변화과정을 설명하기 위해 낙타, 사자, 어린아이라는 세 가지 상징을 사용했다.

니체에 따르면 인간은 낙타에서 사자로 변화하고, 그 다음에는 어린아이로 도약함으로써 가장 바람직한 인간인 초인이 된다고 한다. 여기서 낙타는 '비굴함'을, 사자는 '오만함'을 상징한다. 즉 인간은 낙타의 비굴함과 사자의 오만함에서 벗어나 순진무구하게 순간을 사는 아이로 변화, 발전하는 것이다.

낙타는 자신의 힘의지를 제대로 사용하지 못하는 것들을 상징한다. 낙타는 자신의 등에 무거운 짐을 지고 사막을 건너지만, 낙타 자신의 짐은 아니다. 낙타는 왜 자기가 짐을 짊어져야 하는지 모르는 채 누군가 자신의 등에 얹어준 짐을 지고 묵묵히 걸어간다. 따라서 낙타는 질 필요가 없는 짐을 아무 생각 없이 지고 살아가는 사람들을 의미한다.

이렇게 아무 생각 없이 살아가는 낙타가 좋은 것과 싫은 것에 대한 자신만의 기준을 정립하게 되면 사자가 된다. 낙타처럼 사자의 등에 짐을 올려놓을 수는 없다. 이처럼 사자는 자신이 해야 할 일을 알고 있으며, 자신의 의지에 따라 행동한다. 그래서 사자는 낙타보다 자유롭고 영리하지만 늘 긴장 속에서 살아야 한다. 옆 동네 사자가 내 영토를 침입할 수도 있고, 당장 오늘 저녁거리 걱정을 해야 한다. 사자의 자유는 누리는 자유가 아닌 방어적인 불완전한 자유인 것이다.

사자의 불완전한 자유를 극복하고 나면 드디어 어린아이가 된다. 어린아이는 순진무구하면서도 자신만의 스타일을 가지고 있고, 어느 것에도 얽매이지 않는다. 니체가 말하는 초인은 자기 세계가 분명하면서 그 무엇에도 억압받거나 구속당하지 않고, 모든 것으로부터 자유로운 완벽한 인간이다. 니체가 말하는 어린아이는 양육의 손길이 필요한 불완전한 존재가 아니라 자유롭고 완벽하면서도 순진무구함을 지닌 초인을 의미한다.

이처럼 초인은 한 번에 도달할 수 있는 존재가 아니다. 낙타에서 사자로, 그리고 어린아이로 이어지는 극복의 과정이 필요하다. 이런 진화 과정에서 스스로 도약하기 위한 노력, 즉 유위(有爲)가 필요하다. 그래서 초인에 이르는 과정은 힘겹고 어렵다. 하지만 인간은 누구나 초인이 될 수 있는 힘의지를 가지고 있다. 따라서 우리는 초인이 되는 것을 포기해서는 안 된다. 포기하는 순간 진화는 중단되고, 거대한 심연 위에 걸쳐진 밧줄 위에 서 있게 된다. 낙타에서 포기하면 낙타의 상태로, 사자에서 포기하면 사자의 상태로 존재하게 될 뿐이다. 모두가 초인을 꿈꾸지만 사실 대다수 사람은 낙타나 사자의 상태로 평생을 살아간다. 문제는 사람들이 자신의 상태를 인정하지 않으려는 데 있다. 현재를 있는 그대로 인정하지 못하고, 자신의 본래 모습을 인정하지 않으면 인간은 스스로 억압을 당하고, 결국 불행으로 이끌려간다. 니체는 이러한 억압을 떨쳐버려야 한다고 주장했다. 그러기 위해서는 현재의 자기 자신을 긍정하고 인정해야 한다.

현재의 모습을 인정한다는 것은 변화를 거부하고 지금 상태로 머물러 있으라는 의미가 아니다. 또한 변화를 거부한다고 지금 상태를 계속 유지할 수 있는 것도 아니다. 현재의 나도 어떤 식으로든 변화한다. 자신이 원하는 의도된 변화, 아니면 상황에 떠밀린 의도하지 않은 변화 중 하나를 선택하는 것만 남았을 뿐이다. 어떤 변화를 선택할지는 온전히 자신에게 달렸다.

자신의 현재 모습을 안다는 것은 자신의 변화 가능성을 진단하고, 어떻게 변화할지 결정하는 것이다. 현재의 나란 이미 변화할 수 있는 나, 결국 변화해야만 하는 나이기 때문이다. 그러므로 온갖 가능성을 발휘하여 자신을 변화시켜야 한다. 이처럼 니체는 현실을 있는 그대로 인정하면서 적극적으로 변화하고자 하는 의지를 긍정적으로 평가했다. 변화를 거부하는 것은 플라톤이지 니체가 아니기 때문이다. 그래서 니체의 철학을 자기 긍정의 철학이라고 한다.

백 년 이후의 인간을 이야기한 니체는 세계 최초의 미래학자야

지금까지 살펴본 힘의지, 초인, 영원회귀는 니체가 인류에게 남긴 새로운 희망이다. 니체의 힘의지는 우리가 사는 세계가 어떻게 작동하는지 보여주었다. 니체의 초인은 인간이 어떻게 살아야 하는지 말해주었다. 그리고 니체의 영원회귀는 인간이 세계와 만나는 지금 이 순간의 중요성을 강조했다. 그런데 니체가 인류에게 안겨준 새로운 희망은 무엇에 근거한 것일까? 믿기 힘들겠지만 이 희망은 바로 신의 죽음에서 시작된다.

당신은 환한 오전에 손전등을 켜고 시장으로 달려나와, "나는 신을 찾고 있소! 나는 신을 찾고 있소!"라고 계속 외치는 미친 사람의 이야기를 들어본 적이 있는가? 거기에 있던 사람들은 대부분 신을 믿지 않았기에 그는 큰 웃음거리가 되었다. "신을 잃어버렸나?" 누군가가 말했다. "신이 아이처럼 길을 잃어버렸나?" 또 다른 누군가가 말했다. "아니면 숨어버렸나? 신이 우리를 무서워하나? 배를 타고 항해를 떠났나? 다른 나라로 가버렸나?" 그들은 이렇게 소리치며 웃어댔다.

미친 사람은 그들 한가운데로 뛰어들어 꿰뚫듯이 그들을 노려보았다. "신이 어디로 갔냐고?" 그가 소리쳤다. "내가 당신들에게 말해주겠다. 우리가 그를 죽였다. 당신과 내가. 우리는 모두 그를 죽인 살인자이다. 그런데 우리가 어떻게 그런 짓을 했을까? (중략) 신이 썩어가는 냄새를 아직 맡지 못했는가? 신도 부패한다. 신은 죽었다. 신은 죽은 채 있다. 그리고 우리가 그를 죽였다."

– 니체의 《즐거운 학문》 중에서

다행히 니체가 살았던 시대는 더 이상 종교가 세상을 지배하지는 않았다. 이성과 과학의 발달로 자신감을 얻은 인간들은 세계를 이해하는 데 더 이상 신의 도움을 필요로 하지 않았다. 그래서 '신은 죽었다'기보다 절대전능의 완벽한 이미지는 사라지고 인간이 필요할 때 면회 가는 골방에 갇힌 존재로 전락해 버렸다. 아니, 우리가 그를 죽였다. 오랜 세월 신에게 가졌던 믿음이 절대적 진리가 아니라 사람들에 의해 만들어진 관습에 불과했다는 것이 밝혀졌기 때문이다. 그래서 프로이트는 "신은 인류가 그들의 부모보다 성장했을 때 직면한 무력감을 달래기 위해 만들어낸 환상"이라고 말했다.

니체에게 신의 죽음은 신나면서도 끔찍한 일이었다. 신의 죽음이 끔찍한 이유는 지금껏 우리를 보호해 주고 있던 보호막 같은 게 사라진 느낌 때문이다. 사람들은 신을 믿지 않으면서도 마음

한구석에 '혹시'라는 단어를 붙여 신에 대한 여지를 남겨두었다. 무신론자들도 위급할 때는 신을 찾으며 기도를 올리기도 한다. 니체가 느낀 끔찍함도 급할 때 찾을 수 있던 존재가 완전히 사라졌다는 것을 확인한 것에 대한 서운함 같은 것인지도 모르겠다. 반대로 신의 죽음으로 신나는 것은 갑자기 세계가 무한해졌다는 것이다. 이제는 신의 눈치를 보지 않고 무엇이든 마음놓고 생각하고 상상하는 게 가능해졌다.

그런데 신의 죽음에 대한 니체의 반응은 이것으로 끝나지 않았다. 놀랍게도 니체는 신의 죽음을 인간이 신이 되는 출발점으로 보았다. 힘의지, 초인, 영원회귀는 인간이 신이 되기 위해 거쳐야 하는 과정이자 필요한 준비물이었다. 신의 죽음으로 인간이 신이 되는 과정은 시작되었으며, 이 과정은 미래의 어느 날에 인간이 신이 되는 것으로 끝날 것이다. 이 세 가지가 인류에게 주는 새로운 희망이라는 이유는 바로 이 때문이다.

니체의 생각을 현대적 의미에서 재해석해 보면, 그는 인간을 동물과 초인 사이를 연결하는 밧줄로 보았다. 그리고 이 밧줄 아래에는 거대한 심연이 존재한다. 지금 우리 아래 놓여 있는 거대한 심연은 '특이점 시대'일 수 있다. 특이점 시대에는 지금까지 인류의 발전과정에서는 상상조차 할 수 없었던 세계가 펼쳐진다. 어쩌면 인간의 다음 진화는 자연법칙을 따르는 것이 아니라, 인간 스스로 결정한 방식과 형태로 진화하게 될지 모른다. 예를 들어, 인간은 기계로 진화하고, 기계를 인간으로 진화시키는 것이다. 이를 통해 인간은 자연의 생명주기를 거부하고 영원히 살 수 있는 신과 같은 존재가 될 수도 있다.

《유엔미래보고서》에 따르면 2020년경에는 뇌과학의 발달로 뇌를 살아 있는 상태로 영구히 보존하는 화학적 두뇌 보존기술이 완성될 거라고 한다. 그리고 2045년경에는 컴퓨터가 하드 드라이브의 정보를 읽는 것처럼 화학적으로 보존된 두뇌의 정보를 읽을 수 있으며, 두뇌 속의 기억들은 인공뇌로 옮겨져 새로운 기계 신체를 얻게 될 거라고 한다. 기계 신체는 지금도 인공심장이나 인공기관, 인공관절 등에서 많이 사용하고 있다. 하지만 인간의 정신을 보존하는 기술은 전혀 다른 것을 의미한다. 내가 나인이유는 지나온 과거에 대한 기억들 때문이다. 이 기억은 기억 저장소인 뇌에 담겨 있다. 즉 내가 나임을 알 수 있는 기억이 존재하는 한 인간은 영원히 살 수 있다. 비록 육체는 지금의 몸 대신 기계 신체가 되었더라도 말이다. 따라서 미래의 인간은 기계 신체를 가지고 영원히 살 수 있는 신과 같은 존재가 되는 것이다.

그런데 영원히 살게 되었다고 해서 초인이 되는 것은 아니다. 이것은 힘의지를 제대로 사용해 낙타에서 사자가 된 것뿐이다. 밧줄을 건너 초인이 되기 위해서는 더 풍부한 상상력이 필요하다. 미래학자 레이 커즈와일은 《특이점이 온다》라는 책에서 100여 년 뒤에는 인간의 정신이 분자보다 작은 나노로봇에 옮겨지게 될 거라고 예측했다. 과학이 더 발달하면 양자 크기의 로봇에 인간의 정신을 저장할 수도 있게 될 것이라 한다. 즉 인간이 시간과 공간의 구애를 받지 않는 신이나 초인 같은 존재가 된다는 것이다. 위에서 설명했듯 나의 기억을 양자 크기의 로봇에 저장하면 그 로봇은 바로 '나'가 된다. 이 로봇은 시공간은 물론 과거와 현재, 미래를 뛰어넘어 우주 전체를 여행하는 완전한 자유를 누릴 수 있다. 즉 로봇의 형태를 가진 내가 신과 같은 초월적 존재, 초인과 같은 자유로운 존재가 되는 것이다.

외로울 땐 니체를 떠올려 봐

니체는 평생을 외롭게 살았다. 또한 정신병에 걸려 비참한 말년을 보내다 세상을 떠났다. 만일 니체가 학문 대신 신에 대한 믿음을 택했다면 편안하고 안정된 삶을 살았을지도 모른다. 아니 기독교와 전통철학이 주류인 세상에 정면으로 대항하지 않았다면 독특한 철학을 가진 개성 있는 지식인으로서 평탄하게 살았을 수도 있다. 하지만 니체는 자신을 속이며 편하게 살기보다는 자신의 의지에 충실한 삶을 원했다. 주류의 거대한 벽을 향해 과감하게 돌진했고, 그들과 타협하기보다는 끝까지 자신의 주장을 고집했다. 그리고 정신병에 시달리면서도 맑은 정신이 들 때마다 자신을 생각을 글로 남겼다. 평범한 인간이라면 오직 자신의 부와 명예와 수명 연장에만 신경을 썼을 것이다. 하지만 너무도 열정적인, 너무도 인간적인 철학자 니체는 자신이 가장 원하는 것에만 시간과 열정을 쏟아부었다. 그가 가장 원했던 것은 "어떻게 하면 자기 자신에게 가장 충실한 삶을 살 수 있을까?"라는 질문의 답을 찾는 것이었다.

니체가 "신은 죽었다"고 선포한 것은 단순히 기독교에서 말하는 'God'의 죽음을 의미한 게 아니었다. 신에게 기대 삶과 행복의 의미를 찾지 말고, 자신의 내면에서 찾으라는 뜻이었다. 파랑새는 먼 곳에 있는 게 아니라 집 안에 있는 것처럼 우리의 행복도 신의 품이 아닌 내 안에 있다. 따라서 무릎 꿇고 신에게 기도를 올릴 게 아니라 "나는 누구이고, 내가 정말로 원하는 것은 무엇일까?"라는 질문을 자신에게 던져봐야 한다. 그 답을 얻기 위해서는 자기 자신을 열심히 살펴봐야 한다. 모든 것은 결국 내 안에 있고, 나에게 달려 있기 때문이다. 하지만 자기 자신을 아는 건 매우 어려운 일이다. 사실 자신보단 세상을 아는 것이 더 쉽다. 니체가 "지식 가운데 가장 어려운 지식은 자기 자신에 대한 지식"이라고 말한 이유도 여기에 있다.

자신이 던진 질문에 스스로 대답할 수 있다면 우리도 초인이 될 수 있다. 초인의 가장 위대한 창조물은 바로 '자신'이기 때문이다. 하지만 초인이 되는 길은 너무 어렵고 외롭다. 나 자신이 되기 위해 질문하고, 스스로 답을 찾는 것 자체가 어렵고 외로운 과정이기 때문이다. 니체 역시 마찬가지였다. 때문에 니체야말로 우리를 도와줄 수 있는 유일한 철학자인지 모른다. 그렇다고 신에게 기대었듯 니체에게 기댈 수는 없다. 니체는 진정한 자기 자신이 되기 위해서는 자신의 가르침까지도 기꺼이 거스를 수 있어야 한다고 말했다. 자신의 말조차 대답이 아니라 또 하나의 질문일 뿐이라는 것이다.

제자들이여, 이제 나 홀로 나의 길을 가련다. 너희들도 이제 한 사람 한 사람 제 갈 길을 가도록 하라! 내가 바라는 것이 바로 그것이다. 나 진정 너희들에게 권하노니 나를 떠나라. 그리고 이 차라투스트라에 맞서 너희 자신을 지켜라! 더 바람직한 일은 이 차라투스트라의 존재를 수치로 여기는 일이다! 내가 너희들을 속였을지도 모르지 않는가?

사물의 이치를 터득한 사람이라면 적을 사랑할 줄 알 뿐만 아니라, 벗을 미워할 줄도 알아야 한다. 영원히 제자로만 머문다면 그것은 선생에 대한 도리가 아니다. 너희들은 어찌하여 내가 쓰고 있는 이 월계관을 낚아채려 하지 않는가?

— 니체의 《차라투스트라는 이렇게 말했다》 중에서

9

프로이트를
탐험하며
나의 속마음을
만나봐

인간은 이성과 의식보다 감정과 무의식의 지배를
더 많이 받는 존재이다.
이 감정과 무의식의 주인은 의식적인 '나'가 아니라
내 안에 있는 또 다른 나라고 한다.
또 다른 나를 찾아낼 수 있는 단서를
꿈에서 발견한 사람이 바로 의사이자 과학자인 프로이트이다.
그는 정신분석학을 통해 꿈이나 최면, 정신분석이 없으면
절대로 의식할 수 없는 무의식의 세계를 밝혀낸
최초의 정신분석학자이다.

프로이트는 내 안에 있는 '또 다른 나'를 찾아낸 사람이야

　사람들은 잠자는 동안 보통 3~4가지 정도의 꿈을 꾼다고 한다. 꿈을 안 꾼다고 말하는 사람도 있지만, 꿈을 기억하지 못하는 것뿐이다. 깊은 숙면을 취했을 때를 제외하고 대부분 잠에서 깨고 나면 지난밤의 꿈이 희미하게 떠오르기도 한다. 마치 현실에서 겪은 것처럼 생생하게 기억나는 경우에, 사람들은 지난밤의 꿈에 뭔가 의미를 부여하면서 해몽을 하려고 한다. 그래서 꿈해몽과 관련된 이런저런 해석들이 있다. 그런데 이런 해석들은 대부분 미래에 대한 것이다. 특히 동서양을 막론하고 옛날에는 꿈은 미래를 알려주는 예시 같은 것으로 여겨졌다. 하지만 프로이트가 등장하면서 꿈은 미래가 아닌 지나간 과거와 현재를 알려주는 중요한 단서라는 인식을 가지게 되었다. 매일 밤 꾸는 꿈이 '지금의 나'를 발견하고, '내 안에 있는 또 다른 나'를 찾을 수 있는 중요한 통로라는 것이다.

　그런데 "왜 지나간 과거를 들춰봐야 하지? 그리고 꿈을 통해 지금의 나를 알 수 있다고? 나에 대해 가장 잘 아는 사람이 바로 난데, 대체 꿈이 나에 대해 뭘 알려준다는 거지? 그건 해석하기 좋아하는 사람들의 말장난일 뿐이야"라고 생각하는 사람들이 있다. 이렇게 생각하는 사람들은 장담컨대, 절대로 21세기의 교양인이 될 수 없다. 또한 꿈에 돼지나 조상님이 나타났다면서 로또를 사는 사람들은 결코 자신을 지배하는 또 다른 자신의 실체를 알 수 없다. 무슨 에일리언도 아니고 내 안에 또 다른 내가 있다는 건 말도 안 된다고 생각할 수도 있다. 하지만 인간은 이성과 의식보다 감정과 무의식의 지배를 더 많이 받는 존재이다. 이 감정과 무의식의 주인은 의식적인 '나'가 아니라 내 안에 있는 또 다른 나라고 한다. 또 다른 나를 찾아낼 수 있는 단서를 꿈에서 발견한 사람이 바로 의사이자 과학자인 프로이트이다. 그는 정신분석학을 통해 꿈이나 최면, 정신분석이 없으면 절대로 의식할 수 없는 무의식의 세계를 밝혀낸 최초의 정신분석학자이다.

나는 이 책에서 다음과 같은 사실을 증명하고자 한다. 즉 꿈을 해석할 수 있는 심리학적 기법이 있으며, 그 방법을 적용하면 모든 꿈은 깨어 있는 동안의 정신 상태의 결과물임을 알 수 있다는 사실이다.

– 프로이트의 《꿈의 해석》 중에서

프로이트는 무의식이 꿈속에서 드러난다고 생각했다. 사실 프로이트 이전에는 '무의식'이 무엇인지도 몰랐고 그런 게 존재하는지도 몰랐다. 프로이트를 통해 비로소 사람들은 의식 너머의 세계인 무의식에 대해 알게 되었다. 프로이트의 주장에 따르면 "무의식은 의식이라는 작은 세계를 품는 더 큰 세계"라고 한다. 그리고 눈에 보이지 않는 무의식이 우리의 의식을 지배하고 있다고 말했다. 지금 내가 느끼고 있는 기쁨이나 슬픔, 희망과 분노, 공포 등은 사실 내 것이 아니라, 내 안의 또 다른 내가 느끼는 감정이라는 것이다. 따라서 지금 나를 지배하는 감정의 실체를 알기 위해서는 이 감정의 실제 주인인 내 안의 또 다른 자신을 알아야 한다.

니체는 "지식 가운데 가장 어려운 지식은 자기 자신에 대한 지식"이라고 말했다. 니체의 힘의지는 현실을 이해하기 위해, 그리고 초인은 현실을 이겨나가기 위해 필요하다. 하지만 나의 힘의지가 어떤 상태인지 알 수 없다. 니체의 힘의지를 보다 자세하게 연구한 사람이 바로 프로이트이다. 즉 프로이트의 정신분석학은 "자기 자신의 신체에 대해, 그리고 자신이라는 인간에 대해 연구하는 학문"이다.

그런데 현재를 알기 위해서는 먼 과거에서 현재에 이르기까지의 역사를 알아야 한다. 현재의 어떤 상황은 갑자기 뚝 떨어진 게 아니기 때문이다. 현재 자신에 대해 알고 싶다면 과거 자신의 모습을 알아야 한다. 이를 통해 내가 어떻게 변했는지, 무엇이 더 좋아지고 나빠졌는지 알 수 있다. 프로이트는 과거와 현재를 아는 방법으로 꿈을 선택했다. 그는 꿈을 통해 과거의 사건들을 추측해 내고, 그 사건이 현재에 미치는 영향을 발견해 냈다.

그가 꿈에 주목하게 된 것은 정신병 환자들을 치료하기 위해서였다. 병을 치료하기 위해서는 발병 원인을 알아야 하는데, 정신병이란 정신에 걸리는 병이라 발병 원인을 찾기 힘들었다. 그는 발병 원인을 찾기 위해 정신병 환자들과의 대화를 통해 그들의 정신을 분석해 보았다. 하지만 정신병 환자들과 대화하기란 쉽지 않다. 내용은 뒤죽박죽인 데다 횡성수설하기 일쑤이기 때문이다. 사실 이런 점 때문에 프로이트 이전까지 정신병 치료는 대부분 약물이나 수술에 의존했다. 그러나 호기심 많은 프로이트는 헛소리 같은 환자들의 말을 무시하지 않고 유심히 들었다. 특히 꿈 이야기에 집중하면서 이를 통해 정신병의 원인을 찾으려 했다.

그런데 프로이트는 왜 이렇게 어려운 방법을 시도했을까? 프로이트 역시 경미한 정신병적 요소에 시달리고 있었기 때문이다. 프로이트는 자신의 병을 스스로 치료하기 위해 자신의 꿈이나 기억, 인격 발달의 변천을 탐색하는 데 몰두하고 있었다. 이렇게 자신을 분석하면서 프로이트는 자신이 아버지에 대한 적대감을 가지고 있었다는 사실을 깨달았다. 또 어린 시절 어머니한테 어떤 원초적 감정을 느꼈던 것을 떠올렸다. 그러면서 자신의 정신세계를 분석한 내용들을 정리하고, 환자들을 치료하면서 자료들을 열심히 모았다.

프로이트는 환자들을 치료하기 위해 정신분석을 연구했지만, 정신의학 분야뿐만 아니라 일반인의 정신세계를 이해하는 데도 큰 도움이 되었다. 한때 프로이트는 정신분석을 천체망원경이나 현미경에 비유하기도 했다. 육안으로 볼 수 없는 천체나 미생물을 망원경이나 현미경을 통해 볼 수 있듯이, 정신분석은 우리들의 의식수준에서는 볼 수 없는 의식 너머의 세계를 보게 해주기 때문이다.

우리는 프로이트가 발견한 세계를 통해 내 안의 또 다른 나를 발견하게 되었고, 인간의 정신 구조가 이드[본능], 에고[자아], 슈퍼에고[초자아]로 구성되어 있다는 사실을 알게 되었다. 또한 오이디푸스 콤플렉스와 리비도, 자기 파괴적 죽음의 본능인 타나토스라는 용어들도 세상에 나왔다. 프로이트의 발견은 의학, 심리학, 철학, 문학 등 모든 분야에서 없어서는 안 되는 기초개념이 되었다. 왜냐하면 프로이트를 통해 꽁꽁 숨겨두었던 과거의 상처와 감춰진 현실의 진실을 밝혀낼 통로를 발견했기 때문이다.

프로이트는 자신의 업적에
스스로 감격스러워했어

　프로이트는 1856년 5월 6일, 오늘날의 체코 영토인 오스트리아 제국의 모라비아인 마을에서 유대인 부모의 장남으로 태어났다. 양털 장수인 아버지는 이미 두 번 결혼하여 두 명의 자녀가 있었다. 이후 아말리에와 세 번째 결혼을 하면서 프로이트를 낳았다. 프로이트가 어렸을 때 아버지가 사업에 실패해서 온 가족이 고향을 떠나 라이프치히로 이사를 했다. 그러다 프로이트가 4살이 되었을 때에 빈에 정착하였다. 여덟 남매 중 장남인 프로이트는 어릴 때부터 매우 똑똑하고 영리했다고 전한다. 그의 부모는 다른 자식들보다 영리한 프로이트를 매우 아껴 가정 형편이 어려움에도 그에 대한 지원은 아끼지 않았다.

　1873년 고등학교 졸업시험을 우등으로 통과한 프로이트는 빈 대학 의학부에 입학했다. 학부생일 때 프로이트가 관심을 가진 분야는 생물조직을 연구하는 신경생리학이었다. 1881년 대학을 졸업한 프로이트는 의사가 아니라 과학자가 되려고 했던 것도 이 때문이다. 하지만 유대인인 프로이트가 과학자로 성공하기란 사실 현실적으로 힘들었다. 어쩔 수 없이 빈 종합병원으로 들어가 임상 수련의 생활을 하던 프로이트는 1885년 10월 유럽에서 가장 유명한 신경학자인 장 마르탱 샤르코와 공동 연구를 위해 파리로 갔다. 이때 프로이트는 신경학 연구 대신 정신병리 치료로 진로를 바꾸었다. 진로를 바꾼 이유는 신경학이 재정적으로 도움이 안 되기 때문이었다. 프로이트는 1886년에 마르타 베르나이스와 결혼한 후에 신경과 진료소를 차렸다.

이 시기에 프로이트는 죽음에 대한 공포 등 여러 가지 공포증에 시달렸다. 그는 자신의 공포증을 치료하기 위해 자신이 꾸는 꿈과 과거에 대한 기억, 그리고 인격 발달의 변천과정에 대해 탐색하기 시작했다. 이렇게 자신에 대해 분석한 내용과 환자들을 치료하면서 수집한 자료들을 가지고 1899년 11월,《꿈의 해석》이란 책을 출판했다. 하지만 이 책은 출간 당시에는 전혀 주목받지 못했다. 초판 600부 중에서 1년에 불과 123부만 팔렸고, 다 팔리는 데까지 8년이나 걸렸다고 한다. 자신의 저작이 실패했음에도 불구하고 프로이트는 "이러한 통찰력은 인생에서 단 한 번밖에 얻을 수 없다"며 자신의 업적에 스스로 감격스러워했다. 이후 평생을 정신분석학 연구에 헌신한 프로이트는 1939년 9월, 나치의 박해를 피해 망명 온 런던에서 생을 마감했다. 그는 죽기 2개월 전까지 환자 진료와 집필활동을 멈추지 않을 정도로 정신분석에 열성적이었다고 한다.

프로이트가 발견한
해답은 정신분석이었어

《꿈의 해석》을 보면 프로이트가 어떤 환자의 꿈에 대해 이야기를 나눈 일화가 나온다. 꿈에서 그 환자는 어떤 카페에 가서 '콘투스조브카'를 주문했다고 한다. 그런데 '콘투스조브카'라는 단어는 환자가 한 번도 들어보지 못한 낯선 말이었다. 아무리 꿈속이라지만 전혀 모르는 낯선 말을 어떻게 정확하게 말할 수 있는지 신기한 일이었다. 그는 꿈속에서 주문한 '콘투스조브카'가 무엇인지 매우 궁금해 했다. 프로이트는 폴란드 사람들이 즐겨 마시는 술 중의 하나라고 대답해 주었다. 당시 '콘투스조브카'라는 술 광고지가 벽에 붙어 있는 것을 보았던 프로이트는 이 술의 이름을 기억하고 있었던 것이다. 어떻게 환자는 그런 광고를 본 적이 없고 괴상한 술 이름을 들을 적도 없는데 그런 꿈을 꾸었을까?

프로이트는 환자가 그 광고를 본 것을 기억하지 못하고 있을 뿐, 무의식적으로 그 단어를 기억하고 있었다고 확신했다. 그래서 환자가 다니는 길목이나 자주 가는 곳을 환자와 함께 가보았다. 아니나 다를까. 환자가 지나는 길목에는 며칠 전부터 '콘투스조브카' 광고지가 붙어 있었다. 프로이트의 예상대로 환자는 광고판을 스쳐지나가면서 주의 깊게 보지 않았기 때문에 의식에서 기억하지 못했던 것이다. 그런데 환자의 의지와 상관없이 그의 무의식은 그 광고를 기억하고 있었다.

누구나 이런 경험이 있을 것이다. 어디서 본 것 같은데 정확히 기억나지 않거나, 한 번도 본 적이 없는 것 같은데 알고 있는 것 같은 느낌이 들 때가 있다. 이런 현상은 기억은 분명하지 않지만 머릿속에서 완전히 사라지지 않는 지식이나 정보들 때문이다. 이런 것들은 무의식에 담겨 있다가 어떤 자극이 생기면 의식으로 떠오르기도 한다. 이처럼 우리의 무의식 속에는 의식하지 못하는 기억이나 의식하고 싶지 않은 기억들이 가득 들어 있다. 의식하고 싶지 않은 것, 다시 말하면 기억하고 싶지 않은 것들은 무의식의 영역에 숨어 있는 것이다. 특히 불쾌하거나 불안하거나 아주 슬프고 억울한 기억들을 무의식은 고스란히 기억하고 있다가 어느 순간 자신도 모르게 터져나올 때가 있다.

30년 전에 당한 모욕이라 해도 일단 무의식적 흥분의 통로를 만들어내면, 마치 30년 동안 계속 모욕을 당해온 것처럼 작용한다. 그것은 기억이 일깨워질 때마다 되살아나서, 발작을 통한 운동성으로 배출되어 흥분 에너지로 변환된다. 바로 여기서 정신분석이 손을 써야 한다. 그 임무는 무의식적 과정을 해결하고 망각하도록 만들어주는 일이다.

– 프로이트의 《꿈의 해석》 중에서

'무의식적 흥분의 통로'란 과거와 유사한 상황이 재현되거나 의식이 힘을 잃었을 경우를 말한다. 예를 들어 술만 취하면 발작하듯이 아무 이유 없이 울거나, 소리치거나, 폭력적으로 변하는 사람들이 있다. 이런 경우는 술로 인해 의식이 약해진 틈을 타서 무의식이 생각과 행동을 지배하기 때문이다. 이 무의식의 정체는 과거에 어떤 불행한 사건을 겪었을 때 느꼈던 감정이다. 이처럼 무의식은 자신은 기억조차 못하는 아주 작은 사건과 그때 느꼈던 감정들까지 다 기억하고 있다. 왕따를 당한 학생들이 어느 날 끔찍한 폭력을 행사하는 가해자로 돌변하는 이유도 여기에 있다. 억눌린 감정은 어떤 식으로든 밖으로 드러나게 마련이다.

이것은 과거의 일에만 해당되는 게 아니다. 우리는 간혹 시험에 떨어지는 꿈을 꿀 때가 있다. 학교를 졸업한 지 20여 년이 지났는데도 지금까지 나는 가끔 시험에 떨어지는 꿈 때문에 식은땀을 흘리기도 한다. 마흔이 넘어서도 시험 공포증 때문에 이런 꿈을 꾸는 것일까? 곰곰이 생각해 보면 대개 이런 꿈은 이미 과거에 합격한 시험에서 떨어지는 꿈일 가능성이 많다. 이에 대해 프로이트는 "책임져야 할 어떤 일 때문에 비난을 받을 가능성이 있을 경우 불안한 시험 꿈을 꾸게 된다. 그러므로 시험에 떨어지는 꿈은 현실의 심한 불안이 부당한 것임을 드러내기 위해 불안이 해소되었던 과거의 어떤 사건을 찾은 것이다"라고 말했다. 그러므로 내가 의식적으로 파악하지 못하는 현실 상황을 나의 꿈이 알려주는 것이다.

꿈은 매우 중요한 심리적 결과물이다. 그 원동력은 언제나 충족되어야 할 어떤 소망이다. 꿈의 소망이 뚜렷하지 않거나 기괴한 일이나 황당무계한 점이 많은 것은, 꿈이 형성될 때 거치는 심리적 검열의 영향에 기인한다.

– 프로이트의 《꿈의 해석》 중에서

프로이트의 여자 환자 중에 이상한 꿈을 꾸는 사람이 있었다. 그녀에게는 언니가 있었는데, 그녀는 언니를 무척이나 사랑했고 언니의 아들인 조카도 무척 아꼈다. 그런데 자꾸 꿈에 조카가 죽어서 관 속에 누워 있는 모습이 나타났다. 이 꿈 때문에 여자는 무척이나 불쾌하고 불안했다. 그러다 프로이트와의 대화를 통해 그런 꿈을 꾸는 이유를 알게 되었다.

여자에게는 오랫동안 짝사랑하던 남자가 있었다. 오래전 다른 조카가 죽었을 때 여자는 조카의 장례식장에서 그 남자를 다시 만나게 되었다. 아주 오랜만의 만남이었다. 여자는 무척 남자를 보고 싶어 했지만 그를 만날 기회가 거의 없었기 때문이다. 그래서 자신도 모르게 만약 누군가가 죽는다면 그 남자가 장례식에 찾아올 테고, 그러면 그 남자를 다시 만날 수 있다는 소망을 품게 되었는지도 모른다. 프로이트의 해석에 의하면 그 소망이 조카의 죽음이란 꿈으로 나타났다는 것이다. 즉 남자에 대한 그리움이 장례식의 형태로 꿈으로 나타난 것이다.

그런데 이상한 점이 있다. 짝사랑하던 남자를 만나고 싶어 그런 꿈을 꿨다면 왜 꿈에 남자가 직접 나타나지 않았을까? 프로이트는 이런 경우가 생기는 것은 심리적 검열이 영향을 주기 때문이라고 했다. 예를 들어, 불륜이 되거나 남자가 심한 바람둥이라 절대로 사랑해서는 안 된다고 생각한 것이다. 그래서 남자를 만나고 싶은 욕망이 있음에도 남자는 꿈에 직접 나타나지 않는 것이다.

이처럼 무의식 속에는 기억하지 못하는 과거의 상처나 사건과 의식하지 못하는 나의 본심과 생각들이 가득 들어 있다. 그리고 이것들은 의식이 약해졌을 때 나도 모르게 터져 나오기도 한다. 때로는 내 의식까지 지배하며 생각과 행동과 선택을 좌우하기도 한다. 그렇다면 이런 무의식적 문제를 해결할 방법은 없는 것일까? 프로이트는 정신분석을 통해 과거에 겪은 사건을 정확히 떠올려서 스스로 납득하고 감정을 해소하는 길밖에 없다고 말했다. 왜냐하면 해소되지 않은 감정은 사라지는 게 아니라 무의식 속으로 가라앉기 때문이다. 왜 그런 사건이 일어났으며 자신이 원치 않았던 결말에 대해 이해하고 자신을 위로해야 한다. 이렇게 자신의 감정을 솔직하게 인정하고 정리해야 과거의 상처는 해소될 수 있다. 그래야 무의식에 의해 현재가 지배당하지 않을 수 있다.

무의식이라는 게 결국
나의 진짜 속마음이라는 거야

　의식하고 싶지 않은 수많은 기억들은 무의식의 세계에만 머무는 게 아니다. 무의식의 영역 속에 숨어 있다가 기회가 생기면 의식의 영역으로 떠오를 때가 있다. 하지만 의식의 영역에서는 그 기억들을 받아들이지 않으려고 한다. 기억하고 싶지 않고, 의식하고 싶지 않은 기억이기 때문에 인간의 정신은 의식의 수면 위로 떠오르지 못하게 밀어낸다. 자신을 보호하기 위한 본능이 발휘되는 것이다. 그러면 거부당한 기억들은 다시 무의식 속으로 얌전히 가라앉을까? 이런 경우 거부당한 기억들은 다른 형태로 바뀌어 다시 의식의 영역에 나타난다. 그러면 의식은 비록 의식하고 싶지 않은 기억이지만 다른 것으로 변형되었기 때문에 받아들일 수 있게 된다. 《꿈의 해석》에 나오는 프로이트의 상징은 그런 변형 중의 한 가지인 셈이다.

　프로이트는 지팡이나 나무줄기, 우산처럼 기다랗게 생긴 것, 칼, 단도, 창같이 길고 뾰족한 무기는 남자의 성기를 상징한다고 했다. 그리고 작은 궤, 상자, 난로, 동굴, 배, 그릇 등은 여성의 몸을 상징한다. 층계나 사다리, 발판 같은 곳을 올라갔다 내려갔다 하는 행위는 성행위를 의미한다. 또한 몸에 걸치는 것 가운데 여성의 모자는 남자의 성기를 상징하며, 꿈에서 어린아이와 놀거나 업어주는 것은 흔히 자위행위를 의미한다.

프로이트가 제시한 이런 상징과 해석들이 다 맞는다고 할 수는 없다. 그렇다고 프로이트의 해석을 모두 무시할 수는 없다. 무의식은 꿈을 통해 표출되는 경향이 많다는 건 사실이기 때문이다. 또한 위에서 언급한 조카의 장례식 꿈처럼 무의식의 표출조차 왜곡되거나 변형되어 나타나기도 한다. 이 모든 것들은 '나'에 대해 알 수 있는 중요한 단서이다. 꿈은 과거의 사건에 대한 중요한 심리적 결과물이며, 그 원동력은 언제나 현실에서 충족되기를 바라는 어떤 소망이다. 내가 의식하지 못하지만 나의 무의식 속에는 현실에서 충족하고 싶은 소망과 그 이상의 것들이 꿈틀대고 있다. 그것들이 때론 아름답지 못하거나 지극히 이기적이거나 또는 범죄에 가까운 욕망들일 수 있다. 그래서 내 안에 있는 추악한 것들을 발견하고 당황하거나 절대로 인정하고 싶지 않을 수 있다. 하지만 그것이 나의 또 다른 모습이라는 사실은 받아들일 수밖에 없다. 왜냐하면 그것을 인정해야 스스로를 솔직한 눈으로 바라볼 수 있기 때문이다.

쾌락을 추구하는 욕구(이것을 리비도라고 우리는 부르는데)는 그 대상을 제멋대로 고른다. 아니, 금지되어 있는 것을 가장 기꺼이 고른다. 그러니 인간의 본성으로부터 멀리 떨어져 있는 것으로 믿어지고 있는 성욕이 꿈을 야기시킬 만큼 충분한 힘을 지니고 있다는 것을 알 수 있다.

증오 역시 제멋대로 미친 듯이 날뛴다. 인생에 있어서 가장 사랑하는 가족들, 즉 부모, 형제자매, 배우자, 자식에 대한 복수와 죽음의 원망마저 결코 드문 일은 아니다. 이런 원망은 검열받고는 있지만 바로 지옥에서 솟아나오는 것같이 보인다. 깨어 있을 때의 해석에 따르면 이들 원망에 대해서는 제아무리 엄한 검열이라 해도 지나치게 엄하다고는 여겨지지 않는다.

– 프로이트의 《정신분석학 입문》 중에서

리비도란 '굶주림'과 유사한 것으로, 본능을 드러내는 힘이라 할 수 있다. 니체식으로 말하자면 리비도란 의식되지 않은 '힘의 지'다. 그런데 굶주림은 음식을 먹으면 해결되지만, 리비도는 성적 욕망을 충족시켰다고 해소되는 것이 아니다. 프로이트는 《정신분석학 입문》에서 "어머니의 젖을 빠는 것은 성적 욕망의 출발점이며 후년의 모든 성적 만족의 유례없는 본보기가 되고, 부족함을 느낄 때는 공상 속에서 자주 이 본보기로 돌아간다"고 말했다.

그리고 프로이트는 남녀노소를 불구하고 살아 있는 인간은 모두 성적 욕망을 갖고 있다고 말했다. 심지어 갓난아기조차도 성적 욕망을 지니고 있다고 한다. 이런 성적 욕망은 일종의 에너지처럼 전환되는데 이것을 '리비도'라고 한다. 성적 욕망은 2세를 낳아 기르고 싶은 생식(生殖)에 대한 욕망이나, 성관계에 대한 욕망만을 의미하는 게 아니다. 육체적 행위뿐만 아니라 성적 행위를 하는 과정에서 느껴지는 쾌감 역시 중요하다. 엄밀히 말해 성적 행위를 통해 느껴지는 쾌감 역시 성적 욕망이다. 쾌감이나 즐거움은 정신적인 것이라고 할 수 있다. 정확히 말해 리비도는 성적인 쾌감을 추구하는 에너지이다.

인간을 이해하려면 '리비도'를 먼저 이해해야 해

성적 욕망이 2세를 낳아 기르는 생식적인 욕망만이 아니듯, 성적 쾌감 또한 몸의 특정 부분에만 있는 것이 아니다. 리비도는 몸의 이곳저곳으로 흘러간다. 프로이트는 인간의 성장단계는 리비도가 흘러가는 것과 관계가 있다고 주장했다. 프로이트가 주장하는 인간의 발달단계는 다음과 같다.

태어나서 2세까지를 구강기라고 하는데, 이때 성적 에너지인 리비도는 주로 입에서 느낀다. 즉 어린 아기들은 입으로 하는 일들을 통해 쾌감을 느낀다는 것이다. 아기들은 배가 고파서 엄마 젖을 먹기도 하지만 엄마 젖을 빨면서 불안을 해소하기도 하고 즐거움을 느끼기도 한다. 간혹 손톱을 물어뜯거나 연필 꽁무니를 씹는 아이들이 있는데, 이런 행동을 하는 것은 구강기 때의 행위들이 아직도 남아 있기 때문이다. 이런 것을 '고착(fixation)'이라고 한다.

구강기에는 입으로 먹고 마시는 흡입 행동과 깨물고 뱉어내는 행동을 한다. 흡입 행동에 고착되면 흡연이나 음주, 키스 등에 관심이 많아지며, 낙천적이고 의존적인 성격이 되기 쉽다. 이가 나올 때 잇몸이 근질거려서 깨물고 뱉어내는 공격적인 행동을 많이 하는데, 이런 행동에 고착되면 적대감이나 질투, 냉소적, 비관적, 공격적인 성격이 되기 쉽고 남을 통제하려는 태도를 보이기도 한다.

구강기 다음인 2~4세 시기엔 리비도는 항문으로 흘러가는데, 이 시기를 항문기라고 한다. 리비도가 항문에 집중되어 있기 때문에 이 시기의 아기들은 배변활동을 통해 쾌락과 욕구 충족을 느낀다. 하지만 항문기에 있는 아기들의 욕구 충족에는 약간의 문제가 있다. 기저귀를 차고 누워 있는 갓난아기는 소변이나 대변을 참을 필요가 없다. 배설하고 싶은 욕구가 생기면 언제든 기저귀에 배설하면 된다. 부모가 기저귀를 갈아주기 때문에 아기들은 마음놓고 배설 욕구를 충족할 수 있는 것이다. 하지만 배변훈련을 하게 되면서 아기들은 참고 기다려야 할 때도 있다는 것을 배운다. 이 과정에서 아기들의 배설 욕구가 제약당하거나 거부될 수도 있다. 배변활동을 통해 쾌락과 욕구충족을 느끼는 항문기

아이들로서는 매우 심각한 일이다. 만약 부모의 배변훈련이 지나치게 엄격하거나, 배변활동을 통해 욕구충족을 하지 못할 경우 아이는 심각한 욕구불만에 빠진다. 이때 생긴 욕구에 대한 불만족 상태는 무의식 속에 남아 성장하면서 부모에게 심하게 반발하거나 적대적, 가학적, 파괴적 성향으로 나타날 수 있다. 반대로 배변훈련이 잘 되어 욕구가 순조롭게 충족되면 아기는 배설물을 자신의 창조물로 여기며 자신에 대한 자신감과 자존감을 가지게 된다. 이런 아기들은 창의적이고 생산적인 일에 관심이 많은 성격으로 자랄 가능성이 높다. 또는 항문을 이완시켜 배변하는 것보다 조이는 데에서 쾌감을 느끼는 아기들도 있는데, 이런 아기들은 나중에 지나치게 깔끔하거나 결벽증적인 성격이 되기도 한다.

모든 사람은 아기 때 대소변을 가리는 배변훈련을 통해 처음으로 사회적 규율이라는 것을 배운다. 사람들이 많은 곳이나 화장실이 아닌 곳에서는 대소변을 보면 안 된다는 사회적인 관습과 약속을 깨닫게 되는 것이다. 그런 의미에서 대소변을 가리는 훈련은 사회와 만나는 첫 단계라고 할 수 있다. 그래서 프로이트는 배변훈련이 아이가 나중에 사회에서 다른 사람들과 관계를 맺거나 어떤 문제에 부딪혔을 때 어떻게 행동을 해야 하는지에 대한 기본적인 것들을 결정해 준다고 말했다.

항문기 다음인 4~6세는 남근기에 해당된다. 이때는 리비도가 남근으로 흘러가서 남근을 통해 즐거움을 얻는 것을 배운다. 남자아이들은 성기에 관심이 많아지고, 자신의 성기를 만지면서 즐거움을 느낀다. 그럼 남근이 없는 여자아이들은 이 시기에 어떤 반응을 보일까? 프로이트의 설명에 의하면 여자아이들은 남자아이의 성기에 관심이 많아지면서 자신에게는 성기가 없다는 사실 때문에 고민하게 된다. 그래서 없는 것을 갖고 싶어 하는 '남근 선망'을 지니게 된다. 반대로 남자아이들은 여자아이들의 성기를 보면서 고추가 없는 것을 이상하게 여기며, '혹시 잘려서 없어진 게 아닐까?'라고 생각하게 된다. 그러면서 자신의 고추도 잘려나갈지 모른다는 두려움 때문에 '거세 공포'에 빠지게 된다.

특히 이 시기의 아이들은 남자와 여자의 성 차이를 인식하고 출생에 대한 관심을 보이기 시작한다. 그래서 남자아이는 어머니를 성적 애착의 대상으로 생각하는 오이디푸스 콤플렉스에 빠져 아버지를 미워한다. 반대로 여자아이는 남자아이와 자신을 비교하며 열등감과 좌절감을 겪는 동시에 아버지를 성적 애착의 대상으로 생각하고 어머니를 적대시하는 엘렉트라 콤플렉스(Electra complex)에 빠진다. 엘렉트라는 미케네의 왕 아가멤논의 딸로 아버지가 왕비이자 자신의 어머니인 클리타임네스트라와 그녀의 정부의 손에 살해되자 동생과 함께 어머니와 정부를 살해하는 그리스 신화에 나오는 인물이다. 이 시기에 나타나는 콤플렉스 현상은 자신과 성이 같은 부모의 성역할을 학습하면서 자연스럽게 해소된다. 해소되는 정도에 따라 성역할에 대한 정체성과 성인이 되었을 때 이성에 대한 태도가 결정된다.

이후 초등학교 시기인 잠복기(6~12세) 아이는 성적 욕구에 대한 만족이 신체의 특정 부위의 자극이 아니라 친구관계나 취미활동, 스포츠 등 사회적 활동을 통해 이루어진다. 이 시기에는 쾌락원칙을 버리고 현실원칙을 따르게 되는데, 아버지의 권위와 금지, 또는 양심에 따라 사회적, 도덕적 자아를 형성하게 된다. 12세 이후는 질풍노도의 시기라고 하는 사춘기이다. 이 시기에는 부모로부터의 정서적 해방과 독립을 추구하는 심리적 과도기로 성적 충동을 정상적인 성욕으로 받아들이게 된다. 보통 이때부터 자위행위를 시작하게 된다. 프로이트의 딸이자 정신분석학자인 안나 프로이트는 사춘기에 대해 "본래 평화로운 성장을 방해하는 시기"라고 말했다. 과도기는 새롭게 태어나는 시기라는 뜻이기도 하다. 그런 의미에서 "사춘기에 정상이라는 말은 곧 비정상"이라는 것이다.

이렇게 인간은 성장단계에 따라 충족되어야 할 욕구들이 있다. 문제는 이런 욕구들이 충족되지 못했을 때이다. 갓난아이 때 마음껏 엄마젖을 먹지 못해서 입을 통한 욕구가 충족되지 못했거나 대소변을 제대로 못 가려서 부모에게 심하게 혼이 난 아이들은 어떻게 될까? 이때 생긴 마음의 상처(트라우마)나 충족되지 못한 욕구에 대한 불만족은 고스란히 무의식 속에 남는다. 그리고 성장기뿐만 아니라 어른이 되어서도 계속 무의식 속에 남아 의식을 지배하게 된다. 그러므로 이해하기 힘든 유아적 행동이나 습관들은 성장단계 때 충족되지 못한 욕구의 표출일 수 있다.

프로이트는 부모와 자식의 관계를 부정적인 무의식으로 보았어

부모와 자식과의 관계는 아이들 입장에서 봤을 때 의심할 것 없이 형제자매에 대한 관계보다 좋은 관계라 할 수 있다. 그런데도 불구하고 흔히 볼 수 있는 일로 부모와 성인이 된 자녀 사이의 감정관계는 사회에 의해 제시된 이상과는 큰 거리가 있음을 알 수 있다. 또한 감정상 많은 적의가 들어가 만일 효심과 정다운 감정으로 억제하지 않으면 그러한 적의가 노골적으로 나타나 버린다는 것도 알 수 있다.

– 프로이트의 《정신분석학 입문》 중에서

프로이트는 아들이 어머니를 여자로서 사랑하는 심리를 밝혀내고 이를 '오이디푸스 콤플렉스'라 이름 붙였다. 그런데 이 콤플렉스의 주인공인 '오이디푸스'의 일화를 살펴보면 '오이디푸스 콤플렉스'가 단순히 이런 심리적 의미만 있는 게 아니라는 것을 알 수 있다.

　오이디푸스는 그리스 신화에 나오는 왕의 이름으로, '퉁퉁 부은 발'이라는 뜻이다. 그는 태어나면서 신탁으로부터 '아비를 죽이고 어미와 결혼한다'는 예언을 받았다. 테베의 왕이자 오이디푸스의 아버지인 라이우스 왕은 이 불길한 예언을 듣고 아들을 죽이기로 결심했다. 하지만 어머니인 이오카스테라 왕비는 가여운 아들을 살리기 위해 왕에게 제발 죽이지만 말아 달라고 간청했다. 왕비의 간청에 마음이 약해진 왕은 양치기에게 오이디푸스의 발에 못을 박아 산에 버리라고 명령했다. 양치기는 차마 아기를 버리지 못하고 아이가 없는 코린토스의 왕 폴리보스의 양자로 보냈다. 폴리보스 왕은 못이 박혀 퉁퉁 부어 있는 아기의 발을 보고 오이디푸스라는 이름을 지어주었다.

　의젓한 청년으로 자란 오이디푸스는 자신이 폴리보스 왕의 진짜 아들이 아니라는 사실을 알게 되었다. 진실을 알기 위해 신전으로 간 오이디푸스는 '아비를 죽이고 어미를 범한다'는 불길한 예언을 듣게 되었다. 큰 충격을 받은 오이디푸스는 절대로 코린토스로 돌아가지 않기로 결심했다. 그는 자신이 코린토스 사람이라고 생각했기 때문이다. 방랑길에 나선 오이디푸스는 이리저리 방황하다 우연히 지나가던 마차와 시비가 붙게 되었다. 싸움은 점점 커져서 결국 오이디푸스는 마차에 타고 있던 사람들을 모두 죽여버렸다. 그런데 이 마차에는 그의 친아버지인 라이우스 왕이 타고 있었다. 결국 신탁의 예언대로 오이디푸스는 아버지를 죽이고 만 것이다.

하지만 오이디푸스는 자기가 친아버지를 죽인 줄은 꿈에도 몰랐다. 여행을 하다 자신이 태어난 테베에 도착한 오이디푸스는 많은 사람들을 구하고 왕이 되었다. 그리고 과부가 된 왕비를 아내로 맞아들였다. 바로 자신의 어머니인 이오카스테라 왕비를 아내로 맞은 것이다. 그러다 어느 날 오이디푸스는 자신의 친부모가 누구인지 알게 된다. 자신이 친아버지를 죽이고 친어머니를 아내로 맞았다는 사실을 알게 된 오이디푸스를 큰 충격을 받았다. 그래서 그는 부모도 알아보지 못한 자신의 눈을 스스로 찔러 장님이 되었다.

이처럼 오이디푸스 신화의 핵심은 근친상간이다. 물론 결론이 비극으로 끝났기 때문에 근친상간을 찬성한다는 의미는 아니다. 사실 사람들은 근친상간의 욕망을 다룬 문학작품이나 예술작품에 거부감을 가지고 있다. 사람들의 인식뿐만 아니라 사회적, 제도적으로도 근친상간을 금지하고 있다. 그런데도 근친상간을 다룬 신화나 전설, 소설, 예술작품들은 왜 존재하는 것일까? 사람들은 의식적으로는 반대하지만 무의식 속에는 근친상간에 대한 욕망이 숨어 있기 때문이다. 프로이트는 신화나 전설, 민속은 사람들의 공통된 심리가 반영된 거라고 생각했다. 즉 근친상간을 다룬 신화나 전설은 사람들의 무의식 속에 숨어 있는 근친상간에 대한 욕망을 드러내는 것이다.

그래서 근친상간을 다룬 이야기는 대부분 비극으로 끝나고 주인공의 선택을 이해시키기 위한 장치들을 사용한다. 만약 오이디푸스가 친엄마인 줄 알고서도 사랑했다면 사람들은 결코 용납하지 않았을 것이다. 하지만 오이디푸스는 자신의 친엄마라는 사실을 모른 채 아내로 맞아들였고, 나중에 진실을 알게 된 후 스스로를 벌했기 때문에 사람들은 그를 동정할 수 있었다. 이처럼 사람들은 의식적으로는 거부하고 반대하기 때문에 자신들의 욕망을 직접적으로 드러내지 않는다. 대신 오이디푸스 신화처럼 이야기나 작품을 통해 왜곡시켜서 드러내려고 한다. 어떤 식으로 변형시켜도 근친상간을 다루고 있다는 것 자체가 사람들의 심리를 반영한 거라고 할 수 있다. 그래서 오이디푸스 콤플렉스에 대한 프로이트의 설명과 오이디푸스 신화의 내용이 약간 다른 것도 바로 왜곡되었기 때문이다.

꿈도 신화와 비슷하다. 의식이 용납하지 못하는 것, 사회가 허락하지 않는 것은 꿈에서도 그대로 나타나지 못한다. 무의식 속에 숨겨진 욕망은 의식이 불편하지 않도록 왜곡되거나 변형되거나 혹은 상징으로 나타나기도 한다. 때로는 어느 정도 욕망하는 대로 나타날 때도 있다. 여기서 중요한 것은 숨겨져 있던 욕망은 어떤 방식으로든 나타난다는 사실이다. 예를 들어, 프로이트는 레오나르도 다빈치의 걸작 〈모나리자〉를 보고, 어머니를 향한 레오나르도의 무의식적 성적 욕망이 표출된 거라고 평하기도 했다. 사생아인 레오나르도는 유아기를 어머니하고만 보냈다. 그래서 아버지에 대한 오이디푸스 콤플렉스를 경험하지 않았기 때문에 어린 시절 어머니를 향한 성적인 욕망이 억제되지 않았다는 것이다.

프로이트의 생각은 제자인 칼 융이 확대시켰지

1884년 여름, 니체는 "낮 동안에 하부지성은 의식에게 닫혀 있다. 밤이 되면 상부지성은 잠을 자고, 하부지성은 의식 속에 나타난다"라는 글을 썼다. 마르크스의 상부구조와 하부구조를 연상시키는 니체의 상부지성과 하부지성이라는 개념은 프로이트에 의해 의식과 무의식으로 정리되었다. 이처럼 프로이트는 니체에게서 많은 영감을 얻었다.

개인의 발전이란 우연한 생활환경의 영향으로 축약된 인류 발전이 되풀이되는 것이라고 할 수 있다. 꿈에서 "사람이 직접적으로 도달하기 어려운 원시적 인간성이 작용하고 있다"는 니체의 말이 얼마나 적절한 표현인지 알 수 있을 것이다. 정신분석은 인류

초기의 가장 멀고 아득한 옛날의 상황을 어둠 속에서 재구성하려고 노력하기에 학문 중 높은 위치를 요구해도 될 것이다.

- 프로이트의 《꿈의 해석》 중에서

프로이트는 꿈을 통해 한 개인의 현실과 과거를 보았다. 그리고 그의 제자 칼 융은 이를 확대시켜 인류 전체의 과거를 보려고 했다. 프로이트의 제자이자 스위스의 정신과 의사인 칼 융은 세계 방방곡곡을 여행하면서 각 민족의 종교와 신화를 수집했다. 수많은 자료들 속에서 융은 전 인류가 동일한 내용의 '집단적 무의식'을 가지고 있다는 사실을 발견했다. 융은 사람들의 집단무의식 속에는 인류가 단세포이던 시절부터 지금까지 진화해 오면서 있었던 모든 기억이 고스란히 저장되어 있다고 주장했다. 그래서 지구에 사는 전 인류의 집단무의식 속에는 모두 동일한 기억이 저장되어 있으며, 전 인류는 집단무의식을 통해 하나로 연결되어 있다는 것이다. 그런데 어떻게 전 인류가 같은 내용의 집단무의식을 가질 수 있다는 것일까?

융의 주장에 따르면 마음은 뇌와 별도의 존재라는 것이다. 혹시 머리에서 마음까지 거리가 제일 멀다는 말을 들어본 적이 있는가? 이성이 감성을 제어하지 못할 때 주로 쓰는 말인데, 우리도 이런 경험을 할 때가 있다. 이성적으로는 공부해야 한다고 생각하지만 마음이 따라주지 않거나 하고 싶은 마음은 굴뚝같지만 머리가 움직이지 않는 경우가 있다. 이처럼 뇌에서 명령한다고 해서 마음이 순순히 따르지 않는다. 뇌와 마음은 한 사람의 몸속에 공존하면서도 제각각 움직이고 있다.

또한 융은 양자물리학 이론으로 노벨상을 받은 파울리와 함께 쓴 《정신의 본질과 해석》이라는 책에서 마음은 에너지와 같은 성질이 있어 다른 사람에게 전달될 수 있다고 주장했다. 말이나 글이 아니라 마음의 에너지만 가지고도 자신의 생각을 다른 사람들에게 전달할 수 있다는 것이다. 그런데 마음의 에너지는 의식보다 무의식 속에 있는 마음 에너지가 더 강하다. 그래서 사람들은 무의식 속에 있는 마음 에너지를 서로 주고받게 되는데, 이 과정에서 각자의 무의식 속에 있는 정보들을 주고받으면서 공유하게 된다는 것이다.

융은 집단무의식이 가능하다는 것을 증명하기 위해 '동시성의 원리'를 발표했는데, 예를 들어 설명하자면 다음과 같다. A라는 사람은 갑자기 수십 년 전에 헤어진 친구 B가 생각났다. 그래서 B에게 전화를 걸려는 순간, 바로 그때 B로부터 전화가 걸려온다. 이것이 바로 동시성이다. 동시성이 가능한 이유는 사람들은 마음 에너지를 통해 집단무의식을 형성할 수 있고, 사람들은 집단무의식 때문에 하나로 연결되어 있어서 A가 생각한 정보가 순간적으로 B에게 전달되기 때문이라는 것이다.

융의 설명은 '텔레파시telepathy'라는 단어를 떠올리게 만든다.

이심전심(以心傳心)이란 고사성어처럼 우리도 가끔 친한 사람들 사이에서 마음이 통하는 텔레파시를 경험할 때가 있다. 엄마에게 부탁하지도 않았는데 내가 원하는 것을 사다주거나 미리 약속하지도 않았는데 어떤 장소에서 친구를 만나기도 한다. 이런 일이 생기면 우리는 우연이거나 운이 좋은 거라고 단순하게 생각했다. 그런데 융의 설명에 따르면 그런 일은 우연히 일어난 게 아니라 나의 마음 에너지가 상대에게 전달되어 동시성의 원리에 의해 일어난 것이라 한다.

이렇듯 융의 주장에 따르면 꿈은 개인의 무의식뿐만 아니라 집단의 무의식 속에 저장되어 있는 기억의 일부가 잠을 자는 동안 나타나는 현상이다. 그런데 재미있지만 좀 엉뚱한 주장도 있다. 만약 꿈의 내용이 지금의 자신과 관련된 거라면 그것은 개인의 무의식에 저장되었던 기억이 부상하는 것이다. 그런데 남성의 꿈에 자신이 여자의 모습으로 나타난다면 그것은 지금이 아닌 전생(前生)에 여자였던 때의 기억이라는 것이다. 그럴듯하게 들리기도 하지만 상식적인 이야기는 아니다.

프로이트는 사람 마음이
여러 개로 나눠진다고 했어

만화를 보면 주인공이 선택의 순간에 갈등하는 장면에서 흰옷을 입은 천사와 검은 옷을 입은 악마가 등장한다. 흰옷을 입은 천사는 주로 사회적 규칙과 도덕에 맞는 착하고 좋은 것을 선택하라고 충고한다. 반면 검은 옷을 입은 악마는 도덕이나 규칙 같은 건 집어치우고 너의 이익과 본능에 충실하라고 유혹한다. 사람의 이중적 심리를 표현하기 위한 만화적 상상력이라고 생각할 수 있는데, 프로이트의 주장에 따르면 실제로 사람의 마음은 몇 개로 나누어진다.

프로이트는 만화에 나오는 천사와 악마처럼 사람의 정신은 사회적인 것을 따라야 한다는 영역, 본능을 따르고 싶은 영역, 사회적인 것과 본능적인 것이 서로 싸우고 합의한 후 행동으로 옮기는 영역으로 나누어져 있다고 말했다. 사회적인 것을 따라야 한다고 생각하는 영역을 초자아라고 하는데, 이것은 도덕적인 것, 예의 바른 것, 법적인 것을 생각하는 영역이다. 본능적인 것을 추구하는 영역은 이드라고 하는데, 리비도에 따라 본능적인 것들을 추구하는 욕망과 욕구들이 담겨 있는 영역이다. 마지막으로 자아라고 이름 붙인 영역은 초자아와 이드의 싸움을 조정하고 행동으로 옮기게 하는 영역이다.

프로이트가 이런 주장을 했을 때만 해도 사람들은 그의 말을 헛소리라 치부했다. 몸이 아닌 사람의 마음이 어떻게 여러 개로 나누어질 수 있냐는 것이다. 지금이야 정신분석학과 심리학이 학문으로서 인정받고 사람들도 이에 대한 기본 지식이 있어 대체로 수긍하는 분위기이다. 하지만 20세기 초반만 해도 정신분석에 대한 사람들의 인식은 미신이나 미스터리를 대하는 수준이었다. 그러다 1952년 미국에서 '다중인격장애'를 갖고 있는 이브 화이트(Eve White)의 실제 사례가 보고되었다.

'다중인격장애'를 갖고 있는 이브 화이트는 이브 블랙과 제인이라는 또 다른 인격을 가지고 있었다. 평소 이브 화이트가 심한 두통이나 술에 취해 의식을 잃으면 이브 블랙이 출현했다. 이브 블랙의 출현으로 문제가 일어나자 이를 해결하기 위해 최면치료를 하는 과정에서 제인이란 인격을 발견하게 되었다. 이브 화이트는 말이 없고 소심하며 고지식한 성격으로 다른 두 인격의 존재에 대해선 전혀 모르고 있었다. 화이트와 정반대로 이브 블랙은 거칠고 제멋대로이며 무책임하고 천박한 성격이었다. 그리고 이브 화이트의 존재는 알지만 제인의 존재에 대해선 모르고 있었다. 이 둘과 달리 최면치료 과정에서만 나타나는 제인은 성숙하고 당차며, 유능하고 인정이 많은 성격으로 두 존재를 모두 알고 있었다. 이렇게 전혀 다른 성격을 가진 세 개의 인격이 한 사람의 내부에 존재하고 있다는 사실이 알려진 것이다.

이브 화이트의 실제 사례는 〈이브의 세 얼굴 Three Faces of Eve〉이란 영화로 제작되기도 했다. 이외에도 〈카인의 두 얼굴〉이나 〈아이덴티티〉, 우리나라에선 〈장화 홍련〉 같은 영화가 다중인격장애를 소재로 제작되었다. 그만큼 이브 화이트의 사례는 보통 사람에게서는 보기 힘든 매우 특수한 경우이다. 이 사례가 중요한 것은 프로이트의 주장이 사실로 증명되었기 때문만은 아니다. 내 안에 있는 또 다른 내가 지금의 나와는 전혀 다른 모습일 수 있다는 것을 알려주었기 때문이다. 이브 화이트처럼 지금의 나와 정반대의 인격이 나타나는 것은 아니지만, 중요한 것은 그런 인격이 무의식 속에서 나를 지배하고 있을지도 모른다는 사실이다. 만약 극단적인 성향이거나 변덕이 심하다면 무의식 속에 살고 있는 나의 또 다른 모습은 지금의 나와 정반대일 수도 있다는 것이다.

행복하게 살려면 반드시
나의 속마음을 알아야 해

　21세기를 맞이하며 시사주간지 〈타임〉은 20세기에 영향을 끼친 인물 50명 중에서 맨 앞자리에 프로이트를 올려놓았다. 무의식의 발견과 꿈의 해석은 서구 문명사와 사상사는 물론 현대인의 생활에 엄청난 영향을 끼쳤기 때문이다. 그의 정신분석이론은 인문학, 사회과학의 여러 이론에 커다란 영향을 주었고,《꿈의 해석》을 통해 발표한 '무의식'의 세계는 의식을 강조하는 인간 중심주의를 일거에 무너뜨리는 사상사적 전환점이 되었다. 사실 무의식의 발견은 코페르니쿠스의 지동설과 찰스 다윈의 진화론에 비교될 정도로 파격적인 내용이었다. 지동설이 인류를 우주의 중심에서 끌어내렸다면, 진화론은 인류를 신의 창조물에서 원숭이의 친척으로 추락시켰다. 그리고 프로이트가 발견한 무의식은 인간이 스스로를 통제할 수 없는 무의식의 노예임을 만천하에 선포한 것이다.

　과연 꿈의 가치는 미래를 예지하는 데 있을까? 물론 그렇다고 할 수 없다. 그 대신 꿈은 과거를 가르쳐준다고 하는 편이 더 옳은 말일 것이다. 왜냐하면 꿈은 어떤 의미에서든 과거에서 유래하기 때문이다. 예부터 꿈은 미래를 예시해 준다고 믿어왔는데, 그 말에도 일면의 진실은 있다. 꿈은 어떤 소망을 충족된 것으로 보여 주면서 우리를 미래로 이끌기 때문이다. 그러나 꿈을 꾸는 사람이 생각하는 미래는 깨지지 않은 소망으로 인해 과거와 닮은 모습으로 만들어진다.

– 프로이트의 《꿈의 해석》 중에서

나의 무의식 속에는 전혀 기억할 수 없지만 태어나서부터 지금까지 겪은 수많은 사건들이 저장되어 있다. 그리고 이 사건들을 겪으면서 형성된 또 다른 내가 살고 있다. 또 다른 나는 내가 기억하지 못하는 상처와 아픔, 슬픔을 간직하고 있다. 또한 내가 기억에서 애써 지워버렸던 분노와 원망, 공포의 굴레에 여전히 갇혀 있다. 남에게 말하지 못하고 비밀로 간직하고 있던 부끄러운 기억이나 마음 깊숙이 숨겨둔 욕망들 때문에 그는 나 대신 괴로워하고 있다. 그래서 그의 모습은 내가 상상할 수도 없고 상상하기도 힘든 끔찍한 모습일 수 있다. 도저히 나의 또 다른 나라고 인정하기 힘들다. 아니 인정하기 싫다. 하지만 싫어도 인정해야 한다. 무의식 속에서 불행한 모습으로 살고 있는 또 다른 나를 그대로 남겨둔다면 의식의 표면 위에서 살고 있는 나 역시 불행해질 수밖에 없기 때문이다.

그는 어떤 형태로든 나를 지배하며 나의 현실에 영향을 끼치려고 할 것이다. 억압된 감정은 해소되기 전까지 결코 사라지지 않는다. 언제든 틈만 나면 수면 위로 올라와 자신의 존재를 드러내려고 한다. 그때마다 우리는 예상치 못한 자신의 모습에 당황하거나 어처구니없는 선택을 하게 될지도 모른다. 그러므로 안정되고 편안한 삶을 살고 싶다면 용기를 내어 무의식 속에 웅크리고 있는 또 다른 나를 대면해야 한다. 그리고 그가 가지고 있는 모든 감정의 찌꺼기들을 훌훌 털어버릴 수 있도록 도와야 한다. 우리에겐 그렇게 해야 할 책임이 있다. 그 모든 감정과 기억은 과거부터 지금까지 우리 자신이 만든 것이기 때문이다.

그러기 위해 우리는 프로이트의 충고에 귀를 기울이고 나의 꿈을 관찰해 봐야 한다. 꿈속에는 현재의 내 속마음과 과거의 숨겨진 진실을 찾아낼 수 있는 수많은 단서들이 담겨 있다. 그 단서들은 무의식 속에 살고 있는 또 다른 내가 보내는 구출신호다. 우리는 그 단서들을 솔직한 마음으로 바라봐야 한다. 외면하거나 회피하지 말고 솔직하게 정면으로 바라보면 내 안에 숨어 있던 많은 진실들을 찾게 될 것이다. 어쩌면 나의 미래 역시 그 과거 속에 담겨 있는지도 모른다. 행복하게 살고 싶다면 나의 속마음을 알아야만 한다.